王朝拐点系列

宋末元初大变局

姜越◎编著

辽宁人民出版社

© 姜越 2017

图书在版编目（CIP）数据

宋末元初大变局 / 姜越编著.—沈阳：辽宁人民
出版社，2018.1

（"王朝拐点"系列）

ISBN 978-7-205-09206-1

Ⅰ.①宋… Ⅱ.①姜… Ⅲ.①中国历史—宋元时期—
通俗读物 Ⅳ.①K247.09

中国版本图书馆CIP数据核字（2017）第300091号

出版发行：辽宁人民出版社
      地址：沈阳市和平区十一纬路25号　邮编：110003
      电话：024-23284321（邮　购）　024-23284324（发行部）
      传真：024-23284191（发行部）　024-23284304（办公室）
      http://www.lnpph.com.cn

印　　刷：三河市航远印刷有限公司
幅面尺寸：170mm×240mm
印　　张：15.25
字　　数：223千字
出版时间：2018年1月第1版
印刷时间：2018年1月第1次印刷
责任编辑：祁雪芬
封面设计：侯　泰
版式设计：姚　雪
责任校对：解炎武
书　　号：ISBN 978-7-205-09206-1

定　　价：43.80元

靖康之难后，徽宗、钦宗二帝被金人俘虏北上。唯独宋徽宗第九子康王赵构因被宋钦宗派在外任河北兵马大元帅，侥幸躲过这场劫难，成为皇室唯一幸存的人，并在大臣们的拥立下于南京应天府登基，后迁都临安，恢复宋国号，史称南宋。赵构便是后来的宋高宗。

宋高宗在位期间偏安一隅，任用投降派秦桧为宰相，对金以求和为主，一味地屈膝妥协。以秦桧为代表的主和派竭力打击迫害主战派大臣，著名抗金大将岳飞就是被宋高宗和秦桧联手害死的。宋高宗以割地、纳贡、称臣的屈辱条件，与金朝订立了"绍兴和议"。此时，朝政完全被议和派所把持，致使大批主战派官员被贬谪、被迫害。

隆兴元年（1162年）六月宋高宗宣布退位，禅位于太子赵昚，自称太上皇，退居德夺宫。

孝宗继位后，立志光复中原，遂恢复名将岳飞名誉，赐其谥号"武穆"，追封鄂国公，同时剥夺秦桧的官爵，并且命令老将张浚北伐中原，但宋军却在符离遭遇金军阻击，大败。接着金军乘胜追击，南宋军队损失惨重。宋孝宗被迫于隆兴二年（1164年）和金国签订"隆兴和议"。次年改元"乾道"，并任用王淮理财备战。乾道年间，由于没有战事的干扰，宋孝宗专心理政，一时间百姓富裕，五谷丰登，太平安乐，一改高宗朝时贪污腐朽的局面。由于宋孝宗治国有方，南宋遂出现了"乾淳之治"的小康盛世。

南宋末年奸佞当道，朝政腐败。南宋面对着前有金的军事进攻、后有元的武力吞灭的形势，国势飘摇，岌岌可危。南宋对金虽有战和之争，但主和派一直占上风，致使国势垂危。南宋末年，蒙古军大举南侵，南宋朝廷不战而降，爱国军民却举起了抗元的义旗，如宁死不降的丞相文天祥就是其中的杰出代表。

当南宋朝廷偏安一隅，过着纸醉金迷的奢侈生活的时候，生活在蒙古草原的蒙古族正在慢慢崛起。公元1162年，一代天骄成吉思汗在这片广漠的草原上横空出世。其父也速该，是蒙古乞颜部首领，其母是诃额仑。在一次战争中也速该活捉了塔塔儿部首领铁木真兀格，恰好这时他的第一个儿子降生了。为了庆祝战争的胜利，也速该给自己刚刚出生的长子取名为铁木真，这就是后来的成吉思汗。

铁木真九岁的时候，其父也速该被塔塔儿人毒死。部众都纷纷离开铁木真一家，铁木真的母亲诃额仑艰辛地养大了几个孩子。在困境中长大的铁木真，智慧、坚强、勇敢。他凭借自己的能力发展壮大，进而一步步统一蒙古大草原。但这并不是他的最终目标，他的最终目标是统一世界。于是他走上征程，征服西辽、出征西夏、西征花剌子模。然而天不遂人愿，公元1227年8月25日，成吉思汗病死在六盘山。他死后，他的子孙继续其未竟的事业。

历朝历代，兄弟相争皇位屡见不鲜。元朝也不例外，公元1259年，蒙古帝国大汗蒙哥在四川驾崩，享年52岁。大蒙古帝国暂时出现了权力的真空，黄金家族诸部为了成为汗位的继承人，明争暗斗，互不相让，上演了一出出手足相残的惨剧。最终，忽必烈以先发制人的手段登上汗位。

公元1271年，忽必烈建国号为大元，正式即位为皇帝，并开始实施南下攻打南宋的计划。他的军队用了六年时间攻陷重镇襄阳，突破襄樊，然后浮汉入江、进占建康，最终会攻临安。公元1279年，在厓山海战中，陆秀夫背着八岁的小皇帝赵昺跳海而死，南宋亡，忽必烈统一全中国。

　　《宋末元初大变局》让你回味宋末元初那段历史，感受历史的风云变幻，感受时代的变迁，感受历史人物的风采。以史为鉴，让你更加充满智慧，爱憎更加分明。

第一章　偏安一隅，屈辱求和

北宋灭亡，南宋建立。但是南宋统治者不知励精图治，只想偏安一隅，重用主和派打击主战派，迫害抗金名将岳飞，力求达到求和的目的。而南宋屈辱苟安的态度只让他们得到暂时的和平。

第二章　奸佞当道，朝政腐败

南宋之所以朝政腐败，很大的原因就是由于奸佞当道。韩侂胄专权、史弥远乱政、史嵩之擅权、董宋臣受宠、丁大全骄横、贾似道误国等，这一个个奸佞之臣使原本就软弱的朝廷更加羸弱，以至于最终走向灭亡。

第三章 一代天骄，威震草原

铁木真，蒙古乞颜部首领也速该的长子。他九岁父死，随母亲过着艰辛的生活。长大后的铁木真坚毅、勇敢，他不断打败自己的敌人，最终统一蒙古大草原，成为威震草原的一代天骄——成吉思汗。

第四章 蒙古铁骑，横扫世界

蒙古族经过西征，其铁骑已横扫世界。成吉思汗的西征征服了西辽和花剌子模。拔都的西征征讨的是斡罗斯和东欧。之后，蒙古大军继续西征，相继灭掉西夏、辽东、大理，战绩辉煌。从此，蒙古大军威震世界。

第五章 争夺汗位，手足相残

蒙哥大汗逝世后，他的兄弟间又上演一幕幕为了争夺汗位手足相残的惨剧。忽必烈接受汉臣的建议，先声夺人，抢先登上汗位，从而操控大局。其弟阿里不哥最终被打败，可谓成王败寇。

第六章 忽必烈称帝，建立大元

忽必烈建立大元后，开始了他的灭亡南宋的计划。他采用汉人刘整"无襄则无淮"的建议，先以襄樊作为突破口，然后浮汉入江，进占建康，进而一举攻占临安。在厓山海战中，南宋最后的一位皇帝赵昺死，南宋至此灭亡。

第七章 元灭南宋，宋民抗争

南宋末年，朝政更加腐败。随着元世祖攻宋的步伐一步步加快，南宋王朝的丧钟敲响了。南宋人民面对国家生死存亡，积极抗元，涌现出了无数英雄。如面对威逼利诱、誓死不降最终英勇就义的文天祥。

第八章 儒法治国，一统天下

忽必烈统一全国后，以儒法治理天下。他任用汉人治国，著名的汉臣王鹗、姚枢、刘秉忠等为忽必烈出谋划策，很得忽必烈的重用。忽必烈实行行省制度，加强中央集权，巩固统治。同时忽必烈还很重视农业的发展，积极恢复经济。

偏安一隅，屈辱求和

北宋灭亡，南宋建立。但是南宋统治者不知励精图治，只想偏安一隅，重用主和派打击主战派，迫害抗金名将岳飞，力求达到求和的目的。而南宋屈辱苟安的态度只让他们得到暂时的和平。

宋高宗和秦桧

宋高宗 (1107—1187 年)，南宋皇帝，名赵构，徽宗子。靖康二年 (1127 年) 金兵俘徽、钦二宗北去后，赵构于南京应天府 (今河南商丘) 即位，改元建炎。他拒绝主战派抗金主张，南逃至临安 (今浙江杭州) 定都，建立南宋政权。统治期间，虽迫于形势以岳飞、韩世忠等大将抗金，但重用投降派秦桧。后以割地、纳贡、称臣等屈辱条件向金人乞降求和，收韩世忠等三大将兵权，杀害岳飞。绍兴三十二年 (1162 年) 传位于孝宗，自称太上皇。著有《翰墨志》。

宋高宗虽然是南宋的开国之君，然其本人却胸无大志，昏庸不堪，从即位之日起，所念的不是中兴事业，不是收复河北失地，迎归二帝，以雪靖康之耻，而是一味地贪图眼前享受，偏安于临安。这也就造成了其内心最深处对于"外交"的态度——主和不主战，尽管赵鼎、张浚在相位时曾抵制过"议和"。高宗在位时期，忠臣多于奸臣，主战派多于主和派，而主和派奸相秦桧在位期间的权力和受宠幸程度远远大于主战派，这是造成岳飞冤案的大背景。

秦桧 (1090—1155 年)，南宋权奸，字会之，江宁 (今江苏南京) 人。政和五年 (1115 年) 考中进士，补为密州教授。接着考中词学兼茂科，任太学学正。曾主张抗金，反对割地求和。金军攻占开封后，欲立张邦昌为帝，秦桧进议状，主张另立宋宗室为帝，遂被金军驱掳北去，旋即降敌于金廷，从此大倡和议，故于建炎四年 (1130 年) 被放回南宋。秦桧得宋高宗信任，官至宰相，因提出"南人归南、北人归北"的主张，罢相闲居。绍兴七年 (1137 年)，秦桧任枢密使，与宰相张浚劝说宋高宗收回由岳飞并统淮西等军的成命，招致淮西军的哗变投敌。绍兴八年，秦桧重新拜相，力主和议，代表宋高宗向金使跪接诏书。绍兴十年，金朝都元帅完颜宗弼领兵南侵，岳飞等军大举北伐，屡破金军，进逼开封，秦桧却怂恿宋高宗迫令班师。十一年，宋高宗与秦桧解除岳飞、韩世忠等大将军权，诬构谋反罪状，杀害了岳飞，与金朝再次签订屈辱的和约。宋向金称臣、纳贡、割地，金规定宋高宗不许以"无罪去首相"。秦桧再次任相，为时十八年，独揽朝政，排除异己，大兴文字狱，极力贬斥主张抗金的官员，压制抗金舆论，篡改官史。他还任用李椿年等推行经界法，丈量土地，重定两税等税额，又密令各地暗增民税十分之七八，使很多贫民下户因横征暴敛而家破人亡。

靖康元年（1126 年），金兵攻打汴京，派来使者要求宋朝割让三镇，秦桧上书给钦宗，陈述了关于军机的四个方面：一是说金人欲望无穷，请求只答应割燕山一路；二是说金人狡猾，可能有其他阴谋，仍不能放松守备；三是请求召集百官详细讨论，选择恰当的语言写入誓书；四是请求让金人在城外使馆休息，不能让他入城和上殿。可惜没有得到答复。他先任职为职方员外郎，不久，又在张邦昌手下做事。张邦昌奉命出使金国，令秦桧随行，秦桧说："此行专为割地而去，与我的主意相违背，不是我想做的。"于是，他三次上书朝廷辞职，皇上允许了。

随后宋廷商议把太原、中山、河间三镇割让给金国，以此来求得停战。钦宗命秦桧假借礼部侍郎之名同程瑀一起做割地使陪肃王来到金营。金兵撤退后，秦桧、程瑀从燕京回来。御使中丞李回、翰林承旨吴秆一起推荐秦桧，朝廷任命他为殿中侍御史，升为左司谏。王云、李若水见了金兵二元帅，回来说："金兵坚持要宋割地，不然，就进取汴京。"十一月，皇上召集百官在延和殿商议对策，以范宗尹为首的七十人同意割地，而秦桧等三十六人则坚决反对。不久，秦桧受皇命，做了御史中丞。

秦桧初期也算是一个有良知的官，后来，徽、钦二帝被俘后，秦桧也一同被俘。就是在被俘期间，金人暗里结好秦桧（据说，秦桧夫人王氏与金挞懒勾结，这就不得而知了），以便在南宋安插"和议"汉奸。而秦桧也慢慢变质，一意主和，成为金权贵的走狗。

秦桧自金归来，为了能顺利登上相位，实现阴谋，并没有表明心迹，表面上站在主战派的一方，并借着这根竹竿爬上了顶峰。在羽翼丰满以后，秦桧便露出了狐狸尾巴，一改前态，成为"坚定的主和派"。而当时的高宗昏庸无能，只求苟安，所以，秦桧得到高宗的信任，权力日涨，乃至后来高宗认识到秦桧的奸诈后，因惮其权而不敢轻易动他。

秦桧掌权以后，开始网罗党羽，陷害功臣。时值岳飞战无不胜，攻无不克，又奏捷朱仙镇，金兀术闻飞色变，金虏为之胆寒，匡扶中原指日可待。此事惹怒了一意主和的秦桧，加上岳飞以前向高宗呈递主战的奏疏，遂被秦桧视为眼中钉、肉中刺，决心除之。奏捷朱仙镇后，秦桧便怂恿昏庸无能的宋高宗下十二道金牌促令岳飞班师。岳飞收到十二道命令后，不得不班师，泣曰"十年之功，毁于一旦"。岳飞班师以后，就像虎落平阳，任秦桧陷害。南宋功臣张俊也暗里忌惮岳飞的赫赫战功，暗结秦桧。在二贼的陷害下，最终给岳飞安上了一个"莫须有"的罪名迫害致死。

岳飞抗金斗争

岳飞（1103—1142 年），字鹏举，相州汤阴人（今河南安阳汤阴县），祖上世世代代是农民出身。父亲岳和，节俭度日，时常扶危济贫，接济百姓。有人越过田埂之界，把庄稼种到了他的田里，他把庄稼收割后归还别人；别人向他借贷，他也不强要借贷的人归还。岳飞出生时，有一大鸟像是鲲鹏，由屋顶鸣叫着疾飞而过，因此父母为他取名为岳飞。岳飞未满月时，黄河在内黄一带决堤，大水突然冲来，母亲姚氏抱着岳飞坐在大缸里，被波涛冲到岸上才未被水淹没，人们都觉得十分惊奇。青年时代的岳飞，正遇上女真贵族对宋发动大规模掠夺战争。他亲眼看到了北宋灭亡前后的惨痛现实，和当时中原沦陷区的人民呼吸相通，有坚决抗击女真贵族民族压迫、收复故土、统一祖国的强烈愿望和要求。

岳飞小时候就有远大的志向，性情深沉淳厚，不爱讲话。他读书很用功，特别喜欢读《左氏春秋》《孙吴兵法》等。岳飞小时就有很大力气，不到二十岁时，就能拉动三百斤的强弓、八石的劲弩。曾经拜周侗为师，学习射箭本领，尽得周侗真传，能够左右开弓射击。父亲对此十分赞许，说："如果你长大后能够报效国家，一定能够成为为国捐躯的忠义之士。"

北宋末年，深受民族压迫的汉族、契丹族、渤海、奚等各族人民，"仇怨金国，深入骨髓"，纷纷自动组织起来反抗。

从 12 世纪 20 年代起，黄河南北、两淮之间，掀起了轰轰烈烈的抗金民族战争。宣和四年（1122年），真定宣抚使刘浩招募战士，岳飞前往应征入伍，从此开始了自己的军旅生活。当时相州有一股以陶俊、贾进和为首的盗贼为非作歹，十分猖獗。岳飞请战，要求率领二百兵士去消灭这伙盗贼。他先派部分士兵扮作商人进入盗贼活动

岳飞画像

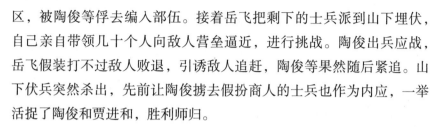

区，被陶俊等俘去编入部伍。接着岳飞把剩下的士兵派到山下埋伏，自己亲自带领几十个人向敌人营垒逼近，进行挑战。陶俊出兵应战，岳飞假装打不过敌人败退，引诱敌人追赶，陶俊等果然随后紧追。山下伏兵突然杀出，先前让陶俊掳去假扮商人的士兵也作为内应，一举活捉了陶俊和贾进和，胜利师归。

康王赵构至相州，岳飞通过刘浩进见赵构，接受赵构的命令招讨游寇吉倩，吉倩率众三百八十人投降，岳飞由于军功被封为承信郎。此后，他又率铁骑三百人前往李固渡诱敌，打败了金兵。而后跟从刘浩为东京开封解了围，在滑州南部与金军相持。当岳飞正带领百名骑兵在结冰的河面演习时，金军突然袭来，岳飞对部属说："敌人虽然人多势众，但并不知晓我军的情况，我们应当趁着他们还未站稳脚跟就打他个措手不及。"于是一马当先，向敌人杀去。金有一猛将手舞大刀扑面而来，岳飞把他斩杀于马下，敌人大败而逃。岳飞因此升迁为秉义郎，隶属于东京留守宗泽。岳飞转战于开德、曹州，屡立战功。宗泽对此十分惊奇，说："你的勇敢机智和才能武艺，古代的良将也不能在你之上啊，但你喜欢野战，终不是长久之计。"因此将作战阵图传授给岳飞。岳飞说："摆好阵势再开战，这是用兵的一般法则；要把它运用得巧妙得当，全在于开动脑筋，灵活运用。"宗泽闻言，觉得岳飞说得很有道理。

康王赵构即位以后，岳飞上书数千言，大概意思是说："现在陛下已继承皇位，社稷百姓都有了主心骨，这足可以破敌奸谋了，再加上保护皇上的军队日益集中，兵力已够；而金军则认为我们软弱，难免会轻敌，我们应该趁金军懈怠的时候全力出击才对。黄潜善、汪伯彦之辈不能实现陛下旨意，图谋恢复故土，而是劝陛下不断南逃，这恐怕要辜负中原父老的愿望。我恳请陛下趁敌人阵营还没有巩固的时机，率领大军北渡黄河，这样将士振奋，士气激昂，中原失地可一举恢复。"岳飞上书之后，因为有奸佞小臣说这是越职言事，被剥职为民，赶出了军队。

岳飞无奈，投靠到河北招讨使张所门下，张所待他如上宾，以国士的礼节接见了他，补为修武郎，充任中军统领。张所问道："你能抵敌多少？"岳飞回答说："单凭勇敢并不足以对敌作战，用兵之要点在有谋略，事先计划好。古代晋国栾枝用曳柴扬尘的方法战胜楚国，楚国莫敖用采樵之计打败绞国，这都是先定谋略取胜的例证。"张所对岳飞的一席话惊叹道："你可不是普通的军队中的武夫可以比得上的。"岳飞向张所建议说："国都开封只有以河北为屏障才能巩固。如果我军占领要害的地方，把主力部队在各军事重镇驻扎，在这些城镇中即使有一座城市受到敌人的包围，其余的城池也可以出兵援救，打败敌人，这样金军就不能占我河南领土，开封也可以固若金汤了。您如果要出兵，我会随军出征，俯首听命。"张所听完这话十分高兴，即将岳飞补为武经郎。

大军前进到新乡，那里金兵数量众多，主将王彦有些惧怕，停止不前。岳飞独自率领所部与敌人大战，挥舞从敌人那里夺过来的大旗鼓励士气，将士个个奋不顾身，英勇战斗，新乡之战取得了胜利。次日，岳飞又与金军在北川激战，身上受了十多处伤，手下军士也都拼死战斗，金军又大败而回。夜晚驻扎在石门山下，有人传言金兵卷土重来，全军都躁动不安，害怕起来。岳飞却很镇静，一直卧床休息，最终金兵也没来。但粮食不久就吃完了，军中不可一日无粮，于是岳飞请求王彦给军队拨些粮草，遭到了王彦的拒绝。岳飞向北进发，在太行山与金军遭遇，双方展开大战，宋军捉住了金将拓跋耶乌。在太行山驻扎了些日子后，又同敌人遭遇，岳飞单人独骑，深入敌阵，手中丈八铁枪，所向披靡，刺死金将黑风大王，敌人大败而逃。岳飞知道自己与王彦有矛盾，就投奔了宗泽，做了留守司统制。宗泽去世后，杜充接任东京留守，岳飞官职不动。

建炎二年 (1128 年)，岳飞先与金军在胙城打了一仗，又在黑龙潭与金军交锋，均大胜金军。随从间勃保护宋皇陵，与金军大战汜水关，射杀金将，大败金人。岳飞在竹芦渡驻扎时，与金军对峙，总也不分胜负。于是岳飞选择三百名英勇善战的士兵在前山下埋伏好，命令每人将两束薪草交叉绑缚起来，等到夜半时分，点燃四端将其举起。金军以为是大宋援兵来了，吓得四处逃散。

建炎三年（1129 年），贼寇王善、曹成、孔彦舟等人带领五十万人，进攻南薰门。岳飞所部人马仅有八百，大家都害怕寡不敌众，岳飞说："我可以为诸位击败敌人。"于是左手挟弓，右手持矛，冲入敌阵，奋力砍杀，敌军大乱，溃散而逃。又在东明活捉贼首杜叔五、孙海。因岳飞有功，被借补为英州刺史。王善围攻陈州，岳飞在清河跟他摆开阵势进行战斗，擒获其将领孙胜、孙清，被授予真州刺史。

杜充准备率领部队撤回建康，岳飞说："中原地区自古为我们的疆土，每寸土地我们都要誓死保卫，绝对不可以放弃。今天部队南移，金军必会乘虚而入，占我疆土，将来想要收复那就难了，我看至少需要十万军队才能办到。"杜充听不进劝告，岳飞没办法只好随军南归。军队行征途中，遇到贼寇张用的军队，在六合又与李成遭逢，岳飞同他们作战，都取得了胜利。李成派人抢劫南宋朝廷的劳军物资，被岳飞击败，狼狈地向江西逃窜。这时朝廷命令杜充守卫建康，金军与李成合军进攻乌江。杜充把自己关在屋里，对此事不闻不问，岳飞哭谏，请求他视察军队，杜充依然不为所动，按兵不动。金军由马家渡渡过乌江，杜充派出岳飞等出战，王燮未战先逃，其他的将领见势不妙，也都溃散，只留岳飞一人独力支撑。

这时杜充已叛变，投降了金人。将领们趁此机会怂恿部下掠夺百姓，只有岳飞军队纪律严明，对百姓秋毫无犯。兀术派兵向杭州进军，岳飞率领部队在广德境内截击，与金军交战六回，每战皆胜，擒获金将王权，俘虏金军首领四十多人。岳飞把其中可以"为我所用"的人利用起来，对他们施以恩惠，然后把他们送回金军中，嘱咐他们晚上在岳家军攻打敌营时作为内应，在金营中放火。到了夜里，大家依计而行。岳飞乘混乱直捣敌巢，大败金军。岳飞在钟村驻扎时，将士们缺粮，但大家宁可忍饥挨饿，却从不骚扰百姓。金朝所征集的汉族士兵互相传告："这是岳爷爷的军队。"因此争相投奔。建炎四年（1130年），金兀术进攻常州，宜兴县令把岳飞的军队迎接到其所辖地区。盗贼郭吉听说了岳飞要来的消息，慌忙乘船逃到太湖上。岳飞派遣王贵、傅庆追击攻打他们，又派能言善辩的马皋、林聚前去劝降。其中有一个叫张威武的人不肯投降，岳飞独自一人闯入他的大营，把他杀了。

岳飞和抗金名将宗泽、韩世忠等一道，站在抗金斗争的最前线。朝廷却采取妥协、投降的政策。靖康二年（1127年），徽宗赵佶、钦宗赵桓被掳走后，继而接位的南宋小朝廷的头目赵构，同样是个投降派。他偏安于江南一地，沉醉于歌舞娱乐之中，根本没有真正组织抗金民族战争并把它进行到底的决心和打算，他只是一面利用秦桧等投降派，通过他们出面进行一系列议和投降活动；一面则利用宗泽、岳飞、韩世忠等抗战派，抵挡金军的凌厉攻势，以保住他的皇帝宝座和积累屈膝求和的资本。到了12世纪20年代中期，东自江淮、西至陕西一线的宋、金双方对峙的军事分界线形成后，赵构、秦桧统治集团，实际上已经成了南宋抗金斗争最大绊脚石；反过来，岳飞、韩世忠等抗战派，则成了赵构、秦桧投降派活动的最大障碍。南宋朝廷内部抗战派与投降派的斗争，日趋尖锐。

岳飞坚决反对议和，主张抗战到底，并置个人荣辱安危于度外，对赵构、秦桧的投降活动进行了坚决斗争。绍兴九年（1139年），岳飞在鄂州（今湖北武昌）听说宋金和议将达成，立即上书表示反对，申言"金人不可信，和好不可恃"，并直接抨击了"相国"秦桧出谋划策、用心不良的投降活动，使"秦桧衔之（抱恨）"。和议达成后，高宗赵构得意忘形，颁下大赦诏书，对文武大臣大加爵赏。可是，诏书下了三次，岳飞都加以拒绝，不受开府仪同三司（一品官衔）的爵赏和三千五百户食邑的封赐。他在辞谢中，痛切地表示反对议和："今日之事，可危而不可安，可忧而不可贺。"并再次表示收复中原的决心，"愿定谋于全胜，期收地于两河，唾手燕云，终欲复仇而报国。"这无异于给宋高宗当头泼了冷水，从而更使赵构、秦桧怀恨在心。但岳飞不顾个人得失，坚持抗战到底的立场，率领军队，联络北方义军，卓有成效地从事抗金战争，筹划收复中原、统一祖国，成为全国抗金民族战争中的有力支柱。

绍兴九年（1139年）夏，金兀术撕毁绍兴和议，倾巢而出，再度发动大规模的对宋战争。在东、西两线军取得对金大捷的形势下，岳飞挥兵从长江中游挺进，实施锐不可当的反击，他一直准备着的施展收复中原抱负的时机到来了。

岳家军进入中原后，受到中原人民、忠义民兵的热烈欢迎。这年七月，岳飞亲率一支轻骑驻守河南郾城，和金兀术一万五千精骑发生激战。岳飞亲率将士，向敌阵突击，大破金军"铁浮图"(侍卫亲兵)和"拐子马"(左右两翼钳攻的骑兵)，把金兀术打得大败。岳飞部将杨再兴，单骑闯入敌阵，想活捉金兀术，可没有找到。杨再兴杀敌人数百，身被几十处创伤，豪勇无比。岳家军将士具有"守死无去"的战斗作风，敌人以排山倒海的大力，也不能把岳家军阵容摇动。郾城大捷后，岳飞乘胜向朱仙镇进军(离金军大本营汴京仅四十五里)，金兀术集合了十万大军抵挡，又被岳飞打得落花流水。岳飞这次北伐中原一口气收复了颍昌、蔡州、陈州、郑州、郾城、朱仙镇，消灭了金军有生力量，金军全军军心动摇，金兀术连夜准备从开封撤逃。南宋抗金斗争有了根本的转机，再向前跨出一步，沦陷十多年的中原就可望收复了。岳飞兴奋地对大将们说："直抵黄龙府，与诸君痛饮尔!"而金军则发出了"撼山易，撼岳家军难"的哀叹。

但是，外敌难以撼动的岳家军，却遭到了南宋朝廷内部投降派的摧残。就在这抗金战争取得辉煌胜利的时刻，甘心充当儿皇帝的高宗赵构，因担心一旦中原收复，金人放回他的哥哥钦宗，他就保不住皇位，而急切地希望与金人议和。金人安插在南宋朝廷里窃取了宰相高位的内奸秦桧，也抓住高宗这个难言的心病大肆活动，破坏岳飞的抗战。他们狼狈为奸，密谋制定了全线撤军、葬送抗金大好形势的罪恶计划。他们首先命令东、西两线收兵，造成岳家军孤军突出的不利态势后，即以"孤军不可久留"为名，连下十二道金牌(红漆金字木牌)，急令岳飞"措置班师"。在要"班师"的不利形势下，岳飞明知这是权臣用事的乱命，但为了保存抗金实力，不得不忍痛班师。岳飞愤慨地说："十年之功，废于一旦! 所得诸郡，一朝全休! 社稷江山，难以中兴! 乾坤世界，无由再复!"岳飞的抗金英勇斗争，至此被迫中断。岳家军班师时，久久渴望王师北定中原的父老兄弟，拦道恸哭。岳飞为了保护老百姓的生命财产，故意扬言明日渡河，吓得金兀术连夜弃城北窜，准备北渡黄河，使岳飞得以从容地组织河南大批人民群众南迁到襄汉一带，才撤离中原。这时，有一个无耻的书生，骑马追上金兀术扣马而谏："太子 (兀术) 毋走，京城可守也，岳少保兵且退矣！……自古没有权臣在内，而大将能立功于外者。"金兀术这才又整军回到开封，并以不费吹灰之力，又把中原土地夺了回去。

绍兴和议之辱

　　绍兴十年 (1140 年) 五月，金军大举南侵，计划渡过长江灭亡南宋。宋军前线将士奋勇杀敌，捷报频传。著名抗金将领岳飞率领"岳家军"先后取得了郾城大捷和朱仙镇大捷，刘锜、张俊、杨沂中等也先后取得了"顺昌大捷"和"柘皋大捷"。金军被宋军阻击，老打败仗，不得不慌忙北撤。兀术甚至想放弃中原，退回东北的根据地。如果宋军此时能够乘胜追击，很有可能将金军一网打尽，尽收失地，雪靖康之耻。但此时秦桧惴惴不安，为了避免在以后的谈判桌上金军向他兴师问罪，他便竭尽全力阻挠岳飞等宋军北伐抗金。他利用高宗只想保住南宋半壁江山的心理，怂恿高宗乘胜议和，则金朝必然答应。这一建议正中高宗下怀。因为投降议和一贯是高宗所推崇的。

　　绍兴十一年七月，秦桧唆使他的死党万俟卨以谏官身份弹劾岳飞，颠倒是非的罪名有三：一是"日谋引去，以就安闲"；二是淮西之战，"不得时发"；三是淮东视师，沮丧士气。第一个罪名暗指岳飞辞职上庐山一事，第二个罪名是指没能及时驰解淮西之围一事，第三个罪名完全把张俊撤除防务的事情栽到岳飞的头上。

岳飞意识到处境的险恶，上表辞位，恳求高宗"保全于始终"。他被罢去枢密副使，改任宫观闲职。但高宗显然不想保全他，罢政制词里说岳飞有"深衅"，"有骇予闻，良乖众望"，留下了杀机。韩世忠看清了大势，主动辞去枢密使之职，闭门谢客，口不言兵，以求自保。

张俊受秦桧指使，利用在镇江开枢密行府的机会，胁迫岳飞的部将都统制王贵就范，又买通了副统制王俊，由王俊向王贵告发岳飞的爱将副都统制张宪，诬陷在岳飞罢兵后准备裹挟原岳家军离去，以威胁朝廷还兵给岳飞。王贵把王俊的状词发往镇江枢府，张宪虽受到张俊的严刑逼供，仍不肯屈招。张俊却上报朝廷，诬指张宪串通岳飞谋反。

高宗下旨特设诏狱审理岳飞一案。宋代群臣犯法，多由大理寺、开封府或临安府处理，重大的才下御史台狱，很少使用诏狱的方式。诏狱是用以查办谋反大罪，须由皇帝亲自决定，临时委派官员奉诏推勘。

十月，岳飞与其子岳云被投入大理寺狱，御史中丞何铸与大理寺卿周三畏奉诏审讯。岳飞在受审时，拉开上衣，露出早年刺在背上的"精忠报国"四字，表明自己的清白和忠诚。

何铸经反复讯问，未获一丝反状，便向秦桧力辩岳飞无辜。秦桧辞穷，抬出后台说："此上意也。"何铸虽然前不久也弹劾过岳飞，但良心未泯，不无义愤地说："我岂区区为一岳飞?! 强敌未灭，无故杀一大将，失士卒之心，费舍己之长计！"

秦桧在高宗同意下，改命万俟卨为御史中丞，酷刑逼供，锻铸冤狱。岳飞在狱案上愤然写下"天日昭昭！天日昭昭！"八个大字，向高宗和秦桧喊出最后的抗议。

听到岳飞将被处以谋反罪，许多朝廷官员都上书营救，连明哲保身的韩世忠也挺身而出，当面诘问秦桧，所谓谋反证据究竟何在。秦桧支吾道："其事体莫须有。"韩世忠愤愤说："'莫须有'三字，何以服天下！"但秦桧的妻子王氏却火上加油地提醒道："擒虎易，放虎难。"高宗也决心违背"不杀大臣"的祖宗家法，绍兴十一年十二月二

十九日（1142年1月27日），他亲自下旨，岳飞以毒酒赐死，张宪、岳云以军法斩首。

岳飞之死与绍兴和议及第二次削兵权错综复杂地纠葛在一起。不过，削兵权并非必然要导致岳飞之死，因为当时三大将的兵权确实已经平稳转移到三省、枢密院手里，也并没有任何反叛动乱的迹象，高宗完全可以对他们"保全于始终"。但高宗与秦桧在议和、削兵权与杀岳飞问题上，是各怀鬼胎、相互利用的。在秦桧看来，岳飞成为他向金投降的最大障碍，不杀岳飞，难成和议；而从高宗角度看，杀岳飞并非主要为了和议，更重要的是所谓"示逗留之罚与跋扈之诛"，杀鸡儆猴，以便他驾驭诸将，也因为憎恶岳飞"议迎二帝，不专于己"，替自个儿出一口恶气。在岳飞之死的问题上，高宗、秦桧也都在玩弄"交相用而曲相成"的把戏。于是，岳飞非死不可。

绍兴和议是在岳飞被害前一月签署的，这也证明：即便为屈膝求和，高宗也是完全可以不杀岳飞的。和约的主要内容为：①宋向金称臣，"世世子孙，谨守臣节"，金册封宋康王赵构为皇帝；②划定疆界，东以淮河中流为界，西以大散关（今陕西宝鸡西南）为界，以南属宋，以北属金；③宋每年向金贡银25万两、绢25万匹，自绍兴十二年开始，每年春季搬运至泗州（今江苏盱眙北）交纳；④金归还宋徽宗棺木与高宗生母韦氏。次年二月，宋派使节进誓表于金，表示要世代向金称臣，和约正式生效。通过这次和议，金人得到了从战场上得不到的大片土地和金帛，宋金之间确定了政治上的不平等关系，从此结束了长达十年的战争，形成了南北长期对峙的局面。

从当时宋朝立场来看，称臣、割地、纳币，绍兴和议无疑是一个屈辱的条约，更何况当时宋朝在对金战争中还占了上风。但从另一个角度说，绍兴和议是宋金两国地缘政治达到相对平衡状态的产物，南宋即便在战争中略占上风，也未必就一定在短时间内真能直捣黄龙府，把宋金边境北推到宋辽旧界。而宋金两国都已不堪连年的战争，绍兴和议是对宋金南北对峙格局的正式确认。

其后，宋金关系以和平共处为主流，双方虽然也有战争摩擦，但始终没能改变这一基本格局。正是在这一相对稳定的对峙格局下，北方社会经济得到了恢复，南宋则最终完成了社会经济中心南移的历史进程。从这一意义上说，清代钱大昕以为，宋金和议"以时势论之，未为失算"，这是有一定道理的。

作为绍兴和议的交换条件，绍兴十二年八月，金朝把宋徽宗的梓宫与宋高宗的生母韦太后归还给南宋，高宗上演了一场"皇太后回銮"的"孝道"戏。据说，徽宗棺椁里并无尸身，金人只放上了一段朽木，高宗也不敢开棺验尸，他怕再蒙羞辱。而韦氏在金朝也受尽了臣妾之辱，她被金将完颜宗贤占有达十五年之久，生有二子。高宗煞费苦心地把自己母亲被俘时年龄从三十八岁增大到四十八岁，就是为了让世人相信五旬老妇绝不可能有那号事，种种传闻只是金人的"诽谤"而已。

绍兴和议还有一个附带性条件，就是"不许以无罪去首相"，这就剥夺了高宗对秦桧的罢免权，确保其相权的不可动摇。自从"绍兴和议"之后，秦桧专权达十五年。为了架空高宗，他建议高宗立太学、听讲《易经》、耕种农田等，让高宗整天奔波于琐事。为了粉饰太平，他授意同党知虔州的薛弼，造谣说当地一百姓在朽柱中发现了木纹，上有"天下太平"字样。秦桧借此大肆渲染，因而各地官员投其所好，天天有报告祥瑞的奏章。为此，高宗大为高兴，为秦桧粉饰的太平所陶醉，不再议论军事。

岳飞含冤之死

岳飞是南宋军事家，民族英雄。他善于谋略，治军严明，其军以"冻死不拆屋，饿死不掳掠"著称。在其戎马生涯中，他亲自参与指挥了 126 仗，未尝一败，是名副其实的常胜将军。岳飞无专门军事著作遗留，其军事思想、治军方略，散见于书启、奏章、诗词等。后人将岳飞的文章、诗词编成《岳武穆遗文》，又名《岳忠武王文集》。

岳飞十九岁时投军抗辽，不久因父丧，退伍还乡守孝。1126 年金兵大举入侵中原，岳飞再次投军，开始了他抗击金军、保家卫国的戎马生涯。传说岳飞临走时，其母姚氏在他背上刺了"精忠报国"四个大字，这成为岳飞终生遵奉的信条。

岳飞投军后，很快因作战勇敢升秉义郎。这时宋都开封被金军围困，岳飞随副元帅宗泽前去救援，多次打败金军，受到宗泽的赏识，称赞他"智勇才艺，古良将不能过"。同年，金军攻破开封，俘获了徽、钦二帝，北宋王朝灭亡。靖康二年五月，赵构建立南宋。岳飞上书高宗，要求收复失地，被革职。岳飞遂改投河北都统张所，任中军统领，在太行山一带抗击金军，屡建战功。后复归东京留守宗泽，以战功转武功郎。宗泽死后，从继任东京留守杜充守开封。

建炎三年（1129 年），金将兀术率金军再次南侵，杜充率军弃开封南逃，岳飞无奈随之南下。是年秋，兀术继续南侵，改任建康（今江苏南京）留守的杜充不战而降。金军得以渡过长江天险，很快就攻下临安、越州（今绍兴）、明州等地，高宗被迫流亡海上。岳飞率孤军坚持敌后作战。他先在广德攻击金军后卫，六战六捷。又在金军进攻常州时，率部驰援，四战四胜。次年，岳飞在牛头山设伏，大破金兀术，收复建康，金军被迫北撤。从此，岳飞威名传遍大江南北，声震河朔。七月，岳飞升任通州镇抚使兼知泰州，拥有人马万余，建立起一支纪律严明、作战骁勇的抗金劲旅"岳家军"。

绍兴三年，岳飞因剿灭李成、张用等"军贼游寇"，得高宗奖"精忠岳飞"的锦旗。次年四月，岳飞挥师北上，击破金傀儡伪齐军，收复襄阳、信阳等六郡。岳飞也因功升任清远军节度使。同年十二月，岳飞又败金兵于庐州（今安徽合肥），金兵被迫北还。绍兴五年（1135年），岳飞率军镇压了杨么起义军，从中收编了五六万精兵，使"岳家军"实力大增。

绍兴六年，岳飞再次出师北伐，攻占了宜阳、洛阳、商州和虢州，继而围攻陈、蔡地区。但岳飞很快发现自己是孤军深入，既无援兵，又无粮草，不得不撤回鄂州（今湖北武昌）。

绍兴七年，岳飞升为太尉。他屡次建议高宗兴师北伐，一举收复中原，但都为高宗所拒绝。绍兴九年（1139年），高宗和秦桧与金议和，南宋向金称臣纳贡。这使岳飞不胜愤懑，上表要求"解罢兵务，退处林泉"，以示抗议。次年，兀术撕毁和约，再次大举南侵。岳飞奉命出兵反击，相继收复郑州、洛阳等地，在郾城大破金军精锐铁骑兵"铁浮图"和"拐子马"，乘胜进占朱仙镇，距开封仅四十五里。兀术被迫退守开封，金军士气沮丧，发出"撼山易，撼岳家军难"的哀叹，不敢出战。

在朱仙镇，岳飞招兵买马，联络河北义军，积极准备渡过黄河收复失地，直捣黄龙府。他激动地对诸将说："直捣黄龙府，与诸

岳母刺字图

君痛饮耳！"这时高宗和秦桧却一心求和，连发十二道金字牌班师诏，命令岳飞退兵。岳飞抑制不住内心的悲愤，仰天长叹："十年之功，毁于一旦！所得州郡，一朝全休！社稷江山，难以中兴！乾坤世界，无由再复！"他壮志难酬，只好挥泪班师。

绍兴十一年（1141年），岳飞遭诬告"谋反"，被关进了临安大理寺（原址在今杭州小车桥附近）。何铸审理岳飞案，发现并无丝毫证据，因此断定这是一桩冤案，就向秦桧禀报。秦桧道："判定岳飞谋反的案子是皇上的意思，难道你要给岳飞开脱，违背皇上吗？"何铸非常气愤，慷慨陈词说："我一生审了无数的案子，怎么会在乎岳飞一个人

呢？我是为大宋江山着想。如今强敌压境，没有任何理由就杀害一员名将，将士们会寒心呀，如果这样，谁又肯为大宋出力呢？"秦桧无话可说，改任万俟卨为中丞，再审此案。万俟卨仍无证据，谎称岳飞给张宪的书信已被张宪焚毁。但是，却始终拿不出证据来。有人教万俟卨从救庐州事入手，也可把岳飞定罪。又知高宗曾以手札表彰岳飞不专进退，处置得体，就派人赶往岳飞家中，把岳家收藏的御札搜出来，销毁证据。又逼部将孙革作证，给岳飞安上一个"违诏逗留"的罪名。但无物证，况且，自古有"将在外，君命有所不受"的成规，"逗留"二字，难定死罪。所以案子拖延了两个月，却迟迟不能结。

皇叔宗正卿赵士㑏上书高宗，情愿以家中百口人性命作担保，保证岳飞无罪。秦桧获知后，示意万俟卨弹劾他交通大臣，贬为提举山崇福宫使，离开京城去上任。秦桧仍不解恨，让他的手下人接连不断地弹劾，直到赵士㑏贬死在建州为止。大理寺定案，寺丞李若朴、何彦猷认为，岳飞应受徒刑两年，汇报给大理寺卿周三畏，周转报御史中丞万俟卨，万俟卨道："岳飞这么大的罪过，只受徒刑，你这大理寺卿还想做吗？"周三畏毫不畏惧道："我只知依法行事，寺卿官职有什么可惜！"万俟卨奏明朝廷，将周三畏、李若朴、何彦猷三人都罢了官。上至皇叔，下到百姓，都有上书为岳飞讼冤者，但结果有的被罢官，有的被处死。

与此同时，宋金政府之间，正加紧策划第二次和议，双方都视主战派为眼中钉，金兀术甚至凶相毕露地写信给秦桧："必杀岳飞而后可和。"在内外两股恶势力夹击下，岳飞正气凛然，光明正大，忠心报国。从他身上，秦桧一伙找不到任何反叛朝廷的证据，但岳飞却仍于绍兴十一年农历除夕夜，被赵构"特赐死"，杀害于临安大理寺内，年仅三十九岁。临死前，岳飞在供状上写下"天日昭昭，天日昭昭"八个大字。这是悲愤的呼喊！

岳飞死后，诏命将岳云、张宪在闹市中斩首示众，家产全部入官，岳飞全家发配岭南。所有审案有功人员全都升了官。这时，徽猷阁待制洪浩出使金国，被拘留在燕山，以蜡丸书向朝廷报告说：金人称岳飞为"岳爷爷"，最怕、最佩服的人就是他。听说岳飞死了，金人相互举杯祝贺。

岳飞虽然被杀害了，但他精忠报国的业绩是不可磨灭的。正是他，坚持崇高的民族气节，在处境危难的条件下，坚持了抗金的正义斗争，并知道爱护人民的抗金力量，联合抗金军民一道，保住了南宋半壁河山，使南宋人民免遭金统治者的蹂躏。

岳飞遇害后，临安义士隗顺，负尸越城，草草地埋葬于九曲丛祠旁。为了便于以后识别，隗顺将岳飞随身佩戴的玉环系于遗体腰下，坟前种植了两棵橘子树。清道光年间 (1821—1850 年)，因重修栖霞岭下岳飞庙墓，追寻岳飞初葬地，终于在杭州市众安桥螺丝山下扁担弄内的红纸染坊旁，找到了最初的岳坟。光绪二年 (1876 年)，在这里修建"忠显庙"，杭人俗呼为"老岳庙"。

岳飞死后二十年，即绍兴三十二年（1162 年），六月宋孝宗赵昚继位，七月下令给岳飞平反昭雪，"追复原官"，并以五百贯的高价购求岳飞遗体，"以礼改葬"。

岳飞之死是多种因素造成的。收大将兵权一直是宋朝政策，张浚、赵鼎为相时也干过，但都没成功，而秦桧干成了。但我们并非说岳飞的这场悲剧与秦桧无关。若说是秦桧利用了张俊与岳飞的矛盾，倒不如说是张俊利用秦桧报了个人仇怨。而张、岳的矛盾激化，到最后竟发展到你死我活的地步，是与朝政腐败紧密相关的。当然最主要的因素还是与宋高宗有关，他才是最终的决策人。

很多人认为，宋高宗杀岳飞，是因为岳飞要"迎二圣"，而"徽钦既返"，宋高宗就当不成皇帝了。其实宋高宗是颇为聪明的，他提出迎还二圣，却又不肯真正实施。他说："朕以梓宫及皇太后、渊圣皇帝未还，晓夜忧惧，未尝去心。若敌人能从朕所求，其余一切非所较也。"经过谈判，金朝同意"许还梓宫及母、兄、亲族"。宋高宗决定让宋钦宗回来优养赋闲，"诏渊圣皇帝宫殿令临安府计度修建"。一时都以为宋钦宗南归在即，故岳飞的辞职奏说："今讲好已定，两宫天眷不日可还，偃武休兵，可期岁月，臣之所请，无避事之谤。"后因完颜兀术发动政变，事情才发生变化。绍兴十一年再次和谈，完颜兀术决计不放宋钦宗，以备万一日后军事失利，让宋钦宗"安坐汴京，其礼无有弟与兄争"。宋高宗当然也并不力争。

"迎二圣"并不是岳飞和宋高宗发生矛盾的症结所在。冰冻三尺，非一日之寒，两人的矛盾有一个积累和发展的过程。

自绍兴元年 (1131 年) 到七年 (1137 年)，金朝主战派掌政，宋高宗乞和不成，为了自己的性命和皇冠，不得不破格提拔将帅。岳飞升迁最快，由一个地位不高的统制，后来居上，成为与韩世忠、张俊、刘光世、吴玠并列的大帅，而其才能和声誉又在他人之上。岳飞一时成了皇帝最器重的武将，他在《乞出师札子》中说："陛下录臣微劳，擢自布衣，曾未十年，官至太尉，品秩比三公，恩数视二府，又增重使名，宣抚诸路。臣一介贱微，宠荣超躐，有逾涯分。"他感激宋高宗，更渴望抗金功成，以为报答。应当说，在此期间，彼此尚无太大矛盾。

两人关系的转折是在绍兴七年春。宋高宗本已慷慨允诺岳飞指挥除韩世忠和张俊以外的各军，大举北伐，却因张俊和秦桧的说服，取消成命。岳飞愤慨辞职，不经宋高宗批准，擅自去庐山，为亡母守孝。这种脱离古代臣规的举动，引起皇帝很深的疑忌。后来，岳飞听说金朝打算扶立宋钦宗儿子当傀儡，就上奏建议丧失生育能力的宋高宗设皇储。宋高宗立即驳回，说武将不应干预朝政。绍兴八年，岳飞要求增添兵力，宋高宗的回答是"宁与减地分，不可添兵"，"末大必折，尾大不掉，古人所戒"。此后围绕着战与降，南北统一还是分裂，双方矛盾日益尖锐。

对武将的猜忌和防范，向来是赵宋恪守不渝的家规。宋朝政治制度的一大特点，就是实行重文轻武，以文制武，使武将受制于文官。只要武将功大、官高而权重，就意味着对皇权构成威胁。南宋初，不得不提高武将的权力和地位，这在宋高宗和文臣们 (既有投降派，也有抗战派) 看来，是权宜之计，一直抱着且用且疑的态度。宋高宗听从张俊和秦桧劝告，收回岳飞统率大部兵力的成命，其奥秘即在不容许他立盖世之功，挟震主之威。

岳飞抗金心切，要求增兵、提议建储等，恰好都触犯了宋高宗的深忌。甚至他留意翰墨，礼贤下士，也会使皇帝疑神疑鬼。他一再真诚表示要功成身退，准备在庐山东林寺看经念佛，以度余年，宋高宗是根本不信的。岳飞是武将，李纲和宗泽是文官，同样提议建皇储，文臣算是忠心，武将便成别有用心。最终，岳飞被宋高宗和秦桧联手害死。一代大将就这样冤屈地死去了。

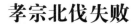

孝宗北伐失败

宋孝宗赵昚是宋太祖的七世孙，赵德芳的后人。高宗在扬州逃跑时因为受到了惊吓，而失去了生育能力，唯一的独子又在苗刘之变后死去，于是，他将赵昚收为养子。

赵昚被养在宫中将近二十年，却一直未被确定太子的名分。主要原因有三。首先就是高宗还是抱有幻想，想自己争取再生个儿子出来。其次是秦桧的强烈反对。再次是高宗的生母韦太后不喜欢赵昚，而喜欢另一个养育在宫中的赵琢。直到韦太后死去。高宗使出了最后一招，给两位准继承人每人送去美女十名，过了一段时间又把她们召回。经过检查，发现给赵琢的那十名都不是处女，而给赵昚的那十名都是完璧（赵昚是听从了史浩的意见），于是，确立了赵昚的皇太子地位。

赵昚颇有抗金雄心，在做皇太子的时候就有所表现。绍兴三十一年，完颜亮南侵，朝中多数大臣主张逃跑。时年三十五岁的赵昚十分气愤，主动上书，请求领兵与金兵决战。但经史浩的提醒，为了避免高宗疑心，他再次上书，请求在高宗亲征时随驾保护，以表孝心与忠心。

三十六岁的孝宗即位后，颇欲有番作为，他给岳飞平反，又将秦桧时期制造的冤假错案，全部予以昭雪。他重用主战派，重新拜张浚为相。并且整顿吏治，积极备战。在军事上，严肃军纪，培养军事人才，提高军队战斗力。当孝宗派遣使者，想通过外交努力收回河南，改变不平等地位的举动失败后，孝宗在经过和主和派的激烈斗争后，决定北伐。

隆兴元年（1163年），孝宗任命张浚为枢密使，都督江淮军马，负责抗金前线的军事指挥。此前，金人向南宋索取海、泗、唐、邓、商五州之地及岁币，被张浚拒绝。金朝屯兵虹县、灵璧，摆出一副马上要进攻南宋的架势，南北局势骤然紧张起来。张浚主张先发制人，立即进行北伐。此议一出，马上招来了主和派的强烈反对。此时的孝宗正是初生牛犊，锐气十足，北伐决心很大。当年四月，孝宗为了避开主和派的干扰，绕过三省、枢密院，直接命令李显忠、邵宏渊等出兵北伐。

北伐初期，宋军接连取得胜利，李显忠攻克灵璧、宿州，邵宏渊攻克虹县，金将蒲察徒穆、大周仁、萧琦等先后投降，北方人民纷纷响应，归附者络绎不绝。捷报传到临安，孝宗大喜，升李显忠为淮南、京东、河北招讨使，邵宏渊为副使。然而，就在宋军节节胜利的时候，军队内部的种种问题也暴露出来。首先是将领之间不和，邵宏渊为人心胸狭隘，争强好胜，孝宗任其为招讨副使，位在李显忠之下，对此他耿耿于怀。而张浚对这一问题又处理不当，听任邵宏渊不受李显忠节制，使宋军无法协调行动、统一指挥。其次，面对胜利，主帅李显忠产生了轻敌心理。攻克宿州后，他既不谋进取，亦不作防守，终日与部下饮酒作乐。当有人报告说金军万余人向宿州逼近时，他竟不以为然地说：“区区万人，何足挂齿！”此外，李显忠在犒赏军士时有失公平，士兵三人才分得一千钱，每人平均只得三百余钱，无法调动士兵们的作战积极性，邵宏渊又趁机暗中起哄鼓噪，士卒怨怒，宋军一度高昂的士气大为削弱。

就在宋军主将失和、军心浮动的时候，金人已经从前期仓促应战的慌乱中调整过来，此刻他们正在调兵遣将，准备反击。孝宗和张浚对北伐面临的潜在危险也已有所觉察，便以时值盛夏、人马疲乏、不宜连续作战为由，急令宋军撤退。然而，诏书尚未到达军中，金军已抵宿州城下。隆兴元年五月二十二日，金军向宋军发动进攻。李显忠通知邵宏渊出兵，夹击金军，邵宏渊却按兵不动，李显忠只得独自率军出战。战斗间隙，邵宏渊装模作样地出城巡视，对士兵们说："天气如此炎热，就是手不离扇尚不得凉爽，更何况要在烈日曝晒下穿着厚重的铠甲作战！"言外之意是宋军几乎没有获胜的机会。宋军的二号统帅人物表现出如此悲观的情绪，使得宋军人无斗志，军心涣散。当晚，中军统制官周宏、邵宏渊之子邵世雄等将领各带所部逃遁，宋军顿时大乱，金人乘势大举攻城。李显忠率领部下奋力抵抗，而邵宏渊当此紧急关头，仍不肯与李显忠合力守城，极力主张弃城撤退。李显忠知道邵宏渊对自己心存嫉恨，不会援手，仅凭自己所部孤军守城已不可能，只得放弃宿州，连夜南撤。二十三日，宋军刚刚退到符离，就被追击的金兵赶上。在金兵的围攻下，宋军再无抵抗之力，士兵们丢盔弃甲，惊慌逃窜，连同随军民夫在内的十三万人马伤亡殆尽，粮草物资也拱手送与了金军。李显忠、邵宏渊二将在乱军中逃脱，侥幸保住了性命。至此，历时仅二十天的北伐以宋军溃败而告终。这也是孝宗在位期间唯一的一次北伐，虽然失败，但毕竟是南宋历史上第一次主动出击，与以前穷于应付金人的进攻不同。

主和派看到战争失败，又重开求和论调，于是主和派开始占上风。主战派不甘妥协，坚决作战。孝宗试探了金国的议和条件，觉得太苛刻，不能接受。但此时，宋在北伐失败后，已无力再打下去了。金又乘机继续进攻宋，宋岌岌可危。最后，孝宗答应了金国稍作退让的议和条件，就是将完颜亮入侵后，宋收复的唐、邓、海、泗四州还给金国；改宋对金称臣为叔侄之国，将岁贡改为岁币，数量比以前减少20万；将秦、商二州的土地割让给金。

孝宗虽然迫于时势，与金人媾和，但内心恢复中原的强烈渴望并没有因此而消失。鉴于张浚仓促北伐而导致失败，孝宗对用兵之事变

得谨慎了许多，集中精力进行各种必要的战前准备，等待时机，再图恢复。

此时的南宋世风日下，内部问题多多。官俸和军费占去了国家大量的财政收入。于是政府只得加重税，但这又使农民造反。一批支持孝宗恢复旧土的老臣相继去世，又使其辅弼无人。而且他的生母、皇后、太子都相继谢世，家庭生活也不幸福。孝宗虽然被迫向金屈服，但无时无刻不想着恢复。但张俊、陈康伯死后，却没有符合孝宗自己意愿的人当宰相。最后选用了陈俊卿和虞允文，但他俩虽然都是主战派，但却彼此不和。最后陈去职。而且孝宗重用自己当皇子时的旧人龙大渊和曾觌，但遭到大臣们的反对。这两个小人，善于通过察言观色讨得皇帝欢心，人品都不佳。最后孝宗被迫把二人外放出去。

孝宗首先从整顿内政入手，以便安定民心。他改变以往赈灾方式，就是社仓法。又改变盐钞，将官府拖欠盐商的钱还给盐商，又放宽了盐的专卖。孝宗又取消了很多加耗，大力削减冗官，又严格控制萌补任子，以前官员儿子不加考核即可当官的情况没有了。对官吏还经常考察实际才能，不合格的都予以革职。

在军事上，整军兴武。孝宗在五年间，举行了三次大规模的阅兵，还积极选拔将领，自己也学习骑射。南宋的军队战斗力有很大的提高。又先后派遣使臣范成大和赵雄，出使金国。首先是要回河南，其次是改变宋朝皇帝接受金国使臣递交国书时，亲自下殿去取的礼仪。这两条都遭到了金世宗的拒绝。在孝宗想和平达到目的未能实现后，只好寄托于武力解决了，于是又开始整军备战。他准备让虞允文率一军从川陕主攻，自己亲领一军在淮南出师，兵分两路伐金。正当他等待虞允文的消息时，虞允文却在四川病死，致使孝宗的计划成为泡影。

虞允文的死，对孝宗打击很大。从此以后，他再也不提北伐了。为政求稳，渐趋于保守。对与金的礼节问题也不再强求力争。将全部精力全都转移到内政建设上。可能他想将这个任务（恢复）留给自己的继承人吧。太上皇高宗病死后，孝宗也倦政了，两年后传位光宗。

在当了五年太上皇之后，孝宗病死。

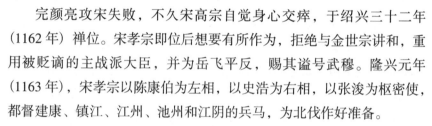

签订隆兴和议

完颜亮攻宋失败，不久宋高宗自觉身心交瘁，于绍兴三十二年（1162年）禅位。宋孝宗即位后想要有所作为，拒绝与金世宗讲和，重用被贬谪的主战派大臣，并为岳飞平反，赐其谥号武穆。隆兴元年（1163年），宋孝宗以陈康伯为左相，以史浩为右相，以张浚为枢密使，都督建康、镇江、江州、池州和江阴的兵马，为北伐作好准备。

孝宗即位后，面对的是宋金战争仍在进行中，而且形势严峻。指挥采石之战的虞允文已以兵部尚书出任川陕宣谕使，张浚任两淮宣抚使，副相（参知政事）汪澈视师湖北、京西。孝宗为岳飞平反昭雪，起用因主张抗金而被贬的官员，鼓舞了抗金斗志。但是，宋孝宗在抗金举措上仍受制于太上皇宋高宗，朝中大臣也大多仍执行太上皇降金求和的意志，因而主张由川陕进取中原的虞允文被罢职。

金世宗于大定二年（1162年）九月镇压契丹族移剌窝斡起义后，决定与南宋仍按照"绍兴和议"，要求南宋臣属，索回采石之战前后被宋军攻占的淮北州府，并要南宋依旧每年纳贡银绢，为此于十一月初命右丞相仆散忠义（乌者）兼都元帅统兵攻宋。

隆兴元年（金大定三年，1163年）三月，金左副元帅纥石烈志宁致书南宋枢密使张浚，要求"凡事一依（金）皇统以来旧约（暗指'绍兴和议'）"，并索取"侵地"和贡赋。南宋关于地位平等和重议划分疆界的要求，遭到金世宗的完全拒绝，宋金之战在所难免。

宋孝宗决定对金作战以改变宋金臣属关系，同年四月，命枢密使、都督江淮军马张浚督军北伐。五月初，张浚命宋将李显忠、邵宏渊分别自濠州（今安徽凤阳东北）、盱眙（今属江苏）渡淮北攻，李显忠首先攻克灵璧，金河南路都统奚人挞不也（《宋史》作右翼军都统萧琦）战败出逃后降于李显忠。当时金国屯兵灵璧及虹县（今安徽泗县），准备南侵，张浚希望在其未发兵前先发制人，且主管殿前司李显忠和建康都统邵宏渊也希望北伐，向张浚进献进攻两城的策略。张浚上报孝宗后，孝宗命他迅速拿下灵璧、虹县两城。于是张浚集结八万精兵，遣李显忠、邵宏渊两路出师北伐，李显忠自濠州出发，直驱灵璧；邵宏渊自泗州进发，进击虹县。邵宏渊兵围虹县（今泗县），李显忠挥师东进，虹县金守将泗州知州蒲察徒穆等向李显忠投降，都督张浚随即渡江前往濠州督战。中旬，李显忠率军进攻宿州，守城金军不遵守坚壁清野守城待援的军令，出城抗击宋军，被宋军打得大败而逃。李显忠军首先攻下宿州北门，邵宏渊军继进，经过激烈巷战，又杀敌数千，攻占宿州。金宿州防御使乌林答剌撒等率残军北逃。

宋军攻占淮北重镇宿州，一度使南宋君臣大为振奋，随即任命李显忠为淮南、京畿、京东、河北招讨使，邵宏渊为副使，孝宗也下诏亲征。宋军迅速攻占灵璧、虹县、宿州，此举震动了金世宗，他随即派中使督战，金左副元帅纥石烈志宁（撒曷辇）立即率精兵进攻宿州，李显忠率所部主动出击，连日激战，金河南道副统、勇将孛术鲁定方战死，双方伤亡都在万人以上，胜负相当。但邵宏渊不仅按兵不援，而且还制造谣言动摇军心，邵宏渊之子及邵部中军统制等首先乘夜南逃，其他将领也相继南逃。李显忠移军入城后，仍制止不住将领的逃亡。金军加紧攻城，李显忠亲自上城守卫砍杀攻城金兵，邵宏渊仍坐视不援，宋军遂于夜晚撤军南还，诸军溃逃，军资尽失，金军也因伤亡重大而未穷追，宋军遂移军守淮。史称"符离之战"。

符离之战，挫折了南宋抗金派的意志，致使议和活动又开始进行，秦桧党羽汤思退重新上台任右相后竭力主和，当南宋遣使议和时，"上皇甚喜，谕上（孝宗）以欲自备一番礼物"，以表示太上皇宋高宗全力支持议和，汤思退随后升为左相。主战的张浚虽升为右相兼都督，竭力反对和议，并得到宋孝宗的支持，但汤思退公然以太上皇宋高宗压制宋孝宗，"请上（孝宗）以社稷大计，奏禀上皇而后从事"。以致宋孝宗很生气地批示："敌无礼如此，卿犹欲和。今日敌势非秦桧时比，卿之议论秦桧不若。"尽管宋孝宗仍下诏称"朕以太上圣意，不敢重违"，却仍想以较好的条件议和。金军渡淮南下以压宋议和，宋孝宗也积极部署抗金防务。十一月，汤思退被罢相（随后死于贬途中）。在与金议和的草约中，表明不再向金称臣，"请正皇帝号，为叔侄之国，易岁贡为岁币，减十万"。闰十一月，宋使与金左副元帅纥石烈志宁就上述条件初步达成协议。十二月，宋使携正式国书出使金朝。乾道元年（金大定五年，1165 年）正月，宋使到达金都面呈金世宗。因和议基本上已于隆兴二年（1164 年）冬达成。所以，史称"隆兴和议"。

隆兴和议的内容是：宋金为叔侄之国，金为叔、宋为侄，宋不再向金称臣。宋朝每年给金的"岁贡"改称"岁币"。岁币为每年银绢各二十万两匹，比绍兴和议时每年少五万两匹。南宋交还先前攻占的海州、泗洲、邓州、秦州、商州等地，宋金疆界恢复战争前的状态。隆兴和议虽较绍兴和议合理，但对宋来说仍是不平等条约，宋孝宗就对宋金两国地位不能平等而耿耿于怀。其晚年禅位的原因之一便是金世宗去世，继位的为其孙金章宗完颜璟，孝宗不愿向比自己小上许多的金章宗称叔，是以退位。

隆兴和议签订之后，直

宋·银壶

到韩侂胄发动开禧北伐，宋金两国近四十年都没有发生战事。宋朝在宋孝宗治理之下，太平安乐，一改高宗朝贪污腐败的局面，史称乾淳之治；金朝也在金世宗用人唯贤、与民休息下达到盛世，金世宗因此被后人称为"小尧舜"。

第二章

奸佞当道，朝政腐败

南宋之所以朝政腐败，很大的原因就是由于奸佞当道。韩侂胄专权、史弥远乱政、史嵩之擅权、董宋臣受宠、丁大全骄横、贾似道误国等。这一个个奸佞之臣使原本就软弱的朝廷更加赢弱，以至于最终走向灭亡。

韩侂胄专权

韩侂胄（1152—1207），南宋权相，字节夫，相州安阳（今属河南）人。北宋名臣韩琦的曾孙。其父是韩诚，官至宝宁军承宣使。父娶宋高宗皇后之妹，韩侂胄以恩荫入仕，历任祗门祗侯、宣赞舍人、带御器械。光宗绍熙五年（1194年），他与宗室赵汝愚等人拥立宋宁宗赵扩即皇帝位。宁宗即位不久，韩侂胄就逐赵汝愚出朝廷。从此，他掌握军政大权达十三年之久。在他擅权的前七年，制造了庆元党禁，凡与党人有牵连的，均不得任官职，不得应科举。开禧元年（1205年）为平章军国事，立班丞相之上。韩侂胄当权的后期，为立盖世功名发动了开禧北伐，曾取得一些进展。同年五月宁宗下诏伐金。但正式宣战后，南宋各路军队节节败退，韩侂胄遣使向金请和。开禧三年，史弥远等人谋杀韩侂胄，朝廷大权遂落入史弥远手中。韩侂胄被杀之后，朝廷没收了他和他的党羽们的土地。嘉定元年（1208年），史弥远按照金的要求，凿开韩侂胄的棺木，割下头颅，送给金朝，订立了屈辱的《嘉定和议》。

南宋绍熙五年（1194年）六月，已退位的孝宗去世，宋光宗有病在身不能主持丧事。

知枢密院事赵汝愚，欲拥立皇子嘉王为帝，但要请示太皇、太后，即宋高宗、宪圣慈烈皇后。当时吴皇后住在慈福宫，赵汝愚打算派一个能够接近太皇、太后的人去请命。他想来想去想起一个人，那就是韩侂胄。这位韩侂胄的母亲是宪圣慈烈皇后的妹妹，他本人又和慈福宫的内侍张宗尹素来友好，赵汝愚想让他通过张宗尹把自己的想法秘密启奏给太皇太后。韩侂胄不敢怠慢，领计而行，来到慈福宫找到张宗尹，奏与太后。太后却说："既然孝宗皇帝不允，岂可说别的呢！"

第二天，韩侂胄又来到慈福宫再劝太后，仍未获命，他又急切又无奈地在宫门口徘徊不定，正在无计可施之际，重华宫提举关礼由此经过，忙问其中缘故，韩侂胄不敢据实以告。关礼立刻指天发誓说："公尽管直言勿讳，我若能效力则效力，不能效力也绝不会传讲出去！"侂胄便把事情经过大致讲了一遍。关礼当即入慈福宫，叩拜太后，未曾讲话，泪已先流。太后忙问："怎么啦？"关礼哭着说："如今圣上有疾，朝内空虚，留丞相已去，可以依靠的只有赵知院。如今赵知院欲定大计却没有太皇太后的旨意，只怕也要去朝请归。"太后闻听大惊："知院本与宗室同姓，怎么会同普通人一样呢？"关礼又说："赵知院尚未请去，只因想仰恃太皇太后。如果您今日不许大计，他计无所出，也只有请去了。赵知院一去，天下又将如何，请太后设想一下！"关礼的话使太后有所触动，于是她命关礼传旨韩侂胄告诉赵汝愚，明日她将上朝垂帘颁旨。此时已是夕阳西下，薄暮依稀，赵汝愚马不停蹄地命殿帅郭果召集所部兵士在夜里分别守住南北内宫。第二天，宪圣太后按丧次垂帘，令宰臣传旨，命嘉王即位称帝，嘉王即宋宁宗。改元庆元。

宁宗称帝以后，韩侂胄自以为定策拥立有功，总想分一点胜利果实，赵汝愚却说："我是宋皇宗室，君乃后族至戚，拥王定策也是分内事，何以言功呢？惟爪牙之臣才当推恩请赏。"于是进郭果为节钺，而韩侂胄只迁了个宜州观察使兼枢密都承旨。韩侂胄心里很恨赵汝愚，起初赴任时更是一腔不满，满腹怨气，然而凭借传导诏旨，渐渐得到宁宗的宠信。韩侂胄心中又有几分得意，他开始时常搬弄点是非，逞一点威风，很是受用。焕章阁待制、南京鸿庆宫提举朱熹看出了苗头，他对赵汝愚说韩侂胄这种人应该以重赏酬其劳而后慢慢疏远他，否则将为其所害。赵汝愚听了微微一笑，并不放在心上。这时右正言黄度想上书弹劾韩侂胄，结果消息泄露，反被韩侂胄斥去。朱熹又启奏宁宗，说韩侂胄奸不可用。韩侂胄大怒，让优人装成峨冠阔袖的大儒在宁宗面前嬉戏取乐，朱熹深感受辱，请辞官而去。彭龟年请宁宗明鉴忠奸，逐韩侂胄以留朱熹，也被韩侂胄陷害谪贬。不久，韩侂胄又进保宁军承宣使，提举佑神观。自此，更加独断专行，任己用事。然而当年赵汝愚抑其恩赏的旧事却难以从他心头逝去，每每思及，都令他怒火中烧。

韩侂胄经常想该怎样除去赵汝愚，知阁门事刘佭也因赵汝愚没让他参与内禅之事，愤愤不平。刘佭对韩侂胄说："赵丞相想一个人独吞册立大功，您不仅得不到节度使职位，而且还可能被发配到岭南。"韩侂胄大惊失色，问刘佭有什么良策？刘佭说："只有掌握言路。台谏官在朝中很能发挥作用，让亲信担任此职，才能避开灾祸。"韩侂胄又问："那我该怎么做呢？"

刘佭悄悄地说："让御笔批出即可。"所谓御批，也称内批，指皇帝在宫中决断事务，不经中书，让有关机构直接执行。韩侂胄认为这是妙计。绍熙五年十月，韩侂胄的亲信、给事中谢深甫内批为御史中丞。不久，赵汝愚举行推选大会，让大臣

韩侂胄像

推选出一名御史。韩侂胄让谢深甫引荐其亲信刘德秀，刘德秀不久又被内批为监察御史。韩侂胄的亲信刘三杰、李沐等也都被任命为御史。韩侂胄的党羽一时充斥了朝中的言官职位。

韩侂胄并不满足所取得的成绩，他更进一步希望能把赵汝愚驱逐出朝廷。他向左丞相京锐求计。京锐说："既然赵汝愚乃皇族宗室，那么就诬以谋危社稷则可。"于是韩侂胄依计命右正言李沐上奏宁宗，说赵汝愚以同姓居相位，将对宗庙社稷不利。这位李沐昔日曾有求于

赵汝愚，结果遭到拒绝，心生忌恨，韩侂胄不失时机地收买了他，又当做一支箭把他射了出去。这一箭果然厉害，因为大凡皇帝总是日夜提心吊胆怕有人谋权篡位，宁宗也不例外。他看罢奏折，脑筋连个弯也没转，就决定罢了赵汝愚的相，谪永州。

韩侂胄当初求见赵汝愚时曾通过徐谊的大力举荐。如今赵汝愚被罢相，韩侂胄生怕徐谊向朝廷翻出旧账，又寻了个理由，将徐谊也一并逐出朝廷。这一切仍不能使韩侂胄解除后顾之忧，他又想如不置赵汝愚于死地，以后他东山再起，一定会报复自己今日所为，索性一不做，二不休，他又密谕衡州守臣钱鍪，等赵汝愚经过衡州时动手谋害他。果然，不几日以后，赵汝愚来到衡州，一路的颠簸动荡，加之骤易水土，赵汝愚在衡州大病不起。钱鍪却百般刁难煎迫，最后赵汝愚暴病身亡。这下才大快韩侂胄之心，使他仿佛去了一块心病，从此可以高枕无忧了。韩侂胄拜少傅，被封为豫国公。同年，再迁少师，被封平原郡，进为太傅。他官运亨通，更加为所欲为。

开禧年间，通过陈白强、邓友龙等人的多次"请命"，韩侂胄升任平章军国事，每三日一朝，在都堂位列丞相之上，尚书、门下、中书三省官印都收在他个人府第内。他还在家中私自设置机要房。更有甚者，他时常伪作御笔，无论是官吏的陟黜任免，还是事关国家大政方针，他从未上奏宁宗，只任一行处置。大家看在眼里，敢怒而不敢言。

此时，金帝国正被北方新兴的蒙古诸部落连连击败，而韩侂胄在把道学家整肃了之后，已完全控制政府，兵源粮秣等都获得充分的支持。可是，他没有适当的统帅人才，连张俊那种庸碌之辈都没有，他所依靠的全是一些用不择手段达到尊严地位的将领。这些将领在太平日子里表演韬略有余，却没有能力实际行动。北伐是一件严重的大事，韩侂胄却犯了5世纪南朝宋帝国皇帝刘义隆的错误，即把如此严重的大事看得过于简单。他只检查了敌人的弱点，没有检查自己的弱点。

郭倪出奇兵突击，攻陷金帝国边境重镇泗州（江苏盱眙北）。韩侂胄大喜，就由皇帝赵扩昭告全国，宣布金帝国的罪状，下令北伐。金帝国着实大吃一惊，不是吃惊宋帝国又叛盟，而是吃惊宋帝国可怜的国防军，怎么一再如此不自量力地盲动。宋军四路并进，总司令郭倪攻宿州（安徽宿州）；大将李爽攻寿州（安徽凤台）；皇甫斌攻唐州（河南唐河）；另一位大将王大节攻蔡州（河南汝南）。四路相继失败，而且失败得很惨。金军分九路渡过淮河追击，一连攻陷十余州，再度抵达长江北岸的真州（江苏仪征），扬言造舰渡江，宋帝国上下震恐。

郭倪一向以诸葛亮自居，认为可以在轻松谈笑之间，建立震动天地的奇功。大军出发时，他告诉后勤司令官说："木牛流马，靠你支持。"（木牛流马，诸葛亮所使用的运输工具）等到全军崩溃，他对残兵败将不能控制，狼狈逃命，这时他才发现自己闯下的是一件不能挽救的大祸时，不禁泫然流泪。人们遂称他是"带汁诸葛亮"。此次北伐史称"开禧北伐"。

韩侂胄的美梦破灭，急向金帝国求和。金帝国答复说：必须先交出祸首。韩侂胄大怒，欲再用兵，以社稷为孤注。三年末，韩侂胄为礼部侍郎史弥远及皇后杨氏等所奏劾，并设计诱杀于玉津园侧，把人头送到一千一百公里外的金帝国首都中都（北京），悬挂街头，订立了屈辱的《嘉定和议》。

韩侂胄死后，史弥远大权独揽，知枢密院事，兼参知政事，拜右丞相。最为卑劣的是，他将韩侂胄的人头砍下来，装在匣子里送给了金人，南北再一次和议。一朝重臣的脑袋，就这样被送出去乞和。

史弥远乱政

史弥远（1164—1233），南宋权臣，字同叔，明州鄞县人。淳熙十四年（1187年）进士及第。开禧三年（1207年），韩侂胄北伐失败，金朝来索主谋。史弥远时任礼部侍郎兼资善堂翊善，与杨皇后等密谋，遣权主管殿前司公事夏震于玉津园槌杀韩侂胄，后函其首送金请和。史弥远因此升任右丞相兼枢密使，独相宋宁宗赵扩十七年。

在诛杀韩侂胄以后，宁宗改明年为嘉定元年（1208 年），声称要革除韩侂胄的弊政，为赵宋基业"作家活"。史家把嘉定初年的政治举措称之为"嘉定更化"。"首开言路，以来忠谠"，是宁宗更化的第一个措施，他再次表现出"人所难言，朕皆乐听"的诚意，但也只是听听而已。改正韩侂胄专政时期的国史记载，也是更化内容之一。在政局大更迭以后，新上台的统治者注重历史的改写，倒也是由来已久的传统。

当然还有清洗韩党，陈自强、邓友龙、郭倪、张岩、程松等都贬窜到远恶军州，除名抄家的也大有人在。但清洗却走向了极端，凡是赞同过北伐的都被视为韩党。叶适被夺职奉祠达十三年之久，陆游也以"党韩改节"的罪名被撸去了职名。

平反昭雪与清理韩党是同时进行的。赵汝愚尽复原官，增谥忠定，算是充分肯定了他在绍熙内禅中的忠诚与功绩。朱熹被赐予文臣最高荣誉的一字谥，称为朱文公。吕祖俭、吕祖泰与庆元六君子也分别有所表彰。

宁宗对继承人也做了安排。诛韩不久，就立皇子赵曮为皇太子。赵抦已在开禧二年去世，追封沂王。他曾以早慧被孝宗看好，绍熙内禅时，太后吴氏当着宁宗面对赵抦许诺"他做了，你再做"。如今这一安排虽已失去意义，但沂王绝后，宁宗便取宗室之子入嗣沂王，赐名贵和，算是一种交代。这些就是所谓嘉定更化值得一提的地方。

但宁宗在用人为政上依旧懵懂颟顸，招用人才中竟有赵彦逾。右司谏王居安进言道："用人稍误，是一侂胄死，一侂胄生。"王居安曾参与政变，后任谏官，成为政变派论劾韩党的急先锋。但他的话触着了钱象祖、史弥远的痛处，立即被免去谏官之职。对嘉定更化，随着时间的推移，人们都失望地说："有更化之名，无更化之实。"

到嘉定元年上半年，政变集团骨干已成鼎足之势，即右丞相兼枢密使钱象祖、知枢密院事史弥远与参知政事卫泾三方势力政变时，卫泾位居礼部尚书，是礼部侍郎史弥远的顶头上司，也许他对这位下属太了解，有记载说他诛韩以后"又欲去史"。皇太子把这一动向告诉了史弥远，史弥远让他在宁宗面前说卫泾的坏话，同时拉拢钱象祖。钱象祖忘了螳螂捕蝉黄雀在后的古训，在大庭广众之中把卫泾送韩侂胄螺钿髹器的事抖了出来："我还以为他一世人望呢！"

史弥远与御史中丞章良能也做了一笔交易。六月，章良能不顾与卫泾的老关系，上章弹劾了他，同时面交弹章副本，逼着卫泾自求罢政。七月，史弥远兼参知政事；十月，在钱象祖升为左相的同时，他进拜为右相兼枢密使，宁宗已像过去信任韩侂胄那样倚信于他。

拜相仅月余，史弥远就遭母丧，按例必须辞相守制，这样就会出现钱象祖独相的局面。蹊跷的是，十天后钱象祖竟被论劾出朝。政变以后，他的权位始终压史弥远一头，但地位却不稳固。在二相勾心斗角中，御史中丞章良能仍站在了史弥远一边。只要把钱象祖在党禁时逮捕庆元六君子的劣迹抖搂出来，就会被清议所不齿，何况人们对他在嘉泰年间趋附韩侂胄的丑事还记忆犹新。钱象祖罢相两个月后，章良能同知枢密院事，当上了执政，这是对他弹劾卫泾与钱象祖的酬报。

在权力角逐中，史弥远抓住了杨皇后与皇太子。他已在政变中取得了杨皇后的信任，至于太子更是他调教出来的学生，宁宗理政时让他在一旁"侍立"，说话很管用。弥远归里守丧第五天，在皇太子建议下，宁宗在行在赐弥远一座第宅，命他就第持服，以便随时谘访。史弥远故作姿态，仍在鄞县老家守制。

次年五月，宁宗派内侍去请他回临安，就在这时发生了忠义军统制罗日愿的未遂政变。罗日愿曾支持北伐，尤其不满史弥远乞和弄权的行径，便联络了部分军将、士兵、士人、府学生、归正人与内侍，准备在他渡钱塘江回临安那天捕杀他，劫持宁宗升朝，任命新的宰执班子。不料有人告变，罗日愿等悉数被捕。

首席执政雷孝友对宁宗说自己能薄望轻，不足镇服奸佞，宁宗遂敦促史弥远起复。弥远担心守制两年，局面难料，也就顾不得儒家名教与朝野清议，重新做起了宰相。起复第三天，史弥远就指政变者为韩党，罗日愿凌迟处斩，其他人多处以各种死刑。弥远起复，标志着有名无实的嘉定更化的结束，史弥远专政时代的开始。

起复以后，史弥远继续在平反"伪党"、起用"党人"上博取人心，取悦清议。他任用了黄度、楼钥、杨简等著名党人，还找来了真德秀、魏了翁等知名之士。群贤点缀朝廷，一时人以为小庆历、元祐，这正是弥远老谋深算之处。实际上，他追逐的只是自己的绝对权力。

首先，史弥远独揽相权，破坏既定的宰执制度。宋代宰执制度的最大特点就是分割相权，虽有宰相兼枢密使的情况，但都是应付战争局面的特例。史称开禧以后"宰臣兼使，遂为永制"，是钱象祖以右相兼枢密使，但这或出于诛韩形势的特殊需要。其后钱、史并相，俱兼枢使，不久钱象祖罢相，弥远丁忧，但他嘉定二年起复以后，前后在宁、理两朝独相达二十五年之久（秦桧独相也不过十七年），并长二府，大权独揽。可以说，从史弥远开始，宰相兼使才成定制，这对南宋后期皇权一蹶不振、权臣递相专政的局面以直接的恶劣影响。在独相局面下，史弥远尽选些便于控制的人备位执政，作为摆设。从嘉定六、七年起，他专政之势已成，就经常"决事于房闼，操权于床第"，破坏了宰执合堂共议的政事堂制度，最高行政权沦为其囊中之物。

其次，史弥远独攬官吏任命大权，培植个人势力。宋代朝官以上的任命例由宰执注拟，经皇帝同意才能正式除授。史弥远只把任命结果告诉给宁宗，从来不取旨奏禀。宋代京官和选人的除授权在吏部，号称吏部四选；唯有特殊勋劳者可由政事堂直接注拟差遣，所得差遣较吏部选为快为优，号称堂除。史弥远以堂除名义把吏部选的美差都揽了过来。这样，他就以官职差遣为诱饵，呼朋引类，结党营私。有一次相府开筵，杂剧助兴，一艺人扮士人念开场白："满朝朱紫贵，尽是读书人。"另一角色打断，道："非也，尽是四明人。"讽刺史弥远援引同乡、网罗党羽。

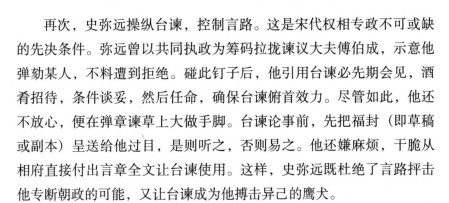

再次，史弥远操纵台谏，控制言路。这是宋代权相专政不可或缺的先决条件。弥远曾以共同执政为筹码拉拢谏议大夫傅伯成，示意他弹劾某人，不料遭到拒绝。碰此钉子后，他引用台谏必先期会见，酒肴招待，条件谈妥，然后任命，确保台谏俯首效力。尽管如此，他还不放心，便在弹章谏草上大做手脚。台谏论事前，先把福封（即草稿或副本）呈送给他过目，是则听之，否则易之。他还嫌麻烦，干脆从相府直接付出言章全文让台谏使用。这样，史弥远既杜绝了言路抨击他专断朝政的可能，又让台谏成为他搏击异己的鹰犬。

嘉定十三年（1220年），皇太子赵曦去世，宁宗仍膝下无子，不得不再次考虑国本大计。次年四月，宁宗选十五岁以上的太祖十世孙入宫学习，意在遴选合适的皇位继承人，其中以早已入嗣沂王之后的贵和呼声最高。弥远不希望贵和入选，因为他对自己专权流露出反感，便物色了另一位太祖十世孙赵与莒。六月，宁宗立贵和为皇子，改名赵竑。史弥远知道这是宁宗对国本的安排，不便公开反对，就提议再为无嗣的沂王立后，并把赵与莒推荐了上去。宁宗采纳了这一建议，将其改名贵诚。

嘉定十七年闰八月，宁宗临死前夕，史弥远加紧了废立的步伐。他先让郑清之通知贵诚做好即位的准备，然后把两府执政与专司草诏之职的翰林学士隔在宫外，另召直学士院程珌入宫，许诺事成以后引为执政，与郑清之连草矫诏二十五道。

其中与废立关系最大的有三道矫诏。其一，改立贵诚为皇子，赐名赵昀；其二，进封皇子赵昀为武泰军节度使，成国公。这两道诏书使贵诚地位与赵竑不分伯仲，政变成功后，史弥远指使史官将这两道诏书的日期前移四日，造成贵诚立为皇子完全是宁宗决策的假象。第三道诏书是进封皇子赵竑为济阳郡王，出判宁国府。

夜漏未尽，宁宗驾崩。史弥远一方面立即派人宣召贵诚进宫，一方面找到杨皇后的侄子杨谷、杨石，渲染了皇子赵竑对杨皇后干政的反感，让他们去说服杨皇后同意废皇子而立皇侄。杨皇后虽对赵竑没有好感，但不赞成废立。

一切安排停当，这才宣赵竑入宫，与百官立班听宣遗诏："皇子成国公赵昀即皇帝位。尊皇后为皇太后，垂帘同听政。"赵竑坚决不肯跪拜新皇帝，硬被殿帅夏震按下了头。接着以杨皇后名义，宣布史弥远预先拟好的第三道诏书：皇子赵竑进封济阳郡王，出判宁国府。新即位的皇帝就是宋理宗。数日后，赵竑改封济王，赐第湖州，被监管了起来。

对史弥远的废立，朝野不少人感到义愤不平。济王被监管以后，湖州人潘壬、潘丙兄弟联络了太湖渔民和湖州巡卒密谋拥立济王，他们派堂兄潘甫到淮北争取李全的支持。李全是一个翻云覆雨之人，后面还要专门细说他。他玩了一个空袋背米的花招，表面约好日期进兵接援，届时却背信爽约。

潘壬兄弟只得仓促起事，装束成李全"忠义军"的模样，夜入州城找到济王，硬把黄袍加在济王身上，跪拜如仪。济王号泣不从，潘壬等以武力胁迫。济王只得与他们相约不得伤害杨太后与理宗，这才即位。夜色中，起事者以李全的名义揭榜州门，声讨史弥远私自废立罪，号称将领兵二十万水陆并进。连知湖州事谢周卿也率当地官员入贺新皇帝登基。

天色熹明，济王见拥戴他的都是些渔民与巡卒，知道乌合之众其事难成，就派人向朝廷告变，并亲率州兵讨叛。待史弥远派出的大军赶到湖州时，起事者已被济王讨平。潘丙、潘甫当场被杀死，潘壬逃到楚州被捕，押回临安处斩。

湖州之变（因霅川流经湖州，故也称霅川之变）是民众对史弥远专政的一种抗议，也表明只要济王存在就有相当大的号召力。因而尽管济王不是主谋，而且告变平乱有功，史弥远也决心斩草除根。

不久，史弥远派亲信余天锡（一说秦天锡）到湖州，说是奉谕给济王治病，暗地却胁逼济王自缢身死，并杀死其子，对外宣布病故。为平息朝野非议，理宗追赠济王为少师。但不久史弥远就指使爪牙上奏，理宗收回成命，追夺其王爵，追贬为巴陵县公。

这种处理，激起了不少正直之士的愤慨，真德秀、魏了翁和胡梦昱等朝臣不顾罢官流放，接二连三为济王鸣冤叫屈，胡梦昱还因此贬死。但在处理济王问题上，理宗只得与史弥远沆瀣一气，因为否定了史弥远，也就动摇了自己继统的合法性，所以终理宗之世没有为济王平反昭雪。理宗与史弥远既已结成一荣俱荣、一损俱损的关系，史弥远也就获取了比宁宗朝更大的擅权资本。

理宗已经二十岁，之所以还要杨皇后垂帘听政，一是理宗出身宗室远族，此举有助于加强其继统的合法性；二是史弥远有意将杨皇后推在第一线，以遮掩与缓冲其擅自废立的罪责，对付可能出现的政局动荡。但理宗已年非幼冲，女主垂帘显然不合赵宋家法。史弥远对湖州之变的阴狠处理，也让杨皇后不敢恋栈贪权。宝庆元年（1225年）四月，她主动撤帘还政。

理宗由史弥远一手扶上皇位，在朝中也没有根基，尽管杨皇后已还政给他，他还得看史弥远的脸色行事。直到绍定六年（1233年）史弥远去世，理宗在权相专政下，"渊默十年无为"，其目的显然是韬光养晦，保全皇位与性命。从这点看来，理宗还是很有心计的。

宝庆绍定年间，史弥远的心腹党羽遍布朝廷，执政有郑清之、薛极、袁韶等，台谏官有李知孝、莫泽、梁成大等，地方制帅有史嵩之、徐国、胡榘、赵善湘等，还有知临安府余天锡等。他最信用的是世人所咬牙切齿的"三凶"和"四木"。"四木"是指名字中都含有"木"字的薛极、胡榘、聂子述和赵汝述。"三凶"是指担任台谏官的李知孝、莫泽、梁成大，他们是史弥远的忠实鹰犬，搏击政敌不遗余力。太学生们愤慨地为梁成大的名字加上一点，直呼其为"梁成犬"。

绍定六年，史弥远病重，但仍控制着朝政大权，并越级提拔史氏家族成员到要害职位上，其侄史嵩之数月之内由大理寺卿升为京湖安抚制置使。有朝臣上书指斥史弥远专政误国，理宗仍恩宠不衰，先后晋封他为太师、会稽郡王。史弥远死后，理宗追封其为卫王，赐谥忠献，还不许朝臣揭露其过失，公开宣布："姑置卫王事。"

史弥远专政二十五年，对内以巩固权势、对外以苟且偷安为其执政的根本宗旨。统治集团根本不去主动提升自身的综合国力与应变能

力，而是苟且偷安、醉生梦死，将国家命运完全压在一纸和议上，对风云变幻的中原大变局消极被动，不思作为。

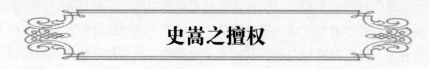

史嵩之擅权

史嵩之（？—1257），字子由，明州鄞人。嘉定十三年进士，调光化军司户参军。十六年，差充京西、湖北路制置司准备差遣。十七年，升干办公事。宝庆三年，主管机宜文字，通判襄阳府。绍定元年，权知枣阳军。二年，迁军器监丞兼权知枣阳军，寻兼制置司参议官。三年，除京西转运判官兼提举常平兼安抚制置司参议官。四年，迁大理少卿兼京西、湖北制置副使。五年，加大理卿兼权刑部侍郎，升制置使兼知襄阳府。六年，迁刑部侍郎。端平元年，乞祠，归养田里。起知隆兴府兼江西安抚使。召权刑部尚书。出知平江府，进淮西制置使兼沿江制置副使，兼知鄂州，兼湖、广总领兼淮西安抚使。嘉熙元年，除京西荆湖安抚制置使。二年，拜参知政事。

嘉熙四年三月，史嵩之被皇上召回临安，拜右丞相，由此挂衔宰相，封公赏爵，实现了他多年振兴史氏的愿望。他《宴琼林苑》诗中说："鸣跸高登秋暮天，西郊辇路直如弦。梨园花覆千官醉，愈觉君恩湛湛然。"

史嵩之大权在握，为了筹划前哨江防，他迫令征集渔舟。当时有一叫康植的大臣出来反对说："令征渔舟，渔民无以为生，万万不可。"史嵩之劾奏将他贬为江陵酒官。嘉熙行政，最终形成了乔行简、李宗勉、史嵩之三驾马车的格局。当时人们的评价是："乔失之泛，李失之狭，史失之专。"

淳祐元年，蒙古太宗窝阔台病死，蒙古对宋的和议停顿，战争也暂时告一段落。史嵩之进《玉斧箴》，又挤掉了乔行简，独自柄国。大臣高斯得上奏，请求择才与史嵩之并相，史嵩之很恼怒，就指使他的党羽说高斯得叔父兄子不可以同在朝，于是高斯得就通判绍兴。淳祐二年，《四朝帝纪》一书写成，史嵩之企图改掉高斯得所草的《宁宗卷》中对于济王的评论，高斯得竭力辩护，然而书已被更改了，李心传只好将高斯得所草的藏起来，并写上：前史官高某撰。史嵩之就将《四朝帝纪》进献，同时又进献了《孝宗经武要略》《宁宗实录》《日历》《会要》《玉牒》等，史嵩之升金紫光禄大夫，封永国公。

史嵩之是一个敢作敢为的人，一旦发现有人对自己的事业构成阻力，就会果断行事，不惜一切去加以除去。淮西制置使杜杲虽然在解庐州之围时为史嵩之争了荣誉，但由于杜杲上奏表示和谈只是蒙古的诡计，曾令史嵩之十分难堪，因此杜杲成了史嵩之首当其冲的打击对象。他指使台谏弹劾杜杲，杜杲遂被夺去兵权，无意仕途，终老田园。史嵩之入相时，曾召师雍（史弥远弟子，但不与史弥远合作）审察，并秘密示意主动与他改善关系，然而师雍不领情。史嵩之迁，师雍到粮料院任职，并说："料院与相府密迩，所以相处。"师雍还是不领情。嵩之独相后，博士刘应起首先上奏论史嵩之的过失，理宗被说动了，想驱逐史嵩之。因为师雍与刘应起友好，所以史嵩之怀疑是师雍在中间作梗，就指使御史梅杞攻击师雍，朝廷就差师雍知兴化军，不久又改知邵武军。富阳人道士孙守荣，号富春子。曾遇到异人，异人授他一支铁笛，他常常吹着笛在市中行走。后修道有成，能预测遥视。一次他去拜谒丞相史嵩之，门卫谎称史嵩之午休，不让他进去。孙守荣当即指出史嵩之正在园池钓鱼，怎么说是在午休呢。门卫非常吃惊，便入报史嵩之，史嵩之因而会见了孙守荣。史嵩之颇喜欢孙守荣的言谈举止和仙道风雅；孙守荣则坦陈己见，发生在史嵩之身上的许多事都被他一一说中了。这让史嵩之很不舒服，终于将他贬死在远郡。

淳祐四年（1244年）九月，其父史弥忠病重，史嵩之请假回家，不久父亲去世。史嵩之本应辞官归家守孝二十七个月。若政事需要，可提前复职，称为起复或夺情 (若为孝子，大多不肯起复)，宋朝一向遵循这种居丧制度。朝廷照例命史嵩之起复，史嵩之得到命令就赶紧上任。朝廷大臣一直不满他的专权，因此又开展了一起反史起复的斗争。这场反史浪潮酝酿已久，端平元年四月御史王遂就说："史嵩之不学无术却自吹自擂。其实他只会搞阴谋，骗君王，害黎民。"朝野上下都希望理宗能对他罢官流放，永不任用。理宗却充耳不闻。这一次史嵩之孝期未满就迫切起复，有违伦理纲常，更使满朝愤慨，群情激昂。以黄恺伯、金九万、孙翼凤为代表的一百四十四名太学生上书说："帝王父亲，同于天地，忠君孝顺并无古今之分。对父母孝顺，才能对帝王忠心。所以有史以来，忠君爱国的大臣必从孝敬父母的人家中挑选。不孝之子必为佞臣。孔子的学生宰我认为守孝三年的制度时间太长，应改为一年，孔子批评他仁义之心不够。父母死了哪有不回家奔丧的呢，只有缺乏人心天理的人才会如此。规定三年守孝，是表示对父母的亲爱之情。凡为人子，都不应像宰我一样，成为不孝的罪人。

"圣人经书中并无起复之事，是社会衰败时产生的。我朝大臣，如富弼是关系天下安危的国家重臣，不可一天没有他。下了五次起复命令他不肯应，推说国家很太平，国家暂且可以没有他。这就受世人称颂。至于郑居中、王黼之流，恬不知耻，因贪财而迫切起复，有违天理，终于酿成靖康灾祸。如今历史又将重演。史嵩之是何等样人？他为人不够正派，行踪诡秘。从前在督府掌权时，因签订不平等和议而消磨官兵士气；以重金贿赂，窃取宰相的位置；党小人，夺大权，掠财富，险恶之心，不可测知；在朝一日，将祸患无穷。百姓万口只有一句话：'史嵩之尽快滚出朝廷。'朝廷上下全希望这次能借机逐他出朝堂，再也不加任用。陛下会说：这样做，君臣恩义全无。但这可是史嵩之罪有应得。他父亲死后，不马上回家守孝送葬，而是往来于朝中，安插心腹，收买宦官，刺探圣意。直到得知圣上会起复他，才肯离去，城府之深，斥之何惜？

"陛下起复史嵩之，是因为他有才能吗？没有。他只想篡权夺位。

蒙古撤兵是由于骨肉相残的内乱，史嵩之却欺骗陛下，说他打败了蒙军，也只有他能打败蒙军，并以此挟制陛下，服从他的摆布。是因为他善于理财吗？他也没这个能力。他只会巧取豪夺，贪赃枉法。国家财源，以盐粮为重，而国家得到的却没多少，全给了个人。国家的土地天天减少，而史嵩之却拥有良田千顷；国家的财政日见困难，史嵩之却家财万贯。您留用史嵩之只会是一个祸害。史嵩之迫切要求起复，可以说是效仿史弥远。史弥远死的是庶母不是嫡亲；史嵩之死的却是亲生父亲。史弥远先奔丧而后起复。史嵩之却恰好相反。史弥远虽不愿离职，但也不是不近情义，于嘉定元年（1208年）十一月为庶母守丧，到二年五月才得起复。史嵩之的父亲死后，他却费尽心机为求起复。当丞相时，他的父母已八九十岁高龄的年纪。他知道父母年事已高，就开始为起复作舆论准备。负责京城后勤的并不缺少人选，却要起复孝期未满的马光祖。这个事情许多人可胜任，可是却要起复正在服丧的许堪。邻里编了十七字的断尾歌讽刺说：'光祖做总领，许堪为节制，丞相要起复，援例。'史嵩之的用心人人皆知，您难道没听说吗？台谏官是他的心腹，所以不愿意说；给舍不愿说，因为给舍也是他的心腹；侍从官不愿说，因为侍从是他的爪牙；执政不愿说，是因为执政是史嵩之的羽翼。史嵩之知道，提拔奸臣作为喉舌，就不会使自己陷入尴尬的境地；把私党安插在要害部门，就会避免吕惠卿反咬一口的错误。

"自古以来，大臣连续三代受宠，就会危害国家，汉朝的王莽、曹魏的司马氏就是很好的例子。"

从史浩算起掌握大权的史氏已有三世了：史浩、史弥远、史嵩之。1236年2月，史嵩之又被任命为淮西制置使。嘉熙二年（1238年）升为参知政事，次年又出任了右丞相兼枢密使，督视两淮、四川、荆湖南军马。淳祐二年（1242年）进封永国公。理宗对他过分偏爱，所以大臣们十分不满。淳祐三年（1243年），黄涛、刘应起等上书理宗说：史嵩之独断而狡诈，不可任用。

史嵩之统治的"专"招来广泛的不满，而且在很多大臣眼里史嵩之独相期间也并无什么实绩，却自恃边功，骄狂日盛。于是许多老臣都来劝谏，有的甚至冒着生命危险。虞复上表《爱养根本之说》，极力反对史嵩之的独断专行，结果也被降职任都郎官。李昴英就写了一篇《论史丞相疏》上奏皇帝，揭露史嵩之。一开始，皇帝没有理会，李昴英表示"一身祸福所不暇计"，屡屡痛陈史嵩之，直至皇帝迫于舆论的压力要罢免史嵩之。

董宋臣受宠

董宋臣，南宋理宗朝宦官，生年不详。理宗后宫贾贵妃于淳祐七年 (1247 年) 去世，在董宋臣的帮助下，阎婉容得封贵妃。为报答董宋臣的帮助，阎贵妃经常在理宗面前夸奖董宋臣忠心，任劳任怨，因此，理宗很信任他。他在朝中用事之时，正是南宋政治混乱的困难时期。董宋臣是南宋理宗时的宦官，人们称他为董阎罗。他非常善于讨好理宗，常陪理宗玩乐，所以皇上很是宠爱他。

淳祐年间 (1241—1252 年)，善逢迎的董宋臣取得了理宗的宠信，由睿思殿祗侯这一卑微的内侍官职，被特别提拔为横行官，可以任意出入宫中，进入朝班。宝祐三年 (1255 年)，他"兼干办佑圣观"（《宋史宦者四)，成为得以参与朝政的宦官。

理宗即位之前并不是太子，他是被权臣史弥远拥上皇帝宝座的。从嘉定十七年 (1224 年) 登基，一直到绍定六年 (1233 年) 的九年间，朝政大权始终控制在史弥远手中，他不过是一个傀儡皇帝。史弥远在宁宗时为相十七年，理宗即位后又独专相权九年，长期擅权用事，打击异己，培植党羽，使南宋的政治日益腐败。他死后，理宗赵昀开始亲政，断然贬黜了史弥远的三只鹰犬梁成大、莫泽和李知孝，决意干几件振奋人心的事情，以重振朝纲。遗憾的是事与愿违，客观上是因为朝政积弊重重，主观上则是理宗根本没有扭转乾坤的雄才伟略。所以，他束手无策，迟迟拿不出什么"新政"来。无奈，在端平元年(1234年)将道学家真德秀召为户部尚书，参知政事。然而，真德秀所主张的"收放心，养德性"，根本不能扭转当时的政局。第二年，真德秀就病死了。理宗见新政无望，便心灰意冷，开始不问政事，尽情欢宴去了。理宗朝是南宋末世三朝之始。从他喜狎董宋臣，嗜欲昏庸，怠于政事，可以看出南宋末世开始的一个侧面。

宝祐三年(1255年)正月，董宋臣为取悦理宗，特意把西湖妓院里的妓女召进宫中，让她们陪理宗过元宵佳夜。侍郎牟子才见宋理宗太不像话，上疏弹劾董宋臣引妓入宫，理宗只是降旨说："纳忠不妨，但勿散副本可也。"(《西湖游览志余》卷二)嘱咐他不要把奏本给别的大臣看，但自己仍然舍不得就这么放走美人。牟子才知道是董宋臣把妓女弄到宫里来的，又给宋理宗献上了一幅"高力士脱靴图"。董宋臣看了大怒，就在宋理宗面前告状，说这是在诋毁皇帝。宋理宗倒也不恼，还笑着说："这个是在骂你，并不是在骂我呀。"董宋臣赶紧解释："这家伙把皇上比成唐明皇，阎妃娘娘比成杨贵妃，把臣比成高力士，他自己却以李太白自居，实在狂妄！"阎妃是宋理宗最宠幸的人，于是宋理宗也就高兴不起来了，疏远了牟子才。

宋理宗的祖上宋徽宗，也是有名的风流皇帝，可他看上妓女李师师，也只敢挖条地道通到她家，偷偷地钻来钻去，不敢召她入宫。像宋理宗这般将妓女召进宫的做法，倒算得上是胆大胡为。不过后人也有冷眼看破的，作诗道："宋史高标道学名，风流天子却多情。安安唐与师师李，尽得承恩入禁城。"就连说他好话的《宋史》，也指出他"经筵性命之讲，徒资虚谈，固无益也"。

宋理宗对董宋臣这个善解人意的宦官倍加宠信，董宋臣则借理宗之宠，恣意弄权，左右大臣。当时萧山尉丁大全千方百计地巴结董宋臣和卢允升，很快由县尉升为朝臣，最后官至右丞相兼枢密使。三人

狼狈为奸，恃宠弄权，不可一世。时人把董宋臣称为"董阎罗"。

董宋臣也喜欢别人对他逢迎。他曾替杨驸马营造府第，要拆除周围民居。首先要拆除的是太学生方大猷的住宅。董宋臣原以为方大猷不好说话，会有一番争执。不想方大猷对他刻意逢迎，主动献出房屋。董宋臣于是提拔他当官。以后，一些无耻之徒摸清了他的脾气，纷纷曲意奉承，得以当官。当时，一些正直的大臣也与董宋臣作过斗争，但力量微弱，没有产生什么作用。御史洪天锡对于董宋臣弄权非常不满，多次上书弹劾，说："天下之患三：宦官也，外戚也，小人也。"可是，奏章多落入董宋臣之手，压下不报。后来理宗虽得奏章，但他却庇护董宋臣，毫无疏远之意。洪天锡见理宗无动于衷，又上书言："臣留则宋臣去，宋臣留则臣当斥，愿早赐裁断。"（《宋史·洪天锡传》）理宗根本不理，不久还听信董宋臣的谗言，把洪天锡贬到外地为官。

端平元年，南宋联合蒙古消灭了金国。其后，蒙古军队连年南侵。理宗面对内外交困的局面，对朝政更加冷漠，整天沉溺于声色犬马之中，奸佞之臣趁机投其所好，极力逢迎，正直大臣的意见根本得不到传达。宦官卢允升、董宋臣很快得到理宗的宠信，他们根本不顾蒙古军队的大举进犯，而且还扣留抗战部队的粮饷军需，给抗战将领施加压力。董宋臣受到宠信，全靠逢迎有术。他见理宗心志懈怠，十分贪财，便极力怂恿理宗大兴土木，花费大量财力，侵夺民田，兴建了梅堂、芙蓉阁、香兰亭等楼台殿阁，供理宗游乐。理宗去禁苑赏荷花，苦于没有凉亭遮日，董宋臣揣摩上意，一天之内就修建了一座凉亭，理宗十分高兴。冬天，理宗又去赏梅，董宋臣已事先在梅园建造一座亭子。理宗责备他劳民伤财，董宋臣说不过是把荷亭移到这里，理宗又大赞他办事得体。

右丞相董槐颇受理宗信任，丁大全有意与他结交，派人到董槐家中送礼，董槐对丁大全派的人说："吾闻人臣无私交，吾惟事上，不敢私结约，幸为谢丁君。"（《宋史·董槐传》）丁大全碰了一鼻子灰，心中暗恨董槐。不久，董槐对理宗陈述时弊，历数丁大全之奸。结果，理宗不仅没有处罚丁大全，反而听信了丁大全和董宋臣的诬告，罢了董槐的相权。开庆元年 (1259 年) 九月，忽必烈率蒙古军主力部队，在黄陂突破长江天险，围攻鄂州 (今武昌)，展开了对南宋大规模的入侵。临安朝廷大为震恐，董宋臣竭力主张迁都四明 (今浙江宁波)，打算在敌兵逼近时乘海船逃走。这种逃跑的主张，当时虽有人不满，但满朝文武官员却没有一个人敢站出来反对。理宗听其言，急忙命丁大全安排迁都事宜。理宗诏书刚下，朝野哗然。当时身为宁海军节度使判官的文天祥，上书"乞斩宋臣，以一人心"，要求处死主张逃亡的董宋臣，以统一国人之心，全力抗敌；并劝告宋理宗"当守中国"、"当卫百姓" (《宋史·文天祥传》)，不应临敌怯懦而逃。在大敌当前，文天祥表现了不畏强敌、敢于斗争的精神。董宋臣扣住奏章不报。

不久，董宋臣出为保康军承宣使。景定四年 (1263 年)，又为内侍省押班，"寻兼主管太庙、往来国信所，同提点内军器库、翰林院、编修敕令所，都大提举诸司，提点显应观，主管景献太子府事。" (《宋史·宦者四》) 董宋臣任职甚多，极受理宗宠爱，几乎成了朝政总管。这时文天祥升迁为刑部郎官，又上书历数董宋臣之罪。董宋臣得文天祥奏章，压而不报。文天祥不愿与董宋臣共事，上书求去，出知瑞州 (今江西高安县)。文天祥这位爱国志士，最终被董宋臣排挤在朝外，不能参与政事。

董宋臣权势之大，恣意妄为，引起朝臣不满，秘书少监汤汉上书弹劾董宋臣："宋臣十余年来声焰薰灼，其力能去台谏、排大臣，至结凶渠以致大祸。中外惶惑切齿，而陛下方为之辨明，大臣方为之和解，此过计也。愿收还押班等除命，不胜宗社之幸。" (《宋史·宦者四》) 奏章呈上，理宗还是没有看到。景定四年六月，理宗又命董宋臣主管御前马院及酒库，把这两个广开财路的机构交与了他。不久，董宋臣一命呜呼。理宗诏命，按特级提升法，升其为节度使。

丁大全骄横

丁大全（1191—1263 年），字子万，南宋镇江（今属江苏）人。生时有异相，面呈蓝色，令人不寒而栗。宋理宗嘉熙二年，中进士，被调任萧山尉。弹劾董槐之后，丁大全又进升为进同知枢密院事兼权参知政事。宝祐六年（1256 年），拜参知政事；同年四月，拜右丞相兼枢密使，进封公。

嘉熙二年（1238 年），他中了进士，被调任萧山尉。由于丁大全奉迎有术，极力巴结备受宋理宗宠信的内侍卢允升、董宋臣，由此平步青云，升职为大理司直、添差饶州通判。入为太府寺簿，调尚书禁监所检阅江州分司，复兼枢密院编修官。拜右正言兼侍讲，旋即改为右司谏，拜殿中侍御史。

当时右相董槐认为自己深受皇恩，理应无所不言无所不为，全力对国家做有利的事。他曾对皇上说："现在天下有三件事正危害朝政：一是皇亲国戚不奉国法；二是执法大臣在位太久，作威作福；第三是皇城司与将帅不对士卒约束，许多士卒都不守法令。亲戚不奉法则执法不平，执法不平则朝廷没有威信；执法大臣擅作威福则贤与不肖混淆，贤与不肖混淆则奸邪无所顾忌，贤者不肯为朝廷所用；不加约束就会惹是生非。这三事不加纠正，百年基业就会毁于一旦。愿陛下好自为之！"皇上没有"好自为之"，大臣倒是对他一片抱怨。皇亲国戚、文武大臣大都嫉恨这个无事生非的右丞相。理宗现在已经五十多岁了，很老了，久居皇位，独断惯了，忠言逆耳他接受不了，对那些只说笑话、善于迎合他的人，或者是善解人意、看风使舵的佞人，反而倍加

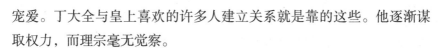

宠爱。丁大全与皇上喜欢的许多人建立关系就是靠的这些。他逐渐谋取权力，而理宗毫无觉察。

丁大全也曾想拉拢董槐，后者作为宰相及朝廷重臣，对他大有用处。他先派一个亲信去见董槐，表示了愿与董槐定交的意向。不料董槐反说："大臣无私交这话你听过吗？我只知道替皇上做事，不敢与人私相结交。请你把我的话转告丁君，多谢他的一番美意了。"丁大全自讨没趣，料想以后有事，他也不会帮自己，从此之后就想方设法除去这块绊脚石。董槐也深知丁大全终究会危害朝纲，便经常向皇上进言，说明丁大全的为人。皇上道："丁大全从没有说过你的坏话，你何苦这样对他？不要总是怀疑他。"董槐道："我与丁大全没有私人恩怨。只是因为陛下将臣从众人中选拔出来，并委以重任，倘若明知丁大全奸邪却闭口不言，是辜负了陛下对我的信任，对不起陛下。皇上认为丁大全是忠臣，我却以为他是个大奸臣，怎能再与他同殿称臣？"于是上书请求辞职，要告老还乡。理宗不准他辞。

丁大全为了进一步荣登要职，开始施展诡计排挤诬陷朝中的大臣。他的目光首先对准了董槐。董槐是嘉定年间的进士，嘉熙年间曾提点湖北荆狱、知江州、潭州，平息常德兵变，救济南来江北的流民，成绩十分显著。淳祐年间，任沿江制置使、知建康府，这期间，他大力整肃军纪、加强训练。淳祐六年（1246年），任权广西转运判官兼提点刑狱，协和西南少数民族，与交趾建立友好贸易关系。宝祐三年（1255年），他任右丞相兼枢密使，以整顿纲纪为急务，这样一来便得罪了许多人，更引来无数妒忌和猜疑。

丁大全知道自己入朝以来，并无半点可以在人前夸耀的政绩，想凭辛劳苦干而压董槐一头比登天还难，想推倒董槐只能暗地下手。他先上疏弹劾董槐功高震主，特权谋私，图谋不轨。奏章呈上去，他急不可待地盼理宗立刻下旨罢董槐的相位，等到半夜不见动静，丁大全没了耐性，竟穿戴整齐调隅兵百余人，持刀露刃地包围了董槐的府第，以台牒驱迫董槐出来。董槐并无思想准备，听丁大全声嘶力竭地叫唤，就出来了。众隅兵一拥而上，围住董槐。丁大全假传圣旨，命董槐随

去大理寺，想借此恐吓董槐。一行人出了北关，丁大全又命人弃了董槐，高呼几声散了。董槐缓步走进接待室，过了好久罢相之旨才传下来。从此丁大全更加目空一切，倨傲非常。

弹劾董槐之后，丁大全又晋升为右谏议大夫、端明殿学士、签书枢密院事，封丹阳郡侯，进同知枢密院事兼权参知政事。宝祐六年（1256年），拜参知政事，同年四月，拜右丞相兼枢密使，进封公。丁大全任用袁玠作九江制置使。袁玠这个人贪婪而且苛刻，他主管向当地渔湖土豪收纳税银，因丁大全督促得十分急迫，他就拘捕了一些渔湖土豪残酷催逼，结果惹怒了众人。这些渔人竟背弃大宋，把所有的渔舟都用来援助北来入侵的敌兵，给朝廷带来极大的威胁。太学生陈宗、刘黻、黄铺、曾唯、陈宜中、林则祖六人上书要求罢免丁大全。当时的台臣翁应弼、吴衍都是丁大全的鹰犬，他们钳制太学，颠倒黑白，最后竟贬逐了陈宗等六人。当时宫外丁大全与马天骥专恣用事，壅蔽上听；宫内阎贵妃信得宠爱，理宗无心理会朝政。朝野上下岌岌可危，有人在朝门上题写了"阎马丁当，国势将亡"八个字。无奈朝廷上有许多人都是丁大全的党羽，他们官官相护，丁大全毫不为此担惊受怕。

宋·水月观音像

开庆六年（1259年），蒙古军队攻打鄂州（今湖北武昌），中外震动，边关报急的文书传到朝廷，丁大全隐而不报，以致战事日益转向不利。蒙元帅兀良哈得由云南入交趾，从邕州攻广西破湖南。丁大全才上报理宗，宋理宗如梦初醒，不知所措。中书舍人洪芹上疏："丁大全人如含沙射影之鬼蜮，行如穿箭之道，引用凶恶，陷害忠良，遏塞言路，扰乱朝纲。臣乞陛下将其罢官远放，以伸张大宋王法，谢天下黎民。"侍御史沈炎、右正言曹永年相继上疏罢免丁大全。

监察御史朱黼孙也进言："丁大全奸诈阴险，狠毒贪残，假借陛下的声威钳天下百姓之口，依仗陛下所赐的爵禄笼天下财路干一己之身。"监察御史饶虎臣也指出了丁大全的四大罪状：绝言路、坏人才、竭民力、误边防。理宗大怒，罢免了丁大全，命其以观文殿大学士知镇江府。既而再削其官。景定元年（1260 年），理宗下诏任他为中奉大夫。大臣们一致建议再将他贬到边远之地，诏送南康军居住。次年，监察御史刘应龙请皇帝再向远发配丁大全，于是理宗又追削两官，移至贵州团练使。丁大全贼心不死，与贵州州守淤翁明在酒桌上商议暗造弓矢，通谋蛮夷以图不轨，被朱禩孙告到朝廷，再移置新州。太常少卿兼权直告人院刘震孙又上疏请求把丁大全发配到海岛。令将官毕迁"护送"丁大全到海岛，舟过滕州，挤之于水而亡。

贾似道误国

贾似道（1213—1275），南宋人，台州（今浙江临海）人，字师宪，与秦桧堪称"南宋两大奸臣"。贾似道出生于宋宁宗嘉定六年（1213 年），父贾涉，母胡氏，为涉之妾出。其父是位狡诈的贪官，似道为纨绔子弟。后来，其姐成为了宋理宗的贵妃，他自然鸡犬升天。贾似道在他二十五岁时就通过"考试"，成为太常丞以及军器监，自此之后生活就更为腐化。在这十多年间，贾似道学会了勾心斗角之术，加上自己身为国舅的特殊身份，因此在他四十一岁时就已是知枢密院事。从此，他权倾朝野。

贾似道从小娇生惯养，是名副其实的纨绔子弟。不料富贵无常，在贾似道十岁那年，他父亲贾涉忽然病死，贾家失去了依凭，立刻落入了困顿之中。贾似道也由于家道中落，无人管教，从十几岁开始，便不务正业，终日在社会上游荡，以吃喝嫖赌为乐。史书说贾似道"少落魄，为游博，不事操行"。

他依靠"恩荫"在嘉兴谋得个管理仓库的职位。在宋代，朝廷有一项不成文的规定，往往对那些做过高官或立过大功的官吏的子孙授予一定的官职，叫做"恩荫"，所谓泽被后世、荫及子孙。但要想从仓吏熬到当朝宰辅，恐怕是连想都不要想的事情，然而贾似道却偏偏做到了。倒不是他很有才能，越级擢升，而是他有一个美貌的同父异母的姐姐。贾氏不仅人长得超众脱俗，心思也灵慧乖巧，深受理宗的宠爱，被立为贵妃。贾氏得宠后，便念念不忘她这位兄弟，成天给理宗吹枕边风。理宗被贾氏搞得晕头转向，也不管贾似道人品如何，一味提拔。数年之中，贾似道的职位一升再升。

当时南宋的情势危如累卵。蒙古大汗蒙哥出兵三路进攻南宋，自己亲率一军进攻合州，不幸中途负伤身亡。其弟忽必烈率另一路大军围攻鄂州，一围就是数月，但守将压住不报，不使理宗得知。后来大臣们慌了手脚，准备出逃，理宗才知有蒙古人来攻。理宗不仅不思抗击，反而准备迁都逃亡，这一举措立刻引起了正直朝臣的强烈反对，在文天祥等人的强烈要求下，理宗只好贬逐鄂州守将，让贾似道主政，抵抗蒙军。

贾似道便堂而皇之地以右丞相兼枢密使的身份带兵出征，这是他专权误国的开始。这个人玩蟋蟀的确很有一手，但军事上却是个酒囊饭袋。贾似道本是个不学无术之徒，同时也是个惜命怕死的家伙，一见到敌人的刀枪就如同老鼠见到猫。贾似道不敢与蒙古军交兵，便迫不及待地暗自遣使向忽必烈求和。忽必烈起先并不同意罢兵，但是不久南宋合州守将派人告知贾似道蒙哥已亡的消息，蒙古军也因蒙哥汗身亡而人心浮动。

　　这时，贾似道本应该趁机驱逐蒙军，然而他不但不敢伺机反抗，反而再次派人前去求和。忽必烈由于急于返回漠北争夺汗位，就顺水推舟同意了贾似道的求和要求。贾似道许诺的条件是——"北兵若旋师，愿割江为界，且岁奉银、绢各二十万"。

　　贾似道就靠这种妥协投降的伎俩，为南宋又争得几年苟延残喘的时间。荒唐的是，贾似道趁着蒙军撤退之机，派兵追打蒙军殿后的士兵，还大言不惭地谎报："诸路大捷，鄂围始解，江汉肃清，宗社危而复安，实万世无疆之休!"

　　昏庸的理宗皇帝信以为真，把贾似道视作"王室有同于再造"的大救星。贾似道也顶着"少傅"、"右丞相"的头衔风光地班师回朝，次月又进为"少师"、"卫国公"，被皇上亲切地视作"股肱之臣"。贾似道为了进一步沽名钓誉，在国家内部加紧了舆论宣传，标榜自己所谓的丰功伟绩。例如他指使门客爪牙廖莹中、翁应龙等撰写文章，名曰《福华编》，为自己根本不存在的"援鄂之功"歌功颂德。南宋赢得了虚构的"鄂州大捷"之后，以理宗皇帝和贾似道为首的整个统治阶层很快又重新过起莺歌燕舞的日子。

　　到了理宗晚年，南宋已脆弱不堪，史书上评论这一时期的形势是"犹如用坏胶烂纸糊起来的纸坛子，只要用力一戳，便会碎成万片"。但理宗还算幸运，享乐了几十年撒手而去，终于未做亡国之君。理宗之后是度宗，度宗本是理宗的皇侄，因过继为理宗子而即位。后代史学家认为南宋真正的亡国君是度宗，而不是帝昺，而帝昺却一直顶着亡国君的帽子。

　　度宗上台之后，曾一度亲理政事，限制贾似道的权力，显得干练有为，也确实干了几件好事，朝野上下为之一振，觉得度宗给他们带来了希望。当贾似道的权力开始受到限制时，一些正直的大臣纷纷上书弹劾贾似道。这使贾似道意识到，如果这样下去，自己将会有灭顶之灾。于是他又开始耍弄手腕，向度宗要权了。

　　贾似道以退为进，弃官隐居，然后让亲信吕文德从湖北抗蒙前线假传边报，说是忽必烈亲率大兵急攻下沱，看样子势不可当，有直取临安之势。度宗正欲改革弊政，励精图治，没想到当头一棒。他立刻召集众臣，商量抗蒙之事，可万万没有想到，满朝文武竟没有一人能提御兵之策，更不用说为国家慷慨赴任，领兵出征了。

正当度宗心急如焚的时候，贾似道却归隐林下，优哉游哉地过着他的隐居生活。度宗无可奈何，只好借皇太后的面子，请求贾似道出山。谢太后写了手谕，派人恭恭敬敬地送给贾似道。贾似道先是搪塞不出，继而又要度宗大封其官。度宗万般无奈，只好给他节度使的荣誉，尊他为太师，并封他为平章军国重事，自此大权再握。

贾似道风光无限地奔赴"前线"，到"前线"逛了一圈，无事而回。度宗和朝臣见是一场虚惊，额手相庆尚且不及，哪里还顾得上追查是谎报还是实报。贾似道就是凭借这样的鬼把戏，再一次充当了救国于危难的英雄。

这样，贾似道"出征"回来，度宗便把大权交给了他。满朝文武大臣也争相趋奉，把他比作是辅佐成王的周公。通过这场考验，年轻的度宗对朝臣完全失去了信心，失去了治理朝政的信心和热情，把大权往贾似道那里一推，纵情享乐去了。

此时，蒙军严重威胁南宋统治，民族矛盾十分尖锐，贾似道不顾民族的大义、国家的安危，不仅消极抗战，而且竭力加强对人民的剥削。此等汉奸之举，大大激化了国内矛盾。

贾似道不但腐败堕落，而且腐败得十分霸道。贾母去世时，贾似道返回老家台州以国葬为母治丧，全国仿佛死了国母一般，太后以下的皇亲国戚和朝中大臣都要家家设祭，有的人家把祭台搭到数丈高，为装祭品还跌死了好几个人。度宗皇帝亲往祭奠，百官也陪着奉丧，不巧操办仪式那天恰逢大雨滂沱，山洪猛涨，众人站在水中被大雨淋了一整天，竟没人敢挪动一步。贾似道把丧事安置完毕，便跑到绍兴私宅住下不肯回京料理国事，直至同年七月，才在度宗的再三恳请下返回临安上朝。

而这个时候，抗蒙前线战事早已告急，国家正处于生死存亡之秋。

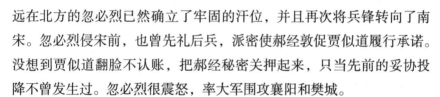

远在北方的忽必烈已然确立了牢固的汗位，并且再次将兵锋转向了南宋。忽必烈侵宋前，也曾先礼后兵，派密使郝经敦促贾似道履行承诺。没想到贾似道翻脸不认账，把郝经秘密关押起来，只当先前的妥协投降不曾发生过。忽必烈很震怒，率大军围攻襄阳和樊城。

不久，元军攻破樊城，襄阳危在旦夕。但在广大爱国军民的誓死抵抗下，元军围攻襄阳城长达五年而不下。襄阳城内粮尽援绝，城中拆屋当柴烧，缝纸币做衣穿，守将吕文焕不断向朝廷告急。军情如此危急，贾似道不能不有所表示。但他又很怕死，因此他一面假惺惺地向皇帝要求亲临前线，一面又暗地里指使谏官上奏皇帝，要把自己留在朝中。

吕文焕万般无奈，献出襄阳城投降元朝。消息传来，贾似道对度宗说："如果早让我去前线，决不会造成今天这种局面。"这样，贾似道既巧妙地把襄阳失陷的责任推给了别人，又乘机表现了自己的"爱国热忱"。同时，贾似道又假装十分着急地说，若再不让他去前线，后果将不堪设想。胆小无能的度宗偏偏死死地拖住贾似道。这正中贾似道下怀，于是他便在宰相衙门中建立了一个所谓"机速房"，居中"指挥军事"。

元军占领襄阳后，很快便攻下鄂州。太学生和群臣上疏，一致要贾似道亲自督师抗元。贾似道不得已，只好在临安设立都督府。但他很惧怕元军威势，迟迟不敢出兵。最后实在拖得没办法再拖了，才抽调各路精兵十三万，从水路出发。

贾似道带了大批辎重，船只首尾相接达百余里。途经安吉，他的座船因过于庞大搁浅在拦河坝上，虽千人下水，也无法拖动，只得换船继续前进。队伍开到芜湖，贾似道便又做起卖国的勾当。他与元朝江州知州吕师夔联系议和，又从芜湖放回元朝俘虏，并送荔枝、黄柑给元朝丞相伯颜，同时派宋京去元军，请求称臣输岁币。伯颜以贾似道曾经失信，拒绝议和，并继续进兵至安庆、池州。

贾似道计穷，只得命孙虎臣统领精兵七万屯驻池州下流的丁家洲，又命夏贵领战船二千五百艘横列江上，他自己则率领后军驻扎在鲁港。

此时，夏贵毫无斗志，元军统帅伯颜令军士全力冲击孙虎臣的部队，又用威力巨大的"回回炮"猛轰。孙虎臣、夏贵一见敌军攻势猛烈，毫无战心，吓得抱头鼠窜。贾似道惊慌失措，宋军一溃千里，被杀和落水溺死者不计其数，军需物资和武器全被元军抢去。

贾似道只好鸣锣退兵，并在夜晚召集夏贵、孙虎臣商议退路。夏贵倒也干脆，表示无力应战，解舟离去。贾似道就与孙虎臣乘小船，狼狈逃往扬州。宋军也全部溃散。

贾似道逃到扬州后，不仅不思重整旗鼓，反而上书朝廷，建议迁都，要求皇帝往海上逃跑，因朝臣们的反对才未成。贾似道兵败之后，元军主力顺长江东下，很快逼近临安，赵宋王朝已处在灭亡的前夕。贾似道鲁港兵败，丧师辱国，朝野震动，群情激愤。原来依附贾似道的枢密使陈宜中，见贾似道失势，便上疏请诛贾似道。太皇太后谢太后竭力庇护贾似道，只罢免了他的平章军国重事和都督诸路军马的官衔。

贾似道罪大恶极，谢太后对他的从轻处分，不足以平息众怒。七月，太学生及台谏、侍从官纷纷上疏请杀贾似道，谢太后不许。这时，贾似道也送来奏表，一面将责任全部推给夏贵、孙虎臣，一面乞求活命。朝廷便削降他三级官职，命他回绍兴私宅去给他母亲守丧。可是贾似道却死死赖在扬州不肯回去。左丞相王爚认为贾似道既不死忠，又不成孝，应下诏严厉责罚。

贾似道没有办法，只得回绍兴，但绍兴的地方官关起城门来不让他进去。于是朝廷改命贾似道去婺州居住，婺州百姓听说贾似道要来，就贴出通告，把他赶走。贾似道犯下滔天大罪，人人不容。最终，一代巨奸终于走到了人生的尽头，而且贾似道丧命于茅厕，也如同他卑污肮脏的一生一样，充满了让后人所厌恶的气息。

第三章

一代天骄，威震草原

铁木真，蒙古乞颜部首领也速该的长子。九岁父死，随母亲过着艰辛的生活。长大后的铁木真坚毅、勇敢，他不断打败自己的敌人，最终统一蒙古大草原，成为威震草原的一代天骄——成吉思汗。

黄金家族的崛起

蒙古族的祖先很早就生活在大兴安岭北段至额尔古纳河以东地区，到了唐代蒙古之名始见于史籍。蒙古族后西迁至蒙古高原，从事游牧畜牧业。他们生活在中国北方很寒冷的地方，这些山野、草原、沙漠、树林里的人们以打猎、捕鱼和游牧为生。

在中国社会日新月异地发展的唐宋时期，中国北方的蒙古高原也发生了变化。早在唐代，北方草原被讲突厥语的几个民族控制，突厥人四处掠夺，不断结仇，在经过唐代的沉重打击后，被其征服的高车民族（也是突厥语民族）中的回纥部落奋起赶走了突厥在蒙古高原的统治，成为草原的霸主。不久讲突厥语的黄种人部落吉尔吉斯和回纥结仇，用重兵击败了回纥政权。回纥在契丹的帮助下，迁徙到我国西域地区，征服了那里印欧语系的文明政权，从而和当地人一起，融和成一个新的回纥族，就是现在被称为维吾尔的民族。而吉尔吉斯把回纥从蒙古高原赶走以后，自己并没有占领那里。于是大量出自东胡系统的蒙古语民族，先后迁移到处于权力真空的蒙古高原，使得那里从此成为主要讲蒙古语的部落游牧和争斗的地方。

回纥所征服的西域民族，具有高度发达的文明。回纥征服者被当地丰富的物质财富吸引，接受了当地的文明管理方式，不再以游牧和掠夺为生存手段。尽管契丹政权曾邀请回纥一起争霸草原，但已不能打动他们。这本来应该是值得庆幸的事情。但是由于这个新文明的统治者的背景，使得其首领和草原各种以掠夺为生的政权仍保持着千丝万缕的联系。从此以后，草原游牧民族不仅可以从汉民族那里掌握新的武器技术，而且可以从西域那里掌握汉民族没有的武器技术，从而削弱了汉民族对游牧民族的武器优势。

在当时的草原社会，全体社会成员可以分为贵族、平民和奴隶三种人。平民的蒙古语就是黑头发，很可能是华夏族中迁移过去的黄种人，他们从事游牧和手段低下的生产。贵族实际上就是草原的暴力掠夺和压迫者。有迹象表明，起初这些贵族可能是身高马大、身体强壮金发碧眼的白种人（成吉思汗的部落名字就是蓝眼睛，由东胡演变成室韦以后，最大的部落称为黄头女真）。他们几乎不从事任何生产，生存主要依靠暴力掠夺他人财富，绑架他人为自己生产。被他们绑架而来的人就是奴隶。虽然不是每个草原的居民都是邪恶和残暴的，但是草原是被这些用暴力屠杀、掠夺和奴役他人的集团控制的。随着时间的推移，几乎所有的平民、牧民都被绑架成为奴隶。

据史料记载，蒙古族是乞颜部的始祖神。后来，他们的子孙生齿日繁，传至第十代后裔，有个名叫脱罗豁勒真伯颜的和他的妻子字罗黑臣豁阿生了两个儿子都娃锁豁儿和朵奔蔑儿干。都娃锁豁儿是个额上只生了一只眼，能看三程远的人物。一天，哥儿俩一同登上不儿罕山，都娃锁豁儿极目远眺，望见沿统格黎小河迁移来一群百姓，在一辆华丽的牛车上坐着一位美丽的姑娘，于是对弟弟朵奔蔑儿干说："在那群迁来的百姓中，一辆黑篷车的前沿上坐着一位漂亮的姑娘，若未许配人家，就给你求亲吧？"说着就叫弟弟前去探视。朵奔蔑儿干到那里一看，果然是一位美丽的姑娘，名叫阿阑豁阿，是很有名望的霍里秃马惕部那颜的女儿，尚未许配人家，于是便向女方求婚，娶为妻室。

从朵奔蔑儿干娶妻开始，史载其事迹趋于翔实。据记载，阿阑豁阿成为蒙古第十一代女祖先而闻名于世。阿阑豁阿来到朵奔蔑儿干那里，生了别勒古讷台、不古讷台两个儿子。朵奔蔑儿干去世后，阿阑豁阿寡居时又生了三个儿子，一名不忽合塔吉，一名不合秃撒勒只，一名字端察儿蒙合黑。于是她原来的两个儿子窃窃私议，怀疑这三个儿子是母亲跟家仆马阿里黑·伯牙兀歹氏人所生。阿阑豁阿察觉以后，给每人一支箭去折，他们毫不费力地都一一折断了。然后她又把五支箭杆捆在一起要他们轮流去折，结果都不能折断。为此，阿阑豁阿对原来两个儿子讲述了受胎生子的奇异经过："每夜都有个黄白色的人，借着天窗和门额上（间隙）露天地方的光，进来抚摸我的肚皮，光亮渗入我腹。他出去时，借着日月之光，如同黄狗一般，摇摇摆摆飘然而去。你们怎敢胡说！这样看来，显然是上天的旨意啊！你们怎能比做凡人呢？等他们做了万众的可汗，凡人们才能明白呢！"说完又进而教训五个儿子道："你们这五个儿子啊，都是从我肚皮里生出来的。你们正像方才那五支箭，如果一支一支地分开，你们就像那一支一支的（孤）箭一般容易被任何人折断。如果像那（捆）在一起的五支箭一般，同心一体啊，任何人都难以把你们怎样。"

阿阑豁阿母亲死后，前四个儿子把食物牲畜都分了，只有五弟孛端察儿愚弱，不被当做亲人，没有给他一份。孛端察儿便骑着一匹背上有鞍疮、秃尾巴黑脊梁的青白马沿着斡难河，放马奔驰而去，到了巴勒谆阿拉勒之地，搭个草棚住下了。后来，不忽合塔吉前来寻找孛端察儿，就在这个"傻弟弟"的劝说下，五兄弟突然袭击了住在统格黎河边的一群"没有大小好歹，不分头蹄上下，没有头脑管束，很容易对付的百姓"，把他们掳为奴仆。兄弟五人各自分得一份属民和畜群之后，便移住在不儿罕山麓。从此形成了五个姓氏（"斡孛黑坛"），鞑靼——蒙古部由此而来，孛端察儿便成了乞颜孛儿只斤的祖先。

孛端察儿和四个哥哥都是子孙众多，一代代繁衍下来，分成蒙古人的许多部族。孛端察儿的子孙所组成的许多部族之中，有一部的酋长叫作也速该。

也速该的妻子叫诃额仑，也速该和诃额伦生了四个儿子，一个女儿。大儿子生下来的时候，左手掌里握着一块凝结的血块。那时也速该和敌人打仗，捉来的俘虏中有一个人名叫铁木真，就把儿子取名为铁木真，以纪念这个胜仗。铁木真就是后来的成吉思汗。蒙古族这个黄金家族正在一步步崛起。

铁木真横空出世

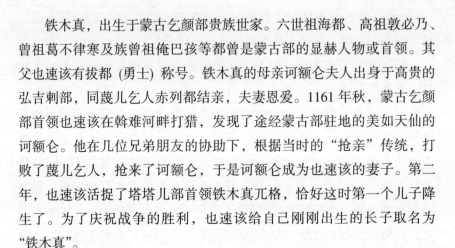

铁木真，出生于蒙古乞颜部贵族世家。六世祖海都、高祖敦必乃、曾祖葛不律寒及族曾祖俺巴孩等都曾是蒙古部的显赫人物或首领。其父也速该有拔都 (勇士) 称号。铁木真的母亲诃额仑夫人出身于高贵的弘吉剌部，同蔑儿乞人赤列都结亲，夫妻恩爱。1161 年秋，蒙古乞颜部首领也速该在斡难河畔打猎，发现了途经蒙古部驻地的美如天仙的诃额仑。他在几位兄弟朋友的协助下，根据当时的"抢亲"传统，打败了蔑儿乞人，抢来了诃额仑，于是诃额仑成为也速该的妻子。第二年，也速该活捉了塔塔儿部首领铁木真兀格，恰好这时第一个儿子降生了。为了庆祝战争的胜利，也速该给自己刚刚出生的长子取名为"铁木真"。

铁木真九岁那年，父亲带他到弘吉剌部去求亲。弘吉剌部的智者德薛禅将自己的女儿孛儿帖许配给铁木真。但也速该在返回蒙古草原途中，被塔塔儿人铁木真兀格之子札邻不合毒死。也速该死后，部众离散，俺巴孩汗的孙子泰赤兀部的塔里忽台乘机兴风作浪，他煽动蒙古部众抛弃铁木真母子，使他们一家从部落首领的地位一下子跌入苦难的深渊。铁木真随寡母诃额仑艰难度日，曾被其他部落捉获，险些遇害，凭其机敏才得以逃脱。

泰亦赤兀惕部贵族由于担心铁木真家族势力复振，遂派兵拘囚了铁木真。但因得泰亦赤兀惕属民速勒都思人锁儿罕失剌的帮助，铁木真携母、弟迁居到桑沽儿河（今克鲁伦河上游布尔肯小河旁）居住。

通过亲身经历，铁木真逐渐意识到，要振兴家族、摆脱泰亦赤兀惕部贵族的压迫，如果没有一个更强大势力的庇护，一切美好愿望定将化为乌有，于是他便决定投靠与其父结为"安答"的克烈部首领脱斡邻勒，尊之为父，并在其帮助下，收集散亡部众，不断积聚力量。据说蒙古名将博尔术，就是在此时归附于他的。

在铁木真势力还没有完全形成气候时，三姓蔑儿乞人却趁其危难抢走了他的妻子和家人。铁木真向脱斡邻勒和札只刺部贵族札木合请求援助，共同出兵进攻蔑儿乞，并于不兀刺川（今恰克图南布拉河谷）败其众，夺回妻子和家人。由于这次胜利，他还掳获了大批蔑儿乞人为奴隶，取得了大量牲畜和战利品，从而使自己的势力得到很大发展。许多蒙古部落的人，如兀良哈人速不台兄弟、札剌亦儿人合赤温兄弟、阿鲁剌人斡哥来兄弟、忙兀惕部人者台兄弟、晃豁坛部人速亦客秃、速勒都思人赤勒古台、八鲁剌思人忽必来等，纷纷前来归附。这些人后来大都成为铁木真建立功业的中坚

元太祖铁木真

力量。乞牙惕氏族贵族撒察别乞、泰出、阿勒坛、忽察儿等，也先后向他靠拢，并共同商议，决定推举铁木真为汗。

在撒察别乞等的拥戴下，（宋淳熙十六年）铁木真登上乞牙惕氏族汗位的宝座，设置管理军事、兵器、乘骑、警卫、牧养牲畜及庭帐事务等各项机构，令手下那可儿（意谓伴当或亲兵）各司其职，并由最早归附的博尔术、者勒蔑总揽全部事务，形成强有力的权威机构。机构中的多数成员大都来自外族或出身较为卑下的人，至于乞牙惕氏族贵族则完全被排斥于机构之外。其目的是为了提高汗权，削弱贵族们的权力和地位。

铁木真的发展壮大，引起了拥有较大实力的札只剌部长札木合的敌视，于是，他纠集泰亦赤兀惕、亦乞剌思、豁罗剌思、兀鲁惕等13部向铁木真发动进攻。铁木真也以兵3万，组成13翼迎战。双方鏖战于斡难河附近的答阑版朱思。铁木真不敌，退居斡难河畔据守。札木合及泰亦赤兀惕部贵族虽然取得胜利，但因彼此间互相倾轧，对部众十分残暴，结果，不仅势力没有发展，反而还因部众的不满使力量受到相对削弱，兀鲁惕部的术赤台、忙兀惕部的畏答儿、晃豁坛部的蒙力克以及速勒都思人等俱相率归附铁木真。铁木真的势力实际上比从前更加强大。

金明昌六年（宋庆元元年，1195年），塔塔儿部叛金。金遣丞相完颜襄统兵北征，于龙驹河（今克鲁伦河）大败塔塔儿部。塔塔儿部余众败走语勒札河（今蒙古国境内乌尔札河），完颜襄遣完颜安国督兵追击。铁木真因塔塔儿部曾屡次出兵攻蒙古和克烈部，又毒死己父也速该，遂欲乘机复仇，他约脱斡邻勒共同出兵助金讨伐塔塔儿。他们从斡难河上游向语勒札河推进，破其营寨，俘其首领蔑兀真笑里徒，并将其处死，还获得大量牲畜和其他财物。铁木真被金章宗完颜璟授为"札兀惕忽里（乣军统领）"，还取得了肥沃富饶的呼伦贝尔草原；脱斡邻勒则被授予"王"的衔号，并从此以"王汗"之名为世人所知。

还在语勒札战役之前，乞牙惕氏族贵族与铁木真的矛盾就已暴露。主儿乞部的撒察别乞、泰出二人反复无常，他们虽推举铁木真为部落首领，但实际上并不甘心归其管辖，因此仍阴谋夺取权位。他们不仅殴打铁木真部众，抄掠铁木真"奥鲁"（老本营），还违背盟约，拒不出兵参加对塔塔儿的战争。于是，铁木真在击败塔塔儿后，便挥师进攻主儿乞，俘撒察别乞和泰出，将其处死，并吞并了其部众。

对铁木真来说，泰亦赤兀惕部贵族较之主儿乞更加可憎。因此，铁木真在灭主儿乞后不久，又会同王汗出兵进攻泰亦赤兀惕。

金承安五年（宋庆元六年，1200年），双方交战于斡难河畔。泰亦赤兀惕部败，部主塔儿忽台被杀，部众溃散，沆忽阿忽出等逃往巴儿忽真隘（位于色楞格河下游东北巴尔古津河流域一带）。

正当铁木真取得节节胜利之际，原居住于阔连海子（今呼伦湖）东的不忽合塔吉、不合秃撒勒只后裔合答斤、散只兀部因参与反对铁木真的战争，惧其乘胜进军，又纠集朵儿边、塔塔儿、弘吉剌、亦乞列思、豁罗剌思、乃蛮、蔑儿乞、斡亦剌惕、泰亦赤兀惕等部，聚会于阿雷泉，"斩白马为誓"，谋袭铁木真和王汗。铁木真侦悉，会同王汗军队，从斡难河附近的忽图泽出发，径趋捕鱼儿海子，败合答斤等众。诸部贵族不服，翌年（1201年）复会于犍河（今根河），约共推札木合为"古儿罕"，谋与铁木真再决雌雄。铁木真因事先得到豁罗剌思人传递的情报，在战前进行了充分准备，故于海剌儿河（今海拉尔河）战役中，又败札木合等联军。诸部溃散，弘吉剌部投降。

在击败札木合等以后，铁木真为了巩固刚取得的东部辖地，1202年又出兵征讨答阑捏木儿格思（今蒙古国东方省贝尔湖南讷墨尔根河地）的察罕塔塔儿、按赤塔塔儿等部，灭之。同年秋，以乃蛮部不亦鲁黑汗联合蔑儿乞部脱脱、斡亦剌惕部忽都合别乞等部余众前来进攻，铁木真与王汗率军迎战。双方战于阔亦田（约在今哈拉哈河上源），不亦鲁黑汗等联军溃散。铁木真乘胜追击，收降者别和锁儿罕失剌等人，王汗收降札木合及其部众。经过这次战斗，铁木真的地位进一步巩固。

铁木真与王汗虽然是"义父子"，但随着胜利的增多，势力的扩大，相互间的矛盾也不断加深。王汗的儿子和兄弟经常"设置圈套，诋毁他的声名"，致使王汗对他生了疑心，阴谋"把他除掉"。而铁木真对王汗独自攻掠蔑儿乞部，独吞战利品，擅自收留札木合，在与乃蛮部作战中背盟，以及拒绝让术赤与桑昆女联姻等行动也强烈不满，终于促使矛盾逐步趋于激化。

金泰和三年（1203年），王汗父子为谋害铁木真，派人向铁木真佯许婚约，企图趁其前来饮宴时将其击杀。但阴谋被铁木真识破。王汗随后遣兵往袭。铁木真集兵与之战于合兰真沙陀（《秘史》作"合剌阿勒只惕—额列惕"，约在今乌珠穆沁旗北境），却因寡不敌众，败走于哈泐合河（今哈拉哈河）上游，只得收集余众，率军顺河而下，屯于董哥泽（约在今贝加尔湖东）。

此次战役，铁木真虽然失败了，但他并未气馁。为重整旗鼓，他一面遣使历数王汗背信弃义的事实，一面休养兵马，准备再战。据说当铁木真屯驻于班朱尼河（约在克鲁伦河下游附近）时，处境极为困难，曾一度靠猎野马为食，饮浑水以解渴，为此，他与追随他的伴当一起宣誓：倘能"克定大业，当与诸人同甘苦，苟渝此言，有如河水"。此事后被载入史册。

在合兰真沙陀之战后不久，王汗与追随他的蒙古贵族发生分裂。札木合、忽察儿、阿勒坛、答里台约共击王汗，图谋各自为王。王汗知觉，举兵进讨。答里台畏惧，投附铁木真。札木合等往附于乃蛮部太阳汗。铁木真见王汗势孤，遂出兵往击。时王汗正宴饮娱乐，毫无戒备。双方经过3昼夜激战，王汗不支，被迫逃入乃蛮边界，为乃蛮边将执杀。其子桑昆，逃往西夏，被逐；复遁曲先，也被杀。铁木真尽有其众，势力进一步扩大。

克烈部的衰亡，使一向自恃强大的乃蛮太阳汗甚为惊慌，他想以攻为守，先发兵进攻铁木真，并约汪古部夹击。但汪古部首领阿剌忽思非但没有出兵，反而将来使押送给铁木真，并告知其将发动进攻的消息。铁木真得报，于1204年春于帖麦该川集诸部召开会议，商讨对策。为此，他决定将军队按千户组编；设立扯儿必官（统领），由亲信那可儿6人担任；成立护卫军，设80宿卫，70散班（秃鲁华），使之成为具有严密组织、斗志旺盛的武装力量。接着，又溯怯绿连河西行，布阵于萨里川，令每人燃5堆篝火为疑兵。太阳汗懦弱无能，统治无方。最初他以为蒙古部人少马瘦，可以轻易取胜。及听说其兵马众盛，又畏惧退缩，勉强进军，双方交战于纳忽山（今鄂尔浑河东土拉河西）。乃蛮部大败，太阳汗受伤被擒。由于伤势过重，太阳汗不久死去，其子屈出律率残众投奔不亦鲁黑汗。铁木真督兵追至阿尔泰山，收其降众。除蔑儿乞外，追随乃蛮部的朵儿边、塔塔儿、合答斤和撒勒只兀惕等残部都相继归降。

为了廓清残敌，铁木真于当年冬又乘势出兵征蔑儿乞，尽服麦古丹、脱脱里、察浑三姓人众。兀洼思蔑儿乞首领带儿兀孙既降复叛，铁木真遣孛罗忽勒和沉白带兵前往将其全部俘获。

在克烈、乃蛮、蔑儿乞各部相继灭亡后，札只剌部贵族札木合因丧失了部众，被迫逃奔倘鲁山（今唐努山），其那可儿将其执送铁木真处，被赐死。

札木合之死，标志着蒙古各部已正式趋于统一。这是铁木真在蒙古族历史上树起的一座丰碑。因为他不仅结束了蒙古高原长期以来分裂割据的局面，并使这种局面从此成为历史的陈迹；与此同时，还促进了各部落间的相互交往、融合、渗透与吸收，从而为蒙古各部建立共同经济联系、形成共同心理特质、构建民族共同体提供了条件。

成吉思汗于 1206 年在我国北方建立了蒙古汗国，从此开始了江山大统一的了不起的事业。1234 年，蒙古汗国出动万千铁骑，吞并和颠覆了北方另一个强大的少数民族割据政权，金国消亡。随后，成吉思汗开始伐宋。1247 年，西藏地方割据势力中最强的萨迦派首领——萨迦班智达贡嘎坚赞，代表西藏僧俗首领确认了西藏对成吉思汗蒙古汗国的归附，明确宣布了蒙元政权对西藏地方的统治地位，并由蒙古派官设治，封八思巴为国师，统理佛教及藏区事务。1260 年，元世祖忽必烈即汗位，1274 年定国号为元，在大都（今北京）建立国家政权，1276 年灭南宋。至此，中国第一次建立了包括西藏在内全国各地区统一于一个政权的国家。一代天骄的成吉思汗，完成了他江山大一统的宏图伟业，使中华民族大家庭内部关系的发展进入了一个里程碑式的历史新阶段。

从春秋战国直到元代，曾经的北方，一个又一个剽悍的游牧民族像大鹰一样从古代中国的历史天空中掠过，他们一次又一次地叩响通往中原长城各关隘的门环，不屈不挠地要参与缔造中国历史。而在那历史长空中最引人注目的巨鹰，无疑便是被伟人毛泽东称之为一代天骄的成吉思汗。广阔的蒙古大草原被史学家称之为"游牧民族的摇篮"，就是在这里，草原之子铁木真横空出世，举弯弓而射大雕，拓疆域而图霸业。

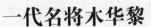

一代名将木华黎

木华黎（1170—1223），蒙古名将、攻金统帅，蒙古札剌亦儿部人。沉毅多智略。辅佐成吉思汗统一蒙古诸部，战功卓著，誉称"四杰"之一。又作木合里、摩和赉等，蒙古国磊将、开国功臣。札剌儿氏，孔温窟第三子。幼由父送给铁木真为奴，故世代为孛儿只斤氏臣仆。以沉毅多智、雄勇善战著称，四十年间追随铁木真，无役不从。初随从击灭克烈、乃蛮诸部，统一蒙古，屡立战功，与博尔术最受器重，被铁木真誉为"犹车之有辕，身之有臂"。

木华黎原为成吉思汗的堂兄撒察别乞的门户奴隶，在撒察别乞被处死后归顺成吉思汗。蒙古成吉思汗元年（1206年），木华黎与博尔术被成吉思汗首命为左、右万户。蒙金战争初期，在野狐岭（今河北万全西北）、会河堡（今怀安东南）诸战中，率敢死士冲锋陷阵，以寡敌众，配合主力歼灭金军精锐，克宣德（今宣化）、德兴（今涿鹿）等地。成吉思汗八年，随成吉思汗率军。

木华黎入山东，克益都（今青州）、滨州（今滨州北）、棣州（今惠民南）诸城。旋抵霸州（今属河北），收降史天倪、萧勃迭，并奏为万户。次年，回师北上，与成吉思汗会合进围中都（今北京），迫金帝请和。随后受命进军辽河流域，招降高州（今内蒙古敖汉旗西北）守将。成吉思汗十年，再次击败金军，进占北京（今内蒙古宁城县大名城）。次年春，因叛将张致占据兴中（今辽宁朝阳），率军攻之，以调虎离山计设伏夹击，斩其士卒万余人。乘胜进军，俘杀张致，攻占锦州、复州（今盖州西南）等数十座城寨，控制了辽东、辽西地区。

宋嘉定十年 (1217 年) 秋，成吉思汗采用汉人的官号，封木华黎为太师、国王，命木华黎率领弘吉剌等部兵和契丹、女真、汉等降军，攻掠金地。成吉思汗对木华黎说："太行以北，我自己去经略，太行以南，由你去尽力吧！"成吉思汗把作为汗的象征的九斿大旗赐给木华黎，授他以发布号令的全权。从此，成吉思汗即把蒙古兵主力转向西方，侵掠金朝的战争完全由木华黎指挥。宋嘉定十六年 (1223 年) 木华黎死后，其职务由其子孛鲁继承。这个阶段蒙金战争的特点：一是蒙古军开始注重利用汉族地主武装，如兴中土豪石天应和石抹也先分别招募的黑军，永清地主史天倪组织的清乐军；同一时期金朝也用高薪爵位笼络许多各地土豪，因此，两军的战争往往是两方面地主武装之间的战争。二是蒙古方面除继续进行烧杀掳掠外，为了作长久打算，开始注意占领城邑、安抚百姓。三是双方的战争呈现拉锯的趋势。

木华黎受命专征金后，继续奉行成吉思汗的政策，笼络汉族地主武装，他手下的契丹、女真、汉族武装则成了攻金的重要武装力量。宋嘉定十年 (1217 年)，木华黎军攻山东、河北诸州，刘伯林、石抹也先等所部汉军随从，相约攻陷蠡州 (今河北蠡县)、益都、大名府、密州等城。易州人张柔把数千家宗族聚在一起，选壮士组织队伍，结寨自保，被金授以经略使职。宋嘉定十一年 (1218 年)，张柔兵败投降蒙古，木华黎仍任命他为旧职，统领本部兵马，于是他结集力量，攻下雄、易、安 (今河北新安西南)、保等州，屯兵于满城 (今河北满城县西)。当时，河北地区的地主武装中，以占据真定 (今河北正定) 的武仙兵力最强。武仙归附金，屡次攻打张柔，张柔也攻入武仙控制的地区。宋嘉定十二年 (1219 年)，先已降蒙的董俊攻下真定，武仙被逐走。

宋嘉定十三年 (1220 年)，金封武仙为恒山公，并派兵援助武仙，武仙得到援兵后，打败董俊，重新占据真定。宋嘉定十一年 (1218 年)，木华黎统兵攻入山西，史天祥、史天倪兄弟等各领所部汉军随行，攻下平阳、太原、绛州等八十余城。宋嘉定十二年 (1219 年)，金派张开、郭文振收复太原，派胡天作收复平阳。次年，郭文振被金封为晋阳公，张开为上党公，胡天作为平阳公，让他们分疆守土，抗击蒙古军。

木华黎采纳金朝的制度，在云、燕建行省，发兵攻掠燕京以南的汉人地区。木华黎军经遂城至蠡州。金守将移剌铁哥闭城坚守。木华黎派石抹也先率领原属张致的黑军一万二千人攻破蠡州北城，大肆屠掠。十月，木华黎军进攻中山府、新乐县、赵州、威州、邢州、磁州、洺州，金各地官员相继投降。木华黎部下攸兴哥率领先锋军攻下大名府。十一月，木华黎军进入山东，连续攻破滨、棣、博、淄、沂等州。十二月，攻下益都，又攻下密州，金节度使完颜寓战死。

木华黎统率的另一军同时向河东进军。十一月，这支部队曾到太原城下。知太原府事、权元帅左监军乌古论德升出兵拒战。蒙古军退走。宋嘉定十一年（1218年）夏，蒙古兵在应州结集。金枢密院奏报，蒙古将分道南下，其意不在河北，而在陕西、河东，木华黎各路蕃汉兵应教阅备战。金宣宗调平阳胥鼎移镇陕西。绛阳军节度使李革知平阳府事，代胥鼎为河东行省。八月间，木华黎率步兵骑兵数万人，由太和岭入河东，攻掠代、隰、吉、石、奇岚等州。九月，围攻太原。

蒙古兵重重包围太原府城，并攻破了壕垣。权元帅左监军乌古论德升据城坚守，植栅拒敌，将家中银币及马匹分赏给战士，并力死战。蒙古军攻破城西北角入城，乌古论德升又联车塞路拒战，三次打退蒙军。蒙军矢石如雨，金守陴兵不能立。城破，德升回府署，对姑母及妻子说："我守此数年，不幸力穷。"自缢而死。姑母及妻也都自杀。

木华黎留攸兴哥镇守太原。蒙古军继续攻掠汾州。汾阳军节度使兼经略使兀颜讹出虎战死。十月，蒙古军攻掠绛、潞等州，向平阳进军。李革与权元帅左监军完颜从坦守平阳。太原失陷，从坦上奏说："太原已破，就要危及平阳。河东郡县失守，都是由于驻屯兵少，援兵又不到的缘故。平阳是河东之根本，河南之藩篱。请并怀、孟、卫州之兵以实潞州，调泽州、沁水等地兵并山为营，以为声援。"蒙古兵迅速到达平阳城下，平阳被围，城中驻兵不满六千。金兵屡次出战拒敌，旬日之间，损伤过半。援兵不到。蒙古兵逼近城北壕垣，提控郭用力战被擒，坚贞不屈，被害牺牲。副将李怀德缒城出降。平阳城被蒙古

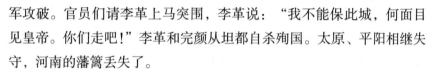

军攻破。官员们请李革上马突围，李革说："我不能保此城，何面目见皇帝。你们走吧！"李革和完颜从坦都自杀殉国。太原、平阳相继失守，河南的藩篱丢失了。

木华黎主力攻山西时，河北许多地方被几支地主武装夺据。宋嘉定十三年（1220年），木华黎决定重点攻掠河北，亲驻满城，遣史天祥攻真定。在史天祥劝说下，武仙投降，于是真定复归蒙古。蒙古军又相继攻下邢（今河北邢台）、相（今河南安阳）、卫、怀（今河南沁阳）、孟等州。

红袄军在山东很活跃。宋嘉定十一年（1218年），红袄军领袖李全归附南宋，宋授予他京东路兵马副都总管的职务，遂用宋朝名义把义军召集起来，收复山东南部诸州。济南严实、益都张林都相继归宋，一时宋占有了山东全境。可是南宋始终不完全信任李全，没有全力支持他。而山东各支武装力量名义上虽归附南宋，实际上则各自为政，为自己的利益打算，首鼠两端，在宋、金、蒙古之间游移不定。宋嘉定十三年（1220年）秋，木华黎军入济南境，严实看见南宋日益衰弱，而蒙军却日益强大，于是献出所控制的大名、彰德、磁、洺（今河北永年东南）、恩（今山东开城旧城）、博（今山东聊城）、滑（今河南滑县东）、浚等州，木华黎承制授予他山东西路行尚书省事，令其总管本部军民。严实的投降，使蒙古不战而胜，取得大片土地，大大加强了攻略山东的力量。严实协助蒙古军攻下曹（今山东菏泽）、濮（今山东鄄城北）、单三州；宋嘉定十四年（1221年）入据东平，遂在此立行台。同年，红袄军石硅、益都张林等也都投靠了蒙古。

木华黎戎马一生，所经之战数不胜数。他有勇有谋，不惧强敌，在战场上能一马当先，以身作则。

1211年，木华黎跟金军战于野狐岭。面对金国四十万大军，他激励将士说："彼众我寡，弗致死力战，未易破也。"言罢，身先士卒，举刀杀入金军阵中，众将士一拥而上，竭力死战，大破金军。

1214年，成吉思汗派木华黎专事讨伐辽西各郡。木华黎带兵长驱直入，攻下十多个城池，兵锋直指北京（今内蒙古宁城县大名城）。金

军守将银青元帅率部二十万和蒙古大军在花道 (今内蒙古赤峰东北) 不期而遇。木华黎积极迎敌，大破金军，金军伤亡八万多人。木华黎旋即包围北京，攻下该城，并留人守城。

北京是幽州重镇，金国以精锐之师镇守，却依然城陷兵亡，从此金在北方的统治摇摇欲坠。

1216 年，大将张致反叛，木华黎奉命率兵镇压。对双方军情进行深入分析之后，他认为张致军骁勇善战，并且占据有利地形，不能速战速决，于是采取了引蛇出洞、趁机阻击的策略。随后，他派人带兵前去攻打张致的溜石山堡据点，又命部将蒙古不花去永德县以西约十里的地方设下埋伏。

不久，张致收到溜石山堡遭到突袭的消息，果然发兵前去支援。蒙古不花探得消息，一边派骑兵截断了敌军的归路，一边急报木华黎。木华黎星夜领兵前往，与敌军遇个正着。这时，蒙古不花的军队也及时赶到，两军前后夹击，经过激战，大败张致军，斩杀许多敌军。而后木华黎乘胜追击，很快镇压了这次叛乱。

1217 年，木华黎受命全权处理伐金事宜，至 1223 年病亡为止，几年的时间里，他差不多每天都在跟金军交战，并率兵占领了辽西、辽东、山东、河北等广大地区。

蒙古军队打仗，总是来也匆匆，去也匆匆。他们每攻下一座城池，就大肆屠城、抢掠，非常残忍。蒙古大军所经过的地方，常常是满目疮痍，白骨成山。

从小没读过书、一直都在杀戮征伐中成长起来的木华黎原先也一直实行的是这种政策。后来，他因攻打辽西、占领北京 (今内蒙古宁城县大名城) 损兵折将而心生怒意，打算将投降的金兵全部处死，但被部下萧阿先及时制止了。萧阿先进言道："北京为辽西重镇，既降而坑之，后岂有降者乎?"

木华黎觉得他言之有理，于是取消了坑杀降兵的打算，并留兵守城。从此以后，他用招安政策取代了屠杀之举。此策有利于蒙古军队的壮大，也使许多平民免于被屠。

木华黎在讨伐金国的过程中，也十分注重招降、安抚金国守军，使得金国的实力被严重削弱，而蒙古大军的数量和实力则得到了增强。很多金国兵将听说只要向木华黎投降就可免于一死，纷纷弃城出降。因此，蒙古大军经常不费吹灰之力就占领金国的城池。

蒙古大将史天倪曾经对木华黎说："今中原已粗定，而所过犹纵抄掠，非王者吊民伐罪义也。且王为天下除暴，岂复效其所为乎!"

木华黎受到他的影响，于是开始大力整饬军纪，明令：蒙古士兵进城后若有抢掠者，按军法治罪，决不留情。他还下令将从前抓来的男女老幼通通释放回家。

而当时别的蒙古军队都还不曾做到这一点，连成吉思汗带领的军队也不例外，他们仍然沿途烧杀抢掠，导致生灵涂炭，百姓"望蒙古军色变"。而木华黎所带领的蒙古军因为军纪严明、仁义勇武，受到了沿途百姓和金国旧城民众的普遍拥护。

由于灭金之战未能速战速决，木华黎决意长期占领打下来的地区，并以此为基础，慢慢灭掉金国。他的"仁厚不杀"之策，使得占领区政权得到巩固。同时，金国沦陷区的人民很少造反。木华黎对蒙古汗国的建立、扩张甚至后来元朝的创立都居功至伟。

宋嘉定十四年（1221年）秋，木华黎率蒙古军主力及史天祥、石天应等汉军攻山西、陕西。由东胜渡过黄河，征召西夏兵从战，攻下葭州，派石天应守卫；攻延安时受阻，未能成功，遂破绥德、郎（今陕西富县）、坊（今陕西黄陵）等州，从丹州（今陕西宜川）东渡黄河，夺取隰州。宋嘉定十五年（1222年），蒙古军又夺回平阳、太原等地，并派遣官员守卫这些地方。这年冬，木华黎率大军渡河向西，攻下同州（今陕西大荔）、蒲城，径直向长安进发。金京兆行省完颜合达顽强抵抗，蒙古军不能攻下，于是向西攻打凤翔，再召西夏兵助战。凤翔军民英勇抵抗，木华黎虽围攻一个多月，想尽各种方法，但始终不能攻克，这时西夏军队又离去，只得引兵退还。木华黎于宋嘉定十六年（1223年）三月死于闻喜。

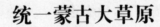

统一蒙古大草原

铁木真九岁时，其父也速该被塔塔儿人毒死。也速该死后，他的氏族随之分裂。铁木真兄妹五人由寡母诃额仑抚养，生活十分贫困。原属也速该的泰赤兀部首领乘机袭击铁木真一家，铁木真全家被迫迁走。在艰苦环境中长大成人的铁木真善于骑射，刚毅多谋。

为了防止铁木真家族东山再起，泰赤兀氏贵族塔里忽台率领护卫军前来进攻，把铁木真抓去。由于泰赤兀氏的属民速勒都思人锁儿罕失剌的暗中救助，他才得以逃脱并与母亲和兄弟们会合，随后全家迁到桑沽儿小河（今克鲁伦河支流臣赫尔河）附近，后来又迁到不儿吉之地（今克鲁伦河上游布尔肯小河旁）。残酷的现实使铁木真认识到，要保存自己，恢复祖业，就要依靠和联合一个强大的部落。为了取得强大势力的支持和保护，铁木真来到土兀剌河黑林（今蒙古乌兰巴托南）他父亲的"安答"——克烈部首领王汗处尊脱斡邻勒为父，向其贡献大量珍贵礼品，表示愿意臣属。

于是在其父"安答"克烈部首领王汗的庇护下，他收集离散部众，力量有所增强。就在铁木真羽翼未丰之时，三姓蔑儿乞人对他发动了三次袭击，并把他的妻子和家人抢走。

他向王汗和札只剌氏贵族札木合求援。王汗、札木合和铁木真共同出兵四万，袭击蔑儿乞人的营盘不兀剌川（今恰克图南布拉河地）。由于毫无防备，蔑儿乞部首领脱脱只带少数随从沿着薛良格河逃入八儿忽真隘，其余部众全被打散。铁木真夺回了妻子和家人，把他的许多仇敌杀掉，他们的妇女、儿童则被掳为奴隶。

铁木真的力量经过这次战争逐渐壮大。一两年后，他摆脱了对札木合的依附，从斡难河中游的札木合营地迁移到怯绿连河上游的桑沽儿小河，独立地建立营寨，吸引了许多蒙古部众加入到他的阵营，其中有札剌亦儿人合赤温兄弟、兀良哈人速不台兄弟和阿儿孩合撒儿父子，速客客族人速客该者温，以及伯牙乌族人等；还有忙兀族人者台兄弟，阿鲁剌族人斡歌来兄弟，晃豁坛族人速亦客秃，速勒都思族人塔海、赤勒古台兄弟，把鲁剌思族人忽必来兄弟，别速惕族人古出古儿、迭该等。铁木真获得了这些人的支持并被拥戴为领袖。

一些原来有名望的乞颜氏贵族也不断靠拢铁木真。这些人包括合不勒汗的长支主儿乞氏的泰出、撒察别乞，忽图剌汗之子拙赤汗和阿勒坛，也剌该之弟答里台斡赤斤，兄捍坤太子之子忽察儿等。这些贵族投靠铁木真，是想借助他的力量去掠夺更多的奴隶和财富。他们有资格参加推举可汗的贵族会议，而且和铁木真一样有被推举为可汗的资格。只是这时铁木真已拥有了强大的那可儿队伍，他们只得推举铁木真为可汗，并表示愿意臣服。

大定二十九年（1189 年），铁木真被部分蒙古贵族推举为汗。为增强经济和军事实力，巩固汗权，他展开了夺取东部地区的斗争。铁木真成立了侍卫军"怯薛"组织，并着手整顿军队。铁木真势力的发展引起札木合的嫉恨，他因此集合所属十三部三万余人，与泰赤兀部联合进攻铁木真。铁木真分兵迎战失败。在十三翼之战中，铁木真虽败，但有许多其他部落属民归附，实力反而得到加强。

为了统一蒙古诸部，1200 年铁木真联合王汗共同出兵征讨蒙古诸部中最强大的泰赤兀族。得到蔑儿乞部首领脱脱支持的泰赤兀人的首领沉忽阿忽出、忽邻等人率兵迎击。两军在斡难河边展开激战，最后，铁木真打败了对手，显示出强大的军事实力。

第二年，一些与铁木真为敌、听命于泰赤兀部的蒙古诸部，如散只兀部、哈答斤部、弘吉剌部等，得知泰赤兀部战败的消息后，为了遏止铁木真的力量继续发展，于是联合塔塔儿部等，于阿雷泉边相会，并斩马立誓，共同出兵向铁木真与王汗的联军发动进攻。两军于歪亦烈川展开激战，铁木真又取得胜利。

这时，与铁木真相邻的各个部落感到了强大的军事威胁，那些曾败给铁木真的对手，被迫联合起来，共同对付铁木真。他们包括弘吉剌、哈答斤、札只剌、亦乞剌思、朵鲁班、散只兀以及塔塔儿等，足智多谋的札木合被他们推举为总首领——局儿罕，他们在犍河边会合，然后向铁木真发动进攻。

铁木真得报后，再次与王汗联合，共同迎击札木合之联军。双方在海剌儿、帖尼火鲁罕之地遭遇，展开激战。由于当时正赶上狂风暴雪，铁木真幸运地打败了对手。札木合的联军彻底溃败，有很多人被赶下了悬崖。经过这次战争，蒙古诸部的有生力量遭到严重损失，已经无力再与铁木真抗衡，遂大多投靠了铁木真。

塔塔儿部是蒙古草原东部强大的部落之一。他们包括许多支系，其中主要有六大部，相互之间经常发生战争，而在遇到外族侵扰时，则又会暂时联合，共同抵御外来侵略。早在蒙古葛不律寒时，他们即与蒙古部产生了矛盾，经常发生纠纷并互相侵扰。又因为他们臣服于金朝，遂把那些不服金朝统治的部族首领抓住，送给金朝处治。蒙古泰赤兀部的首领俺巴孩汗和葛不律寒的长子，都被他们逮捕并送交金廷处死了。

金明昌七年（1196年），金朝出兵镇压塔塔儿部的反抗。铁木真联合克烈部脱斡里勒汗，截击溃逃的塔塔儿首领及残部，掳掠了大批财富和奴隶。金朝封铁木真为"札兀惕忽里"（部落统领）之官职，脱斡里勒汗为王汗（语讹为王罕）。此后，铁木真不断削弱旧氏族贵族的权力，进而扩大自己的势力。

铁木真的崛起，加深了和蒙古各部贵族的矛盾。泰和元年（1201年），札木合集结了铁木真的宿敌泰赤兀、塔塔蔑儿乞等十一部联合进攻铁木真和王汗。铁木真和王汗共同击溃了札木合联军。札木合投降王汗，铁木真消灭塔塔儿部，占领呼伦贝尔高原，统一了蒙古东部。

克烈部是雄踞于蒙古中部的强大部族之一。其首领忽儿札忽思死后，为了争夺汗位诸子间互相残杀。其中，王汗由于得到铁木真先父

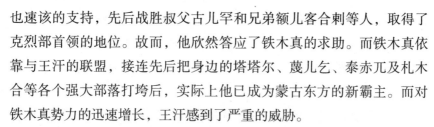

也速该的支持，先后战胜叔父古儿罕和兄弟额儿客合剌等人，取得了克烈部首领的地位。故而，他欣然答应了铁木真的求助。而铁木真依靠与王汗的联盟，接连先后把身边的塔塔尔、蔑儿乞、泰赤兀及札木合等各个强大部落打垮后，实际上他已成为蒙古东方的新霸主。而对铁木真势力的迅速增长，王汗感到了严重的威胁。

1199 年，王汗联合铁木真共同进攻不欲鲁罕，以报当年被驱逐、几乎失去汗位的夙仇。两军在黑辛八石之地相遇，铁木真擒获其先锋将也的脱孛鲁。到两军主力决战之际，王汗却连夜自行退兵，置铁木真于危险之中而不顾。铁木真天明方才发觉，亦只能回师而去。

1202 年秋，在阔亦田（约在哈拉哈河上游）之战中，铁木真又大败由乃蛮杯禄汗拼凑起来的斡亦剌、泰赤兀、塔塔儿等部残余势力的联军，札木合率部投王汗。至此，铁木真结束了与贵族联盟之战。铁木真与克烈部王汗长期结盟。不久王汗背盟，加上札木合等的离间，铁木真与王汗关系恶化。

1203 年春，王汗由于受了前来投靠的札木合和其子桑昆的怂恿，以商议两家的婚事为由，邀请铁木真，企图趁机加害于他。在半途中铁木真得到消息后，及时转回。王汗见阴谋暴露，于是率军向铁木真发动进攻。两军在阿兰塞展开激战，双方都损失惨重。成吉思汗由于兵力较少，被迫向董哥泽之地败退，仅剩下两千余部众。

王汗并没有就此放手，而是继续追击铁木真。两军在哈阑真沙陀之地相遇，再次展开激战。虽然铁木真最后击退了王汗的军队，但是铁木真的手下也差不多丧失殆尽。王汗以为铁木真已经不足以再对他构成威胁，于是回师折折运都山，准备安享太平。

这次严重的挫败，并没有使铁木真心灰意冷。他与剩下的十九名部众同饮班朱尼河水，发誓要继续奋斗，重整旗鼓，东山再起。于是，他一面陆续把溃散的旧部众召集起来，一面收纳那些与王汗有旧仇的部族，力量逐渐得到恢复。正在这时，投靠王汗的札木合及蒙古部众又联合起来，密谋推翻王汗。由于消息不慎泄露，王汗将他们击败。

得到王汗联盟出现分裂的消息后，铁木真决定乘机对王汗发动突然袭击。他一方面派使者到王汗那里，诈称要与其尽释前嫌，重叙旧好，以使王汗放松戒备。另一方面，他亲率大军跟随在使者之后，悄悄逼近王汗大帐。

王汗果然上当，相信了铁木真的谎言，并派人与使者一同回见铁木真，还带来了血囊准备重新誓盟。然而，铁木真的军队却出其不意地偷袭了王汗。经过三天三夜的激战，虽然王汗部众进行了顽强的抵抗，最终仍没有逃脱失败的命运。王汗父子被迫出逃。在逃跑途中，又不幸遇到乃蛮部族的军队，遂被捕获并被杀死。而王汗的部众，则全都投降了铁木真，铁木真把他们分散后，编入各个蒙古部族的军队之中。

经过折折运都山之战，铁木真征服了蒙古中部最强大的势力。克烈部归降后，铁木真的势力得到极大扩张，已经占有了广阔的蒙古东部与中部，并且开始延伸到蒙古西部，故而与西方霸主乃蛮人产生了严重冲突，一场新的龙争虎斗将必不可免。

乃蛮部是蒙古西部最强大的部族。他们的军队装备精良，首领必勒格汗相当英明，所以相邻的许多部族，相继被他们征服。但是，必勒格汗死后，他的儿子们为争夺汗位相互残杀而导致了乃蛮部的分裂。经过争夺，长子太阳汗占有了广阔的平原，而他的兄弟不欲鲁罕则被迫在山地间居住。乃蛮部的力量因此遭到很大削弱。

王汗的覆灭，使西蒙古的乃蛮部十分震惊，太阳汗决定攻打铁木真。铁木真闻讯后，进一步健全军事组织，强化汗权，建立了一支高度集中又有严格纪律的军队。泰和四年（1204年），他率部出征乃蛮部。太阳汗聚集克列、塔塔儿、蔑儿乞等残部迎战铁木真。经过激战，太阳汗被擒而死，乃蛮部被征服。乃蛮王子屈出律逃奔西辽。不久，铁木真北征蔑儿乞部，其他部落也纷纷投降。这样，蒙古高原上近百个大小不一，社会发展、语言文化各有差异的部落，终于被铁木真统一起来了。

成吉思汗元年（1206年）春，铁木真召集全蒙古的贵族首领们在斡难河源举行忽里台（亦称忽里勒台）大会。蒙古各部首领一致推举铁木真为蒙古大汗，尊称为成吉思汗（蒙古语坚强有力之意），正式建立了蒙古汗国。蒙古也由一个部落的名称成为蒙古高原各族的总称，形成了统一的蒙古民族共同体。

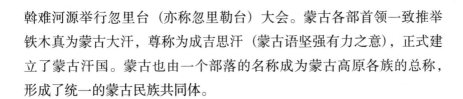

帝国的统治制度

经过十几年的苦战，铁木真终于于1206年春登上了众汗之汗的大位，大蒙古帝国由此建立。成吉思汗灭克烈部后就开始建立大蒙古国的统治制度，建国后又将其进一步完善。主要包括以下几项：

一是千户制。把全国百姓（游牧民）按十进制统一编组，分千户、百户、十户三级，全国共划分为九十五个千户，并对各千户的牧地范围进行划分，分别授予那可儿们世袭管领，并封立下战功的贵族为千户那颜。千户的编组原则，一种是那些始终如一地联合或附庸于成吉思汗的部落首领（如亦乞列思、弘吉剌等姻族，兀鲁、八邻、忙兀等尼鲁温蒙古部落）或主动归附者（如斡亦剌部的忽都合别乞、汪古部的阿剌兀思惕吉忽里），均获准仍可以"统其国族"（即本部人民），但需按照统一编制组成若干千户；少数战功卓著的那可儿（如木华黎）也可以把分散的本部落人民召集起来组成千户。另一种是由不同部落的人民混合组成，如泰赤乌、蔑儿乞、乃蛮、克烈、塔塔儿等人数众多的大部落，它们在被征服后，其部民都被"分与了众伴当"，加上这些伴当（那可儿）在战争中"收集"（掳掠）来的人口，编组为千户。前一类比较少，后一类占大多数。千户体制完全取代了旧时代的氏族部落组织，它既是大蒙古国的军事单位，同时也是地方行政单位。千户百户那颜是大汗任命的行政和军事长官，如果他们有过错或对大汗不忠诚，大汗可剥夺其职务，另授予他人甚至可将他们治罪。全国百姓都是成吉思汗的臣民，他们被划归各千户"著籍应役"，只得在指定的牧地范围内进行游牧，不得擅自离开所部。在千户之上设左右翼两个万户，作为最高统兵官，所有千户（除分给诸子弟者外）都属于这两个万户管辖。

二是怯薛机构。1204 年铁木真在与乃蛮作战之前，着手"整顿军马"，以原有的怯薛组织为基础建立了一支护卫军，由八十名宿卫（客卜帖兀勒）、七十名散班（土儿合兀惕，又译秃鲁花）、四百名箭筒士（火儿赤）组成。建国后，护卫军被扩充为一万名，包括一千名宿卫，一千名箭筒士，八千名散班。散班从千户、百户、十户官员和白身人（都里因古温）的儿子中挑选，必须有技能、身体健壮。千户之子可带十名伴当（随从），百户之子带五名伴当，十户及白身人之子带三名伴当。各级那颜都必须把他们的儿子送到成吉思汗身边服役，不得逃避，也不准以他人代充。这实际上是把有掌管征调兵民权力的那颜子弟作为人质，以便更有效地控制他们，所以元人亦把秃鲁花译为"质子军"。护卫军以守卫大汗金帐和分管汗廷的各种事务为职责。规定散班和箭筒值日班，宿卫值夜班，各分四队，轮番值日，每番三昼夜，故总称为"四怯薛"。护卫军由大汗直接掌握，是最精锐的军队，凭此足够用来"制轻重之势"（《元史·兵志》），故又称为大中军。成吉思汗最亲信的那可儿木华黎、赤老温、博尔术、博尔忽（四杰、四骏）四家子弟被任命为四怯薛之长并且可以世袭。怯薛职务的分工有十多种，如火儿赤（佩弓矢者）、札里赤（书写圣旨者）、云都赤（带刀者）、博尔赤（厨子）、必迭赤（书记）、昔宝赤（掌鹰者）、速古儿赤（尚供衣服者）等。诸怯薛执事官作为大汗的侍从近臣，地位高于外任千户那颜。怯薛不仅是大汗的亲卫军的宫廷事务机构，而且执行各种行政活动，在大蒙古国的军政事务中作用相当大。

三是设置大断事官。昔宝赤（掌鹰者）建国前，曾任命其异母弟别里古台担任断事官（札鲁忽赤），审断斗殴、诈伪、偷盗等事件。1206 年，又任命养弟失吉忽秃忽为最高断事官（大断事官），主持分封民户和惩治诈伪、盗贼等事，分配给宗室诸王和各千户的民户数、判决的案件，都由大断事官记在青册上，任何人不得更改。大断事官实际上就是大蒙古国中央的最高司法行政长官，所以被称为"国相"，后来汉人就称失吉忽秃忽（又译胡土虎）为胡丞相。直到元世祖初年，大断事官一直掌握着中央最高行政权。在他下面有许多僚属，组成断事官机构。诸王为了管理本部百姓也在自己部内分别设立断事官。

四是制定札撒。札撒就是"法令"、"命令"的意思。古代蒙古人中有许多"古来的约孙"（意为规矩、道理、缘故，通常译为"体例"），蒙古人在长期历史过程中形成的种种社会习惯和行为规范都包含在其中。当贵族（那颜）成为统治者、可以对部人发号施令时，札撒就产生了。在各部贵族为了争夺蒙古高原霸权而激烈地相互攻战、兼并的时候，旧的统治秩序日益崩溃，"子不从父教，弟不听兄言，夫不信其妻，妻不顺其夫，长不护其幼，幼不奉其老……慢视约孙，不遵札撒"，以致"犯上作乱，欺窃风行，盗贼不宁"。因此，成吉思汗深知要使野蛮的众民变得服服帖帖，必须"用极严厉的札撒来建立秩序，智者勇者使为统将，捷者巧者使掌后营（奥鲁），愚者贱者亦授以执鞭之役，遣就畜牧"，使人们各安其位，各得其所。建国前后，他先后颁布了一系列法令和训言（必里克）。

在1219年西征前举行的大会上，他又命人"重新确定了训言、法令和古来的体制"，并且全部写在纸卷上，编订为《大札撒》。后来每当新大汗即位，或诸王上朝商议国家大事，都要首先诵读《大札撒》，并遵照其中的有关条文行事。元人说："凡大宴，世臣掌金匮之书，必陈祖宗《大札撒》以为训。"《大札撒》是大蒙古国的法典，原书虽已经无法找到，但它的许多条款被中外史籍记录了下来。如，那颜们除君主外不得投靠他人，不得擅自离开自己的岗位，违者处死，构乱皇室、挑拨离间、助此反彼者处死；收留逃跑的奴隶不归还其主者处死；盗人牲畜者必须用九倍偿还，不能偿还者以子女作抵押。此外还规定了保护水源、草场、马匹以及宰杀牲畜的方法等。

五是分封子弟。成吉思汗统一蒙古后，原来隶属于各部贵族的所有"有毡帐的百姓"，都成了他的"黄金家族"的臣民，在编组为九十五千户之后，他按照蒙古社会分配家产的体例和方法，给诸子、诸弟和母亲诃额仑太后各分配一"份子"（忽必）百姓。成吉思汗还给诸子、诸弟划定了各自的封地范围。诸弟的封地在蒙古东部，称为"东道诸王"。合撒儿的封地在阔连海子（呼伦湖）和海剌儿河之北，即额尔古纳河流域，与斡赤斤封地相近；合赤温子按赤台的封地在金边墙附近，合兰真沙陀与兀鲁灰河（今东乌珠穆沁旗乌里勒吉河）地区；斡赤斤的封地在蒙古最东部，捕鱼儿海（贝尔湖）哈剌哈河流域至海剌儿河之地；别里古台的封地在斡难河与怯绿连河中游一带。术赤、窝阔台、察合台三家的封地都在阿勒泰山之西，称为"西道诸王"。

拖雷作为幼子，继承成吉思汗四大斡耳朵和国之中心蒙古本土之地。术赤于1218年领兵征服失必儿吉利吉思至亦必儿等部，即把征服的土地授给他，后来又授以也儿的石河以西，包括花剌子模至不里阿耳，以及这个方面马蹄所至之地，而吉利吉思地区则授给拖雷。察合台的封地为畏兀儿以西的伊犁河、塔剌思河、楚河流域、原西辽与哈剌鲁之地，以阿力麻里为其统治中心。窝阔台的封地为阿勒台山原乃蛮之地及霍博、叶迷立等处，以叶迷立为其统治中心。诸宗王封地都是游牧地区，被征服的定居地区则作为黄金家族的共有财产，由大汗政府管辖。

六是创制文字。蒙古人起初没有文字，"凡发命令，遣使往来，止是刻指以记之"（《蒙鞑备录》）。成吉思汗建国前后，逐渐用畏兀儿字母来书写蒙古语，从而创制了畏兀儿字蒙古文。《元史·塔塔统阿传》记载，成吉思汗灭乃蛮时，乃蛮的掌印官塔塔统阿被俘虏，成吉思汗见他怀抱金印，就问他此物有何用处，他回答说："出纳钱谷，委任人才，一切事皆用之，以为信验耳。"成吉思汗知他懂得文字，就命他教子弟学习。除乃蛮人外，有的克烈人可能也懂得和使用畏兀儿文，他们对蒙古文字的创制作出了很大贡献。后来更有许多畏兀儿人当了蒙古诸王贵族的书记官和教师。有了文字后，蒙古人用其来记录表册，编定《大札撒》，制作印玺，发布命令，编纂史书（《元朝秘史》）。

蒙古族的文化从此得到巨大的发展。新建立的蒙古国家制度，当然还比较原始，各方面都不是太完备。但是，蒙古国家的出现结束了草原长期以来的部落纷争，蒙古社会由此进入了奴隶社会。这是蒙古族历史上，也是中国历史上的重大事件。它对中国各民族的历史，以及欧、亚两洲许多国家的历史，都产生了深远的影响。

帝国政权的巩固

蒙古国家建立后，成吉思汗着手消除各种敌对势力，以巩固他的统治。

打击巫师势力。蒙古在建国前信奉原始的巫教，巫师具有很大的权威，是天的代表，有权支配氏族部落的各种事务。也速该临死时，把他的家族和铁木真托付给以巫为业的晃豁坛部人蒙力克照顾。1206年成吉思汗建国时，蒙力克的儿子阔阔出充当部落的神巫（帖卜腾格里），代天发言，他宣称成吉思汗的降生是上天的安排。但是，蒙古建立国家后，成吉思汗发现，帖卜腾格里严重地威胁着可汗的势力。阔阔出和他的兄弟们擅自抓住并痛打成吉思汗的兄弟合撒儿，并向成吉思汗说："长生天曾有指示，令合撒儿掌管国政"，成吉思汗因而对合撒儿不再信任，收回了原来分给合撒儿的部分人口。此后，阔阔出又把成吉思汗封赏给各贵族的讲不同语言的百姓陆续窃为己有，就连成吉思汗的幼弟铁木哥斡赤斤的一些部众也去投奔阔阔出。

当铁木哥去索要部众时，却遭到阔阔出的斥责，还被罚跪。成吉思汗逐渐看到了巫师势力对他的严重威胁，于是就以比武摔跤为名，命铁木哥和力士们把阔阔出脊骨折断致死。成吉思汗向部众宣告说："帖卜腾格里打了我的兄弟们，天不爱他，便把他召走了。"又对蒙力克说："他与我齐等，所以将他送走了。"阔阔出被处死，使产生于原始社会的巫师代天立言、干预部落事务的制度被彻底废除。成吉思汗通过采取这一坚决而果断的行动，进一步巩固了可汗的最高权力。

追击乃蛮、蔑儿乞和北征。成吉思汗建国时，虽然已经消灭了太阳汗统治的乃蛮部，但不亦鲁黑汗率其残部仍占据着兀鲁塔黑山的西麓莎合水（索里克河）一带，宣称继承太阳罕的大统。蔑儿乞部的脱脱和太阳罕的儿子屈出律也逃到这里，与不亦鲁黑汗会聚在一起。这些残余的力量，严重威胁着蒙古国的安宁。

宋开禧二年（1206 年），成吉思汗建国时，就派兵向西进发，趁其不备突然袭击聚集在索果克河的不亦鲁黑汗、屈出律和脱脱。不亦鲁黑汗被赶过阿尔泰山，沿兀泷古（乌伦古）河而下，直到乞湿泐巴失海子（布伦托海），但最终不亦鲁黑汗仍被擒杀，大批的牲畜和家口（奴隶）被掳获，乃蛮终于被消灭。屈出律和脱脱西逃。

宋开禧三年（1207 年），成吉思汗派他的长子术赤领兵北进。

成吉思汗在建国前的连年作战中，已先后把蒙古草原上的游牧民即"毡帐里的百姓"征服。蒙古草原的北面便是森林地带的狩猎部落即"林木中的百姓"，与草原最接近的狩猎部落是斡亦剌部。他们的一支居住在库苏古尔湖以西色楞格河北源德勒格尔河一带，曾经与王汗、札木合和太阳罕联合对抗成吉思汗。术赤统率蒙古军到来时，此部首领忽都合别乞即率众投降。

术赤军以忽都合作为向导，向失思失惕河（锡什锡德河）流域进军，征服了斡亦剌各部落，八河地区（贝加尔湖以西，安加拉诸源流）的秃马部、巴尔古津河流域的巴儿忽和贝加尔湖以南的不里牙惕部等部也相继归降。

乞儿吉思及其附庸昂哥剌部居住在叶尼塞河流域，西南至阿浦水（阿巴坎河），东北直到安加拉河一带。唐代史书上把乞儿吉思译作"黠戛斯"，曾在唐文宗开成五年（848 年）与唐朝共同打败回鹘汗国，并接受了唐朝的册封，但他们很快就衰落下去。契丹建国后，臣属于辽朝，他们主要以放牧牛羊为生，但也在谦河一带从事农业经营。术赤来到这里时，乞儿吉思部的首领也迪亦纳勒（亦纳勒是首领的称号）不战而降。成吉思汗命令术赤统治草原以北森林地带的属民，斡亦剌部编为四千户，仍任忽都合为首领。秃马部则由豁儿赤受命去，但却遭到秃马部女首领孛脱灰答儿浑等的反抗，她下令拘捕了豁儿赤。成吉思汗命忽都合前去救援，也被捉去。号称"四杰"之一的博尔忽领兵前往征讨，却在森林中被射死。在屡遭失败的情况下，成吉思汗派遣朵儿伯多黑申率领大军，从林中小路进军，登上山顶，才最后征服

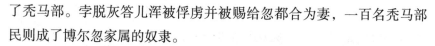

了秃马部。孛脱灰答儿浑被俘虏并被赐给忽都合为妻，一百名秃马部民则成了博尔忽家属的奴隶。

为了镇压秃马部的反抗，成吉思汗遣使到乞儿吉思部征兵，被乞儿吉思拒绝，同时起兵反抗。成吉思汗又令术赤率兵征讨，沿叶尼塞河而下，秃巴思（即谦谦州）、撼合纳、乌思等部先后降服。乞儿吉思人根本没有力量抵抗蒙古军，便向西溃逃。术赤一直追到亦马儿河（鄂毕河上游）才撤军，同时招降了帖良古、脱额列思、失必儿等森林中的部落。

忽都合为成吉思汗立了大功，因而受命统治秃马部旧地。成吉思汗还将他的女儿和长子术赤的女儿嫁给忽都合的两个儿子为妻。忽都合的女儿斡兀立海迷失则嫁给成吉思汗的孙儿贵由（窝阔台之子）为妻。通过家族的联姻，成吉思汗和斡亦剌部忽都合结成"安答和忽答"（亲家）。（《集史》第一卷第一册）八邻部的贵族豁儿赤在乞儿吉思以西直到额尔齐斯河一带驻守，充当镇守额思的迷、帖良古、脱额列思等"林木中百姓"的万户。

🌀 蒙古帝国的治理

"投下"一词，也作"头下"，语出辽代；元代的"投下"一词，一般概指皇帝分封给公主驸马、诸王和贵族功臣的封国与汤沐邑。元"分封"又称为"投下分封"，它是蒙古立国实行的三项基本制度之一，对元代的政治、国用、社会矛盾和社会生产诸方面都起过巨大的作用。在大蒙古汗国刚建立时，成吉思汗实行的是"忽必——莎余儿合勒"分封制度。

"忽必"意为"份子"，是一个蒙古语。按照蒙古部落流传下来的习俗，每个儿子都可以分到一份父亲的遗产，这就是"忽必"。还在蒙古兴起时，成吉思汗就同弟兄们商量好："取天下了呵，各分地土，共享富贵。"

建立蒙古帝国后，成吉思汗对于他的亲族，以及那些跟随他多年且为他立下赫赫战功的部众们，都要予以封赏。对于他的亲族来说，封赏不仅仅是对财产、权力进行再分配，更重要的是成吉思汗是想通过封赏，来避免亲族之间为争夺利益而影响蒙古的团结和统一。对于他的功臣们而言，封赏既是一种早已许诺的报酬，也是为了保证这些人今后能够更加忠诚地为他效力。

受封赏的亲族，大致可分为三部分。

第一部分，是他的儿子们。这些人有权继承他的财产，包括窝阔台、察合台、术赤和拖雷。其中，拖雷的封地位于蒙古帝国的中心，即当年的成吉思汗大斡耳朵所在地。其他三子，长子术赤的封地位于最西面，占有花剌子模等广大地区。次子察合台的封地位于术赤的东南，占有畏兀儿国西北至不花剌和撒马尔罕等地。三子窝阔台的封地则位于诸兄弟之间。因三子的封地皆位于蒙古大帐以西，故而又被统称为西道诸王。

第二部分，是成吉思汗的弟兄们。包括拙赤合撒儿，其封地位于蒙古东北部；铁木哥斡赤斤，其封地又在拙赤合撒儿之东北；合赤温，其封地位于蒙古东部 (受封者实为其子按赤台)；别里古台，其封地与拖雷封地相邻，位于合赤温之西。由于成吉思汗诸弟的封地皆在蒙古大帐之东，故而又被统称为东道诸王。

这些受封的弟兄，在自己的封地内又建立了称为"兀鲁思"的汗国。在封国内他们拥有极大的自主权，其子孙可以世袭汗位，但仍以成吉思汗为最高统治者。这种封国的建立，虽然避免了亲族之间的财产纷争，但由于封国有极大的独立性，却给后来的蒙古帝国留下隐患。

第三部分，是受封的亲族，即成吉思汗的后妃及其外戚家庭，如亦乞列思氏、弘吉剌氏、斡亦剌氏、汪古氏等。这些贵族的地盘大多数是他们原来就已经拥有的，只有少数为重新分配的封地。由于他们的地位及势力比上面两部分人要低得多，故而未能建立自己独立的汗国。时人沿用辽代之词汇把其封地称为"头下"或"投下"。又因其财富是为了供后妃之用，故又称之为"汤沐邑"。被成吉思汗封赏的功臣，主要有十家，他们都为成吉思汗奋战多年，战功卓著。这些人包括：博尔忽、博尔术、木华黎、赤老温（合称"四骏"），忽必来、者勒蔑、速不台、哲别（时号"四狗"），术赤台、畏答儿等。这些人的封地也被称为"投下"。由政府管辖封地内的民众，仅向受封者贡纳一定数量的财物，受封者的权力因而受到较大限制，随着蒙古帝国对外战争的延续，这种用于封赏的"投下"不断增加，受封的人数也不断增加，因而这种制度长期保存下来，成为蒙古帝国及元朝很有特色的一项制度。

在多年的征战中，成吉思汗的治世思想也随之形成。在统一蒙古草原各部族时，他接受的是草原上世代相传的游牧文化，比较单一。这时，从《大札撒》中所反映出来的治世思想，明显带有牧民崇尚朴素、实际的特点。

出于当时群雄纷争的形势所迫，成吉思汗深知法令的重要性，所以制定了十分严格的法令约束手下首领和贵族们。他宣称："如果隶属于国君（指他自己）的许多后裔们的权责、勇士和异密们不严遵法令，国事就将动摇和停顿，他们再想找成吉思汗时，就再也找不到了！"他要求所属部众绝对服从自己的指挥，"居民（在平时）应像牛犊般地温驯，战时投入战斗时应像扑向野禽的饿鹰。"他还制定了相应的责罚之法，来惩罚那些违反其法令的人。初次犯法，给予口头的斥责。下一次再犯的话，就要开始处罚。第三次犯法，就要被流放。仍然不悔改的，则召开公审大会，对其进行判决。由于成吉思汗的法令十分严厉，故而部众几乎不敢违抗。为了抵御外侮、征伐四邻，成吉思汗十分重视军队的组建。他仿照金初的制度，将部众编为万户、千户、百户及十户等单位，加以管理。并下令："万夫长、千夫长和百夫长们，都必须将自己的军队保持得井然有序，随时作好出征的准备，不管指令和诏令什么时候下达，都能随时出征。"正是由于成吉思汗的重视和严格管理，遂使蒙古军队成为当时世界上最强大、最优秀的军队。当时的波斯史学家志费尼感叹道："整个世界上，有什么军队能够跟蒙古军相匹敌呢？战争时期，当冲锋陷阵时，他们像受过训练的野兽，去追逐猎物。但在太平无事的日子，他们又像是绵羊，生产乳

汁、羊毛和其他许多有用之物。"这种感叹，从蒙古军队的辉煌战绩中得到了印证。

由于成吉思汗长期处于激烈的军事对抗环境，所以他对敌对势力十分仇恨，由此而制定了极端残酷的法令。蒙古军马所到之处，如果遇到抵抗，即大肆屠杀该地居民，就连老弱妇孺也不例外。有时即使被攻伐的居民已经投降，为了除去隐患，成吉思汗仍会下令把其壮丁全部屠杀，而仅把妇孺留下，以供驱使。这种残酷的屠杀政策，使蒙古军马所经之地的民众遭受到巨大的灾难，很多人类的文明古迹由此毁损；成吉思汗曾教训他的子孙说：镇压叛乱者，战胜敌人，将他们铲除，夺取他们的一切，使他们的已婚妇女号哭、流泪，骑乘她们的后背，当作平滑的骏马，将他们的美貌的后妃的腹部当作睡衣和垫子……成吉思汗残暴地处理敌人。但在任用部众的问题上，成吉思汗也有一套准则。"他让贤明勇敢的人当了将官；他把奥鲁（即蒙古军的后方营帐）交给伶俐的人，让他们管理马群；粗鲁无知的人，给予鞭子，派去放牧畜群。"当然，并不是所有的勇敢者都能被其重用，有些却被他视为不宜出任统帅者，如当时著名的勇士也孙拜，虽然能吃苦耐劳，但对统军之道一窍不通，也不懂得关心士卒的劳苦，所以没有当上首领。成吉思汗认为，"只有在行军中时刻考虑到不让军队饥渴、牲畜消瘦的人，才配担任首长。"他还指出，那些时常聆听自己训诫指示的万夫长、千夫长等人，才是"首长"的合适人选。

游牧文化对成吉思汗影响的另一方面，就是他的宗教信仰完全受到原始宗教"萨满教"的支配。因此，在他颁布的《大札撒》中，列举了许多"萨满教"的禁忌，对于触犯的人，一律重罚。他在进行重大的军事行动前，也要举行仪式，祈求萨满诸神保佑他能取胜。在尊奉"萨满教"的同时，成吉思汗对于其他各民族所信奉的宗教，如道教、佛教、基督教、伊斯兰教等，也很尊敬。

成吉思汗还十分重视蒙古民族的品行，对于那些"子不遵父教、弟不聆兄言，妻不顺夫意，夫不信妻贞……大人物信赖奴仆而疏远周围亲信以外的人，富有者不救济国内人民，轻视习惯和法令、不通情达理，以致成为当国者之敌"的种种恶劣品行，他严厉地进行处罚。特别是那些收留逃亡奴仆、偷盗他人财物、以巫蛊之术害人、在斗殴中偏袒一方，及通奸淫乱者，只要被发现，就会被处死。

成吉思汗的这些治世思想，是他从自己多年生活磨砺中得出的宝贵经验的总结。同时，这些法令被颁布后，又成为指导此后的政治活动的重要依据，并被继任的蒙古帝王及后来的元朝皇帝奉为明训，世代承袭，从而极大地影响了元朝的政治统治。

第四章

蒙古铁骑，横扫世界

　　蒙古族经过西征，其铁骑已横扫世界。成吉思汗的西征征服了西辽和花剌子模。拔都的西征征讨的是斡罗斯和东欧。之后，蒙古大军继续西征，又相继灭亡西夏、辽东、大理，战绩辉煌。从此，蒙古大军威震世界。

蒙古征服西辽

西辽王朝建立后，由于深受汉文化和中原政权典章制度的影响，虽然僻处西域，耶律大石依然仿照辽国旧制，上尊号为"天佑皇帝"，并改元为"延庆"，册立皇妃萧氏为"昭德皇后"；同时规定王朝官方语言为汉语。作为附属国的喀什噶尔东部喀喇汗国也深受影响。由于西辽统治者对伊斯兰教的宽容优待政策，喀什噶尔在西辽统治期间，在经济、文化方面也有相当的发展。据12世纪末期阿拉伯史学家依宾·艾尔阿梯尔记载，西辽在征服喀什噶尔后，并不干涉当地的治理，仅征收当地百姓每户每年一个迪纳尔的金币，各地首领只要在衣带上系一个西辽颁发的银制腰牌，就算西辽政权派驻当地的官吏了。

1143年耶律大石去世，儿子耶律夷列年幼，依据辽朝的传统，"遗命皇后权国"。皇后萧塔不烟摄政。她不仅"称制"，而且改元"咸清"，号称"感天皇后"。她本人也有相当的统治能力，在她统治期间，社会安定，经济继续发展。

1144年回鹘遣使向金朝进贡，说耶律大石已死。金朝加粘割韩奴武义将军衔，出使西辽。1146年粘割韩奴经由高昌回鹘王国到达西辽直辖领地，正值感天后萧塔不烟到野外，粘割韩奴对感天后十分无礼，结果被感天后杀死。

感天后"权国"七年后，于1150年把政权交给儿子耶律夷列。夷列即位后，改元"绍兴"。绍兴元年（1151年）西辽进行人口普查，"籍民十八岁以上，得户八万四千五百户。"这充分表明了西辽的强盛。后来，西辽还令东部喀喇汗王朝出兵支援西部喀喇汗王朝平定葛逻禄

首领的叛乱。

耶律夷列在位十三年，于1163年去世，庙号仁宗，儿子都年幼，"遗诏以妹普速完权国"。耶律普速完也"称制，改元崇福，号承天太后"。

西辽王朝发现随身携带武器的葛逻禄人始终是河中地区不安定的因素，决定给予彻底解决。1164年，菊儿汗耶律普速完命令西部喀喇汗王朝把布哈拉和撒马尔罕两地区的葛逻禄人迁往东部喀喇汗王朝领地喀什噶尔，从事农业或其他劳动。他们到那里后不准再携带武器，西部喀喇汗王朝执行命令，逼迫葛逻禄人迁徙，结果引起暴动，但很快被残酷地镇压下去。从此，葛逻禄人在河中地区的势力开始衰落。

西辽与西部喀喇汗王朝联合讨伐花剌子模。花剌子模战败，不久沙伊勒·阿尔斯兰死去，幼子苏丹沙继位，其兄特克什投奔西辽。特克什向西辽王朝保证每年进贡，菊儿汗耶律普速完命驸马萧朵鲁不率大军护特克什回国，苏丹沙及其母图尔罕逃走。特克什于1172年登上花剌子模沙的宝座，西辽王朝因此加强了对花剌子模的控制。但是在耶律普速完统治时期西辽王朝对东北部的控制减弱，1175年粘拔恩部和康里部有三万户归附金朝。

后来，耶律普速完与驸马之弟萧朴古只沙里通奸，封驸马为东平王，又罗织罪名把驸马处死。驸马的父亲萧斡里剌是西辽的元老，官拜六院司大王，是一位权势人物。当耶律普速完处死驸马后，1178年，他发动宫廷政变，杀死耶律普速完和萧朴古只沙里，将仁宗次子耶律直鲁古立为汗，改元"天穆"。西辽在感天后和仁宗统治时期，基本上贯彻执行耶律大石制定的国策，对外派兵，对内生聚，到承天后统治时期国力已相当雄厚，耶律直鲁古继位后，西辽达到鼎盛时期。同时，西辽的统治集团奢侈开始，腐化对外连年用兵，对内加重剥削。耶律直鲁古在位朗间，一味娱乐游猎，不理政务，致使政治腐败，社会矛盾激化。

在卡特万会战之后，塞尔柱王朝的势力不仅完全退出河中地区，而且在呼罗珊地区也日趋衰落，代之而起的是阿富汗古尔王朝。古尔王朝在 12 世纪末已是阿姆河以南的大国，它于 1197 年占领了巴里黑（阿富汗马扎里沙里夫之西北）。该城的统治者原来每年向西辽王朝送缴土地税，古尔王朝占领巴里黑后，停止了该城向西辽王朝缴纳贡赋。同时古尔王朝还与花剌子模发生冲突，花剌子模沙特克什向西辽王朝求援。使臣对耶律直鲁古说，西辽王朝应该出兵报复，不然古尔王朝将像夺取巴里黑一样夺取花剌子模，然后进攻西辽。

西辽派塔阳古为统帅带领大军出征，1198 年春渡过阿姆河，进入呼罗珊地区，同时花剌子模沙特克什也率军到达图斯。西辽军队进入古尔王朝后，占领了许多地方，到处抢掠、杀戮。西辽军队向古尔王朝的巴里黑城长官发出最后通牒：或是放弃巴里黑城，或是送缴像从前一样的贡赋。巴里黑城长官拒绝了，联合呼罗珊的一些城堡袭击西辽军队。结果西辽军队溃败，被追逐至阿姆河，许多士兵被赶进河中淹死，共损失一万二千人。西辽军队惨败的消息传到巴拉沙衮，耶律直鲁古大为震惊，向花剌子模沙派出使臣索取损失赔偿。特克什拒绝。菊儿汗派兵伐花剌子模，失败而还；花剌子模军追至布哈拉，并攻下该城。

1203 年古尔王朝与花剌子模又发生战争。特克什已死，他的继承人摩诃末沙向西辽派出使臣求救。菊儿汗派塔阳古率领一万军队救援，西部喀喇汗王朝苏丹·奥斯曼也率军参加。古尔王朝苏丹什哈布·丁听到消息后仓皇撤兵，在安都淮沙漠被西辽军队包围，双方展开激战。古尔军队有五万人死于战场，古尔苏丹逃脱，进入城堡。西辽军队又把城堡团团围困，经奥斯曼说和，古尔苏丹交出赎金，西辽军队释放了古尔苏丹。西辽军队虽然获得胜利，但是付出了很大的代价，对西辽并没有带来实际好处，相反却为花剌子模在呼罗珊的发展扫清了道路。

与此同时花剌子模也开始逐步兴起，显露出摆脱西辽统治，在中亚地区称霸的倾向。随着花剌子模国力的增强，摩诃末沙不甘心于自己的附庸地位，便停止了给西辽的年贡。耶律直鲁古派宰相马赫穆德三依督责贡赋。当时摩诃末正准备对钦察发动战争，既怕西辽大兴问罪之师，又不愿以藩属的身份接待使臣，便请母亲图儿罕可敦来处置。图儿罕可敦以尊崇的礼节接待西辽的使臣，缴纳了所欠的年贡，并派出几名贵族随马赫穆德三依朝见菊儿汗，表示迟纳年贡的歉意，保证今后恪守藩属的义务。但是，摩诃末沙征钦察胜利返回后，不仅停止了对西辽王朝的贡赋，而且开始征服整个河中地区。

1206 年，布哈拉爆发了桑贾尔领导的人民起义，摩诃末沙认为这是征服河中地区的大好时机，便率军进入河中地区，攻占布哈拉，镇压了人民起义。摩诃末同西部喀喇汗王朝的奥斯曼结成同盟，与西辽对抗，但被西辽打败。摩诃末沙退回花剌子模。奥斯曼转向西辽，并向菊儿汗的女儿求婚，但遭到拒绝，于是再转向花剌子模。

1210 年，摩诃末沙再次出兵，进入河中地，受到奥斯曼的热烈欢迎；但他们不再是平权的盟友，而是宗主与附庸的关系。摩诃末沙为动员广大穆斯林支持自己，煽起他们的宗教狂热，宣布对西辽进行"圣战"。他在怛逻斯附近打败西辽军队，并俘虏了其主帅塔阳古。从此摩诃末沙威名大震。

西辽在对付帝国西部的花剌子模国和西部喀喇汗王朝的叛离而失败的同时，西辽在各个属国的官员也日趋腐化。东部的高昌回鹘王国于 1209 年杀死西辽王朝的监督官投靠蒙古国，1211 年葛逻禄部首领阿儿斯兰汗也投奔成吉思汗。这样，西辽王朝只剩下东部喀喇汗王朝这一个附庸国。后来东部喀喇汗王朝也起兵造反，菊儿汗出兵镇压，并把喀喇汗王朝的穆罕默德俘虏，并将其囚禁于巴拉沙衮，才稳定住局势。但是这时西辽王朝直辖领地的情况也已与全盛之时不可同日而语。西辽王朝气数将尽，离灭亡已经不远了。

1208 年冬，屈出律只好去投奔西辽王朝的菊儿汗。屈出律到巴拉沙衮后，有一段时间为菊儿汗供职。当花剌子模的摩诃末沙起兵反对西辽时，东方的属国、属部也起来造反，西辽处境困难。这时屈出律提出让他去纠集乃蛮旧部，以强大西辽。耶律直鲁古接受了他的建议，赏赐他许多财宝，并封他为可汗。

铁木真在统一蒙古的过程中，曾消灭了一个大部族——乃蛮。乃蛮部灭亡后，乃蛮太阳汗的儿子屈出律（古出鲁克）逃到西域。铁木真曾派哲别去追杀，但却没成功，屈出律最后跑到西辽。当时西辽国王是古儿汗（菊儿汗，直鲁古汗），年事已高，且神志不清。由于屈出律善于阿谀奉承，老国王很快喜欢上了这个投奔者，并把一个女儿嫁给了他。屈出律却忘恩负义，为夺取西辽王位，谎称要收聚自己的残部以复兴乃蛮部。乃蛮部的散兵游勇因而不断汇集到西辽，屈出律的势力越来越大。他暗中联络花剌子模国王，要求帮他发动武装政变夺取西辽政权。这样，经过里应外合，屈出律一举夺得西辽的王位。这是宋宁宗嘉定四年（1211年）的事情。从历史学的角度说，政权从契丹人手里转到乃蛮人手里，西辽国实际上就已不存在了。

但掌权后的屈出律并未再建立新的国家，因而这里仍被后人称为西辽。宋宁宗嘉定十一年（1218年），成吉思汗派大将哲别率两万骑兵讨灭西辽。这不但是为了消灭旧敌屈出律，而且是为其西征扫除障碍，因而成为第一次西征的序幕。屈出律在巩固政权后，残忍的本性就暴露了出来，他开始进攻西辽原来的附属国，并对原西辽的臣民进行残酷压迫。西辽人大都信奉伊斯兰教，而屈出律信奉基督教，但他一个爱妃信奉佛教。这个妃子劝他皈依佛教，放弃基督教。于是屈出律下令，强迫人们放弃信奉伊斯兰教，而在另两种信仰中选择：要么信奉佛教，要么信奉基督教，并且必须改穿汉服，否则就被驱逐出境。这下就产生了宗教矛盾，广大民众被激怒了。

元太祖十年（1215年），成吉思汗攻占金朝中都（今北京）后，得知屈出律逃至西辽并篡位，蔑儿乞部也附属于他，目前他正在聚集兵力意图反攻复国。为解除后顾之忧，成吉思汗返回蒙古本土后，于十二年派哲别将军率两万骑兵西征屈出律，派长皇子术赤和速不台率兵两万消灭蔑儿乞部残部。

哲别率蒙古军攻入西辽后，便利用宗教信仰矛盾，向当地人声明，宗教信仰是自由的，宗教信仰应自己选择，尤其要保持自己祖先的宗教传统。同时宣布，蒙军到西辽只是为了抓获屈出律，决不与当地百姓为敌。结果深得人心，广大的伊斯兰教徒、原西辽的文臣武将，都拥护蒙军剿灭屈出律。哲别率领大军浩浩荡荡攻至柯散城 (苏联中亚塔什干东南)。这里的守将是原西辽国王古儿汗的部下，对屈出律早已恨之入骨，见蒙军到来，便下令开城投降。哲别率军顺利地进入西辽都城八刺沙衮 (吉尔吉斯共和国托克马克)。屈出律率众逃跑，蒙军则沿路追杀。沿途的穆斯林教徒自动组织起来，帮助蒙军追杀屈出律。屈出律如丧家之犬，落荒而逃，最后逃到一个叫撒里黑库尔的地方，仅剩下二十三个随从，他们在山谷里又迷了路，结果被当地猎人抓住，交给了蒙军。哲别下令割下屈出律的脑袋。至此，西辽基本上被征服了，蒙军因此打通了西征花刺子模的道路。

西征花刺子模

1210 年，摩诃末大胜西辽 (辽皇族耶律大石在新疆建立的国家) 王古出鲁克，想继续向东扩张。1215 年，摩诃末派遣以哈拉丁为首的使团来到中国，在中都附近觐见了成吉思汗，并且受到优厚礼遇。之后，成吉思汗派遣了回聘使团。1218 年，使臣到达花刺子模递交了成吉思汗致摩诃末的书信，信的大意是：吾人眼下有友邻之责，人类协调的途径应由双方遵循；友谊的责任应得到承担；吾人应有义务在不幸事故中相互支援和帮助；并且应使常行的和荒废的道路平安开放，让商人们可以安全无约束地来往，云云。

回聘使团还没回到京城，蒙古商队便到达了花刺子模边城讹答剌。守城的花刺子模将军亦难赤，眼红商队的大量财物，竟把商队作为间谍扣押。上报后，大汗摩诃末命令将商队人员全部处死，财货没收。仅有一名驼夫逃回报信给成吉思汗。

在得知消息后，成吉思汗在震怒之余不失冷静。一面派哲别将军追歼盘踞新疆的西辽王古出鲁克，以投石问路探测动静；一面又派以伊本·哈福剌只·布拉为首的使团出使花剌子模，据理责问摩诃末。摩诃末无以置答，竟又将三位使臣杀掉。

花剌子模诡答剌城的海儿汗杀死了蒙古汗国的 499 名和平商人，其国王摩诃末又武断地杀死了成吉思汗派去交涉的正使。

花剌子模大汗摩诃末一再挑衅，成吉思汗再无退路，亲率大军 20 万，与其会战。花剌子模在当时的中亚地区相当强大，他们的国王摩诃末苏丹，号称世界征服者。中东地区和相邻的欧洲诸国都十分惧怕他，连斡罗思的不少公国，也常常被他们袭扰，以致花剌子模的集市上常常有斡罗思人被拍卖。摩诃末不可一世、目空一切，他除了对母后有所忌惮之外，将西辽人、乃蛮人全不放在眼里。成吉思汗西来，摩诃末理屈心虚，唯一的对策就是寻神问卜，求签打卦。

蒙古铁骑兵

了解到花剌子模的兵力及国内情况后，为了这次出征，成吉思汗做了精心准备。蒙古对花剌子模的征讨，必须经过两国间的另一个大国——西辽。辽，是由契丹族建立的，长期与北宋对峙。后来女真族建立金国，联合宋朝共同抗辽。宋徽宗宣和七年（1125 年），辽国覆灭。在辽国灭亡的前一年，契丹贵族耶律大石看到了辽国大势已去，就带

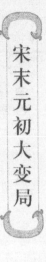
着自己的亲信部属向西迁移，另辟新地，重建辽国，史称西辽，亦称"哈剌契丹"或"黑契丹"。

西辽的疆域位于现在中国新疆和乌兹别克斯坦共和国东部一带，都城设在虎思斡耳朵（原苏联中亚托克马克以东楚河南岸）。耶律大石建西辽时，当地的部落比较零星、分散，因而西辽很快站稳脚跟并发展起来。再加上宋金连年征战，蒙古诸部内争不断，西辽国得以在这块比较偏僻的地方迅速强大起来。周围的小国，就连花剌子模也曾向其称臣纳贡。蒙古征伐西辽是利用其内部矛盾取得成功的。

西征出师之前，成吉思汗诸子之间发生了一场关于长子术赤的出身与汗位继承问题的争吵：术赤是不是成吉思汗的亲生骨肉，并非当时争论的焦点，关键的问题是究竟由谁继承汗位，他能否使自己的事业发扬光大，这才是成吉思汗考虑问题的出发点。在这场冲突中，成吉思汗确定三子窝阔台为汗位继承人，主要就是从政治稳定和个人才能方面考虑的。同时它说明当时蒙古汗位的继承还没有实行嫡长子继承制，而是保留了一些原始社会末期推举制的痕迹：从嫡子的"贤者"中选拔继位者，最后由库里台大会予以确认。正是这种汗位继承制度，导致了成吉思汗死后蒙古皇族的皇位之争。术赤是长子，当时关于此人是不是成吉思汗亲儿子的争论，在成吉思汗心理上留下了阴影，这个阴影一直伴随他走完自己的一生。察合台是孛儿帖生的二儿子，打起仗来不失为一个勇士，有不服输的性格。不过他生性鲁莽、好斗、残忍，成吉思汗知道他不是继承自己事业的材料。窝阔台是老三，论战功和勇敢他都不如两个哥哥。可是他比两个哥哥聪明，能体察成吉思汗的心思，为人也随和，从不参与兄弟之间的争斗，从不对继承汗位表现出任何热衷。正是这一点，使他得到了成吉思汗的信赖，并把汗位传给了他。

成吉思汗对花剌子模的进攻采取了"扫清边界，中间突破"的战略。花剌子模的新都撒马尔罕在不花剌以东，旧都玉龙杰赤在不花剌西北。国王驻新都，母后秃儿罕驻旧都。

成吉思汗首战的目标是攻取讹答剌等边界城市，同时亲率中军进攻不花剌，目的在于避实击虚，从中间突破，切断花剌子模新旧二都之间的联系，使其首尾不能相顾。

1219 年 9 月，成吉思汗大军进入花剌子模。至 1220 年 3 月，半年间攻克不花剌等八城。接着，蒙古军三路会师，三天攻下驻有 11 万重兵的国都撒马尔罕。1220 年年底，成吉思汗又相继攻克你沙不儿等十余座名城。从撒马尔罕到里海之滨，摩诃末在前面跑，蒙古军在后面追。摩诃末一路逃亡，居然一敌未遇，最后以一叶扁舟，划入里海中偏远的一个小岛，那里蒙古铁骑难以涉足，倒也安然无恙。怎奈天不佑，神不灵，惊吓之余，还是难免一命呜呼。贪了一个商队的便宜，触了天大的霉！凭其长子扎阑丁，摩诃末大汗算是得了一个善终。1222 年 11 月 20 日，扎阑丁驻军花剌子模东南部重镇哥疾宁，听说成吉思汗亲领大军扑来，便南撤印度河，被迫与穷追不舍的蒙古军又打了一场恶仗，人马几乎输光，孤身跃马印度河，逃入印度。摩诃末父子销声匿迹，花剌子模这个纵横中亚的汗国也从此消亡。

拔都进行西征

为了秉承成吉思汗开拓疆域的遗旨，彻底平定中亚，宋端平二年 (公元 1235 年)，窝阔台汗决定发动第二次西征。

经过以往的战争，蒙古军队已经积累了实施大规模远征作战的经验，组织指挥和管理水平有了很大提高。宋理宗端平二年 (公元 1235 年)，窝阔台下令全民动员，每十人调拨一人西征，形成了一支兵力达十余万人的庞大西征军。他把全部兵马分为四个军。第一军，由拔都率领。拔都是术赤的次子，因长子让位，术赤的封地由拔都继承。第二军，由不里率领。不里是察合台的长孙，因其父已死，所以他以长孙继袭父位。第三军，由贵由率领。贵由是窝阔台长子。第四军，由蒙哥率领。蒙哥是拖雷的长子。上述四支军队的司令官，分别是或被算作是成吉思汗四个儿子的长子，因而有人称这次西征是"长子西征"。拔都担任西征军总统帅。老将速不台为先锋，实际上是前敌总指挥。翌年春，各路新组建的军队向拔都统帅部报到。这年秋，速不台率领前卫部队首先抵达伏尔加河畔，负责掩护和警戒工作，而后各路西征军陆续到达伏尔加河东部草原地带集结，随时准备发动进攻。

蒙古先头部队，"逢山开路，遇水搭桥，并于一定距离之地，囤积粮草，沿途青草地，概经标定，以备大军到达时放牧。然后，满载战具及军需品之牛车，络绎跟进。同时又有大队中国技师，于管炮的炮队长统率之下，随后前进。""与武装部队同时前进者，尚有其他诸种勤务部队，有通译员担任各种繁杂言语之通译，有中医及蒙古医，有道路管理员。掌印办事之长官，不论职之文武大小，或路，或府，或州县官，皆为大汗制造占领地区之财产目录。蒙古军中，甚至于有一类军官执行军需品在各部队间调配之职务。在军队后方，有牧人及木工建造畜栏，和联络西方新占领地与本国牛马驿站的茅屋。""有若干妇女，乘坐于牛车，随军前进，在路上治理膳食，在四无市镇之西比尔荒原中为军队服务。在宿营地中，有时且有戏剧上演，以娱乐士兵。演者带假须，着古装，歌唱听者所熟悉之歌曲。"

公元 1236 年春，成吉思汗长子术赤长子拔都、次子察合台长子拜答儿、三子窝阔台长子贵由、四子拖雷长子蒙哥各统本王室军，万户以下各级那颜亦分遣长子从征，以拔都为统帅，速不台副之，共 15 万大军，自各地出发，秋季抵伏尔加河东岸集结。诸王商定后，各率本部兵前进。

速不台率先锋军取下不里阿耳 (今俄罗斯维亚特卡—波利亚纳东)。是年冬，蒙哥进征伏尔加河下游的钦察部，斡勒不儿里克部首领八赤蛮出没于密林，不时袭击蒙古军队。次年春，速不台自不里阿耳境移师南下，增援蒙哥。八赤蛮闻速不台至，大惧，逃入海中。蒙哥率军

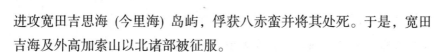

进攻宽田吉思海 (今里海) 岛屿，俘获八赤蛮并将其处死。于是，宽田吉海及外高加索山以北诸部被征服。

1237 年夏、秋，蒙古西征军在伏尔加河以东休养士马，决定征讨斡罗斯 (今俄罗斯欧洲北部的基洛夫州和鞑靼自治共和国以西地区和乌克兰、白俄罗斯)。十二月，拔都等诸王率军渡过伏尔加河，攻克烈也赞 (一作"也烈赞"，今莫斯科东南梁赞州里亚赞城)、科罗木纳 (今莫斯科东南科洛姆纳城) 诸城。次年二月，围攻斡罗斯弗拉基米尔大公国都城弗拉基米尔 (今俄罗斯莫斯科东北)。大公阔儿吉弃城逃跑，至昔迪河畔 (今伏尔加河上游) 等待基辅公国援军。蒙古军围攻五日，并强迫斡罗斯人参加攻城战，城破。拔都分军数路攻取弗拉基米尔城附近的罗斯托夫、莫斯科等十余城。三月，拔都派一军突然袭击昔迪河畔之大公军营，全歼其军，大公战死。蒙古军由此向基辅公国古都诺夫哥罗德 (今俄罗斯诺夫哥德州诺夫哥罗德城) 挺进，至城 20 里，忽改道南下向高加索北进军，蒙哥、贵由镇压阿速叛部，拔都经略伏尔加河以东诸地，并在钦察草原休养士马。

宋嘉熙二年 (1238 年) 年初，蒙古兵分四路，一个多月内连克科罗木纳、罗思托夫、莫斯科、速兹答勒等十余座城堡。二月，进围公国首府弗拉基米尔城，此时大公先已退守昔迪河，正在那里等待其弟乞瓦公和诺伏哥罗德公的援兵到来，由其子守卫城中。蒙古兵胁迫各地被俘的斡罗思人参加攻城，五天后，城被攻破；蒙古兵入城后大肆烧杀抢掠，并且烧死了避入教堂的大公家属和城中显贵。三月，拔都派遣一支军队进攻昔迪河畔的大公军营，将其一举歼灭，大公战死。蒙古军自此向诺伏哥罗德进军，由于前面沼泽、森林密布，行进困难，便旋即退兵南下，抄掠契克尼果夫、斯摩棱斯克等地。科泽里思哥城军民坚守城池达两月之久，顽强抵抗，并杀了五千名蒙古兵。后来城被攻破，拔都军血洗此城。

公元 1239 年，曾遣兵入斡罗思抢掠。大敌当前，斡罗思王公们却依然在争权夺利，不能共同对付敌人。弗拉基米尔大公一门被全部杀害后，其弟乞瓦王雅罗思老赶赴弗拉基米尔，宣布继承兄位，把其兄

地盘兼并，而契尔尼果夫王米海勒亦乘机占领乞瓦。公元 1239 年冬，蒙古大军从亦的勒河出发，向斡罗思南部长驱直入，攻破别列雅思老勒、契尔尼果夫二城。蒙古军在此次作战中动用了巨型抛石机，用于抛击的石头非常大，至少必须四人才能抬动。蒙古军进围乞瓦，遣使谕降，乞瓦城人将使者杀害。米海勒非常害怕，逃往孛烈儿 (今波兰)，伽里赤王丹尼勒到达乞瓦，命其部将德米特尔守城。公元 1240 年秋，拔都亲统大军至，于是诸路军马共同围攻乞瓦。乞瓦城三百年来一直是斡罗思的国都，城墙高耸，而且坚固异常，德米特尔率军民顽强守御。拔都下令四周架炮，昼夜不停地猛烈攻城。十一月十九日，一处城墙被打塌，蒙军蜂拥而入，纵兵杀掠。德米特尔受伤被俘，拔都非常欣赏他的英勇，没有杀他。攻取乞瓦后，蒙古军继续西进，进入伽里赤国，向其都城弗拉基米尔—沃伦和境内其他城市发动进攻，伽里赤国王丹尼勒逃入马札儿。征服斡罗思后，蒙兵便向马札儿和孛烈儿进军。

当时孛烈儿国已分裂为若干小国，国王博列思老都于克剌可夫，只能管辖其直属之地，其余封国都拥兵自重，各自为政，不听他的号令。这无疑给蒙古军带来进攻的良机。宋淳祐元年 (1241 年) 春，蒙古军兵分两路，一路由兀良合台、拜答儿等率领侵入孛烈儿，一路由拔都兄弟、速不台等率领侵入马札儿。二月，蒙古军渡过维思秃剌河，攻破散多米儿城，一直打到克剌可夫的城郊，掠夺大量财物后退兵。不久，再次进入其境；三月孛烈儿军被击败，博列思老举家逃到莫剌维亚，克剌可夫居民亦纷纷弃城逃跑。蒙古军放火烧毁了克剌可夫，然后进入昔烈西亚，乘木筏渡过奥得河，攻其都城弗洛茨拉夫。昔烈

人骑图

西亚侯亨利先已退至屯里格尼志城，集结了三万孛烈儿军、日耳曼十字军与条顿骑士，准备迎战蒙古军。蒙古军遂放弃弗洛茨拉夫，进至里格尼志附近。四月九日，亨利亲自出战，不幸大败，自己也死于敌军之中。获胜后的蒙古军继续南下攻入莫刺维亚境，波希米亚王遣其骁将雅罗思老来援，坚守斡勒木志城，蒙军始终未能攻破，于是对附近地区进行焚掠，然后向马札儿进军，与拔都会合。

拔都、速不台所率中路军分二路向匈牙利进攻。国王贝拉四世仅派少数军队扼守喀尔巴阡山诸隘口，伐木塞道。三月十二日，蒙古军奇袭喀尔巴阡山诸隘口，至十五日将其全部攻破。拔都率军向帛思忒城进攻，所过之处尽皆焚毁。贝拉四世闻讯，自佩斯至帛思忒城，集结十万大军守城。蒙古军抵城下，久攻不破。匈牙利军坚守不出。拔都率军引退。贝拉四世出城追击，至赛约河 (一作撒岳河，今匈牙利东部蒂萨河) 河西 (今索尔诺克) 驻营，遣兵一千人守桥，以防蒙古军进攻。蒙古军退至匈牙利军不防之处、河东之沼泽地下营，夜分二路进攻：一路由拔都率领，遣兵夺桥，置炮攻击，失利；一路由速不台率领，从河下游结筏潜渡，迂回匈军侧后。拔都猛攻守桥军，夺取桥梁。黎明时，两路军四面围攻匈军营地，发起突然袭击。匈军突围，拔都放西面一条路，匈军向西逃窜，蒙古军三面伏击，尽歼其军 (参见赛约河之战)。贝拉四世逃入奥地利。蒙古军进抵佩斯城，攻破其城。此役，蒙古军亦损失惨重。夏、秋，全军在佩斯城附近的诺伊施达城，遇奥地利、波西米亚两公国的反击，旋即退走。十二月，多瑙河封冻后，进攻匈牙利古都格兰城。该城处多瑙河畔，绕以深壕，城有戍楼。蒙古军抵城下，置炮三十门攻城，并驱俘虏填壕，进攻甚急。城内之法、德等国商人，尽焚其财帛。蒙古军破城后，将城焚毁。拔都遣合丹统军往追贝拉。贝拉闻蒙古军追至，避入亚得里亚海岸边的岛上。合丹至海边，掠斯帕剌托、卡塔罗二城。元乃马真后元年 (1242 年) 初，窝阔台死讯传至，拔都召回合丹。合丹经塞尔维亚，与拔都会合。三月，拔都率军东还。

蒙古军在征服欧洲诸国的战争中，军力削弱，已无力继续维持欧洲战事。窝阔台死后，成吉思汗诸子孙关注汗位继承人。蒙、宋战争还在继续。因上述诸原因，使蒙古统治集团无暇顾及欧洲战争。拔都率军经瓦剌吉亚 (今罗马尼亚西部克里瓦纳)、摩尔达维亚 (今摩尔达瓦)，于乃马真后二年初到达伏尔加河下游拔都营地。拔都留镇钦察。其他诸王将帅率军东还。此战争，为金帐汗国的建立奠定了基础。公元 1243 年，为了统治占领的地域，拔都在亦的勒河下游的东岸，建金帐汗国，都萨莱城 (今俄罗斯伏尔加河下游之萨拉托夫)，统治斡罗斯达二百余年。

蒙古灭亡西夏

1038 年至 1227 年间，在中国的西北部，有一个与宋、辽（金）三足鼎立的少数民族王国——大夏封建王朝，又称"大白高国"、"白高大夏国"。因其疆域主要包括今陕西、甘肃、宁夏、青海、新疆的部分地区，地处我国西北部，所以，历史上称之为"西夏"。

西夏是公元 11 世纪至 13 世纪，以古代羌族的一支党项族为主体，包括部分汉族和其他少数民族建立起来的少数民族封建割据政权。如果从公元 881 年拓跋思恭在今陕西北部建立夏州政权算起，至 1227 年被成吉思汗灭亡为止，西夏王国曾有 347 年的悠久历史。

13 世纪初，蒙古部乞颜酋长铁木真（也就是后来的成吉思汗）以杰出的军事才能，击败了西起阿尔泰山，东至兴安岭，南起阴山北麓，北至贝加尔湖的漠北草原各游牧部落，于 1206 年创建了蒙古汗国，结束了漠北数百年的分裂历史。

公元 1205 年，成吉思汗第一次率军进攻西夏，并且连续攻克力吉

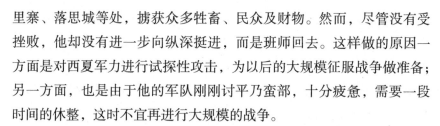

里寨、落思城等处，掳获众多牲畜、民众及财物。然而，尽管没有受挫败，他却没有进一步向纵深挺进，而是班师回去。这样做的原因一方面是对西夏军力进行试探性攻击，为以后的大规模征服战争做准备；另一方面，也是由于他的军队刚刚讨平乃蛮部，十分疲惫，需要一段时间的休整，这时不宜再进行大规模的战争。

1207 年，成吉思汗第二次出兵西夏，攻克兀刺海城，在夏境掳掠数月，因粮草不济而退兵。到成吉思汗四年 (1209 年)，成吉思汗第二次对西夏发动了大规模的进攻。蒙古军首先大败西夏军于河西，进而攻打兀刺海城，西夏国王李安全 (襄宗) 派太子率西夏军主力迎战，也被击败。西夏军大将高逸及太傅鲜卑讹答被俘虏，蒙古军前锋直指西夏都城中兴府 (今宁夏银川市)。蒙、西夏两军再次于此展开激战，历时两个多月。蒙古军虽又擒获西夏大将嵬名令公 (此处"令公"非其名，而是一种尊称，其名已佚)，但由于中兴城非常坚固，迟迟没能攻下。蒙古军于是引黄河之水灌城，后不慎使河水倒灌，蒙古军反而被淹。成吉思汗见长期相持下去对己不利，只得暂时撤军。在临撤前他派使者进城，劝夏主脱离对金朝的附属归降于他，如答应条件，蒙古军将不再进攻西夏。李安全虽不肯轻易投降，但苦于蒙古几番征伐使国力大损，现在终于有了喘息之机，就同意送爱女察合公主给成吉思汗做妾，并答应每年向蒙古纳贡。成吉思汗得到西夏国奉送的宝物和夏主的女儿后，率领部队回去了。

这次征夏双方打成平手，又导致了一次西夏国君易位。蒙军攻中兴府时，李安全曾求援于金国。而当时金章宗已死，刚继位的卫绍王永济，拒绝联夏抗蒙的主张，拒绝向西夏发兵。战后，李安全赔了公主又折兵失地，威信扫地，于宋宁宗嘉定四年 (1211 年) 被废而死。宗室李遵顼继位，称为夏神宗。他一上来就改变了联金抗蒙路线，极力主张联蒙抗金。此举促成了西夏和蒙古修好十年，也使成吉思汗可以集中兵力转向与金国作战。

成吉思汗达到了他的第一步目的。他不但获得了大量的战利品，在经济上得到了很大的补充，又可以利用西夏来夹攻金朝。

　　蒙古军退后不久，西夏统治集团内部为争夺权位发生了政变。宋嘉定四年 (1211 年)，襄宗被废，其子承桢也没能继承父位，宗室齐王李遵顼被立为帝，称为夏神宗。蒙古的南侵使西夏与金国的一些人认识到唇亡齿寒的道理，提出两国间必须互相救援。但两国统治者都目光短浅，想乘人之危为己谋利，夏金关系不但没有改善，反而更加恶化。公元 1209 年西夏都城被蒙古包围时，西夏曾派使者向金请求援兵，金卫绍王竟说："敌人相互攻击，是我们的福气。"金不肯救援。蒙古军撤退后，西夏即派兵进攻金葭州 (今陕西佳县)，作为对金的报复。宋嘉定四年 (1211 年) 冬天，刚即位的遵顼得知金军在举河堡被蒙军大败，就派兵侵扰金国的泾、邠二州，并围攻平凉府。此后在金与蒙古交战时，西夏又多次袭击金境，金朝也时时对西夏进行报复。

　　宋嘉定九年 (1216 年)，一支蒙古军经西夏国境进攻金国的关、陕地区，西夏出兵配合蒙古，攻下潼关。次年，蒙古征调西夏兵攻金，结果金人大胜，西夏兵则惨败。自降蒙以来，西夏虽凭借蒙古的势力多次掳掠金国，但金人抗蒙不足，打西夏则绰绰有余，所以西夏获利很少。而役属蒙古以后，蒙古向西夏索要的贡品越来越多，使西夏疲于应付，于是西夏朝内许多人对这种政策怀疑和不满起来，西夏与蒙古的间隙也越来越大了。

　　公元 1217 年 12 月、1224 年 9 月，成吉思汗又两次调集兵力伐夏，西夏两位国主遵顼、德旺虽调兵遣将拼死抵抗，皆因军事实力过于悬殊而屡战屡败，以请降遣人质作为条件，换取蒙古军退兵。公元 1226 年，成吉思汗西征胜利后，借口西夏迟迟不纳人质，以六十五岁高龄亲率大军第六次攻打西夏。在抢占黄河九渡、攻克应理城后，兵分两路向西夏都城挺进。11 月，成吉思汗亲率大军围攻灵州，夏末主派遣大将嵬名令公率十万大军紧急赴援，途中被蒙古军队击败。已废太子德任率领固守灵州西夏兵与蒙古军队进行死战，战斗激烈的程度为蒙夏作战以来所少见。最后因西夏兵伤亡惨重而失败，灵州失陷。成吉思汗对西夏军民的拼死抵抗十分恼火，于 12 月命令蒙古军队攻克盐州，并派兵四处搜索，烧杀抢掠，西夏民"免者百无一二，白骨蔽

野"。西夏江山岌岌可危。

经过一年多的征杀，西夏国元气大伤，土地荒芜，人口减少，国土已大部分丧失，只剩下一个孤零零的中兴府。宋理宗宝庆三年、西夏末主宝义二年 (1227 年) 春，成吉思汗命大将阿术鲁等领兵围攻中兴府，自己率大军向金进攻，攻下积石州等地，后由隆德县移至六盘山驻夏。六月，成吉思汗进至清水县。这期间，他派使者往中兴府，谕降夏主。夏主迫于国势衰微，不得不投降。他派使者去见成吉思汗，请求以一个月为期，把城中居民迁出，并准备给蒙古国的献礼。成吉思汗答应了这个请求。

此时的成吉思汗已病魔缠身，自知命已不长，便把几个儿子召到身边说："我寿已将终，依赖上天之助，终于建立大蒙古国。我为你们创下了大汗基业，你们只有齐心协力才能保证国家安定。大位必有人继承，我死后应奉窝阔台为主。"七月，成吉思汗在六盘山区的清水（今甘肃清水县）西江得重病，病中立下遗嘱：死后暂秘不发丧，待夏主献城投降时，将他与中兴府内所有兵民统统杀掉。不久，末主率李仲谔、嵬名令公等投降蒙古。蒙军带着末主及几位夏将行至萨里川时，一代天骄成吉思汗病亡。为了防止夏主生变，蒙古军队遵照成吉思汗遗嘱，将夏末主等杀死，并一举荡平中兴府。至此，建国 189 年的西夏王朝终被成吉思汗灭亡。

蒙军入侵西夏

　　成吉思汗还嘱咐道："今后应先联合宋朝消灭金朝，然后再兴兵灭宋，决不可同时对金宋用兵。宋理宗宝庆三年 (1227 年) 八月二十五日，成吉思汗结束了金戈铁马、轰轰烈烈的一生，病死于清水县，终年六十六岁。

蒙古灭亡金朝

　　建立金朝的女真族，原是东北地区的一支少数民族。初崛起时，军力虽不强盛，却凶悍善战，迅速推翻了辽朝；随后便立即南下侵宋，掳走徽、钦二帝，逼宋皇室南迁，使两国以淮河为界。经过百年经营，金国兵力由侵宋时的六万发展到百万，人口增加到四千四百七十多万人。其军事战略方针一直是北守南攻。在北部边境上，从兴安岭至阴山北修筑了外长城。在燕山则筑有中京内堡长城，形成古北口、喜峰口、界岭口各关隘，并在居庸、太行山建有长城，设有居庸关、雁门关、娘子关等关口，以抗御北方的骑兵入侵。在南方则没有布防。

　　金朝以各长城为内郭，设五京，即：中京析津府（亦称中都，今北京市），为第一国都；东京辽阳府（今辽宁省辽阳县），为第二国都；南京开封府（今河南开封市），为第三国都，是金末的统治重心；西京大同府（今山西大同市），为第四国都；北京大定府（内蒙古宁城县西北大明城），为第五国都。

　　到蒙古南下伐金前，金朝已从鼎盛走向衰落，此时的它危机四伏，外强而中干。

　　铁木真称汗之前，蒙古部族长期受金朝的压迫和剥夺。蒙古的俺巴孩等首领，曾被金人钉死在木驴上。从此矛盾更为尖锐，结下世仇。

铁木真在统一蒙古草原的争斗中，出于策略上的考虑，先依附金朝讨灭了塔塔儿部，并接受金朝的封号札兀惕忽里（统领数部的首领），并向金朝纳贡。蒙古伐金，既有反抗民族压迫的一面，也有民族复仇的一面，但根本的还是成吉思汗不满足于只做草原王，而是要做中原的王，做整个中国的皇帝。成吉思汗立国之后，为获得金朝的承认，曾到净州向金朝进贡。金章宗派遣武定军节度使卫王永济前去接受贡奉。成吉思汗见永济不为礼（《元史太祖纪》），以显示作为独立国家的地位。但金朝仍把蒙古看成自己的附属部族，不承认蒙古的独立。这次会晤以破裂告终。宋宁宗嘉定元年（1208 年），金章宗病死，卫王永济继位。第二年，新皇帝派使臣赴蒙古，要成吉思汗跪拜接旨。成吉思汗却把那位昏庸无能的新皇帝痛骂了一顿，让金国使者羞辱回朝。从此，蒙金关系彻底破裂，掀开了蒙金逐鹿中原的历史。

宋宁宗嘉定四年、金卫绍王大安三年（1211 年）二月，成吉思汗在克鲁伦河畔聚军誓师，揭开了七年侵金战争的序幕。金军在北线可调动的兵力为四十至五十万。蒙军的兵力，依据当时编有九十五个千户推算，约为十万人，加上藩属诸部的杂牌部队，最多不超出二十万，参加出征作战的，当在十万之众。

蒙古军出征后，首先越过大沙漠进入汪古部驻地。汪古部本来依附金朝，一直替金镇守外长城的净州界壕，后来投靠了成吉思汗。蒙古建国时，汪古部长被封为第八十八功臣，命他率五个千户。可是这个情况，多年来竟不被金朝所知。这样，越长城南下的通道就为成吉思汗洞开。大军长驱直入，三月即进至金抚州以北边堡乌沙堡（今内蒙古兴和县西北一带）。乌沙堡是金军为阻击突破长城的敌军所修筑的屯兵堡垒。堡垒以暗道相连，通向作为补充支援基地的乌月营，形成防御阵线。自三月至七月，蒙军经苦战攻克乌沙堡和乌月营。金军节节败退。蒙军分两路推进。成吉思汗亲率一路，相继攻克昌州、桓州、抚州；窝阔台等率另一路，连克武州、宣州、宁州诸城。

金廷在蒙军的滚滚铁骑攻击下，孤注一掷，将主力集中于野狐岭（今河北张家口市西北）一带，与蒙军决战。金军的数量，以集结于野狐岭和后续增援军队计，一说是三十万，一说是四十万，一说是五十万，总之是数倍于蒙军。

接到金军重兵集结的消息时，蒙军正在煮食开伙，成吉思汗急令部队倒尽锅中食物，跨马开拔，迅速抢占了野狐岭北面的山口。交战后，金军十分顽强，且兵力占优势，使蒙军受到很大损失。危急关头，大将木华黎号令所属，彼众我寡，不拼死力战，不能克也。成吉思汗命他带领冲锋突击队，率先冲入敌阵，大军随后全力压上。金军一时混乱，而蒙军却杀声震天，来往冲杀，越战越勇。这一阵拼杀，十分惨烈，双方伤亡都很大。但蒙军士气高昂，十分凶悍，终于将金军击溃。

金军溃逃，蒙军追杀，一直追到会河堡。蒙军在这里又同来援的金军大战一场，结果将溃军、援军一举全歼，金领军主帅完颜胡沙只身单骑逃入宣德（河北宣化）。这一仗，金军北线精锐之师尽被歼灭。当年金军曾以六万人马战败北宋数十万大军；而在蒙军的铁马雄师面前，纵有数倍之兵力优势，却威风尽扫，一败涂地。此役后，金朝亡可立待。在突破居庸关，以及接下来的乌沙堡、野狐岭、会河堡大战后，蒙军于当年年底长驱直入，越居庸关，逼近中都城下。金主卫绍王惊恐万状，准备离城南迁。由于城防坚固，守军力战，使攻城的蒙军损失不小，领军哲别只得放弃攻城。

金主这才定下心来。成吉思汗命哲别移师攻击东京。哲别对东京先是佯攻，而后撤出五百余里，做出放弃攻坚的样子。金军以为蒙军真的撤走，放松了戒备。谁知哲别率军突然返回，每个将士都带两匹快马，一昼夜便杀回城下，打了金军一个猝不及防，很快攻克东京。与此同时，成吉思汗分兵攻掠金朝各地，德兴府、弘州、昌平、怀来、缙山、丰润、海云、抚宁、集宁，东过平、滦，南至清仓，由临潢过辽河，西南至忻、代，皆被蒙军攻克。但蒙军克城而不守，只是抢掠财物。各被掠占之地，待蒙军撤走后又被金军复得。

宋宁宗嘉定六年、金卫绍王至宁元年（1213年）七月，成吉思汗再度率大军伐金。蒙军攻下宣德、德兴等州，在怀来（今河北怀来县），与金左丞相完颜纲、元帅右临军术虎高琪所率军队大战。金军战败，蒙军一路追至北口。天险居庸关，分南北二门口。北门称为北口，即今居庸关；南门称南口。两门相距四十里，其间两山夹峙，中有深涧，称为绝险。居庸关曾于两年前被蒙军一度攻克。此后，金军加强了守备，屯驻重兵，在关口铸铁为门，并在居庸关外百余里布设铁蒺藜。成吉思汗知强攻不是上策，派客台、薄察二将留在北口外，佯作攻击，自己亲率主力沿桑干河西行，绕道迂回，南入紫荆关。金军得知蒙军的迂回动作，派大将奥敦急驰阻击。但奥敦慢了一步，等他赶到紫荆关时，成吉思汗已越关而入，并派哲别、速不台领军突袭攻克居庸关南口。成吉思汗率军与留下的客台、薄察会师。金守关大将投降，献出居庸关北口。

蒙军二破居庸关，再次逼近中都，促使金朝内部矛盾进一步激化。当年八月，胡沙虎发动政变，自称监国都元帅，率兵入皇宫逼卫绍王永济退位。九月，立完颜珣为帝（金宣宗），杀死了卫绍王。十月，胡沙虎又被术虎高琪所杀。在蒙军面前屡战屡败的金朝将领，此时却在朝廷内大动干戈，使金朝政局愈加动荡。成吉思汗留下部分兵力围困中都，将大军分成三路，在黄河以北的金朝国土上，进行了一场大规模的扫荡战。铁骑横扫今河北、山西、山东三省方圆数千里内的几乎所有郡、县。翌年春，各路扫荡大军会师中都城下。成吉思汗手下诸将都要求乘胜破城。但成吉思汗认为灭亡金朝时机还未完全成熟，攻城必然伤亡重大。他派使者进中都城议和。金宣宗本已无心再战，很快答应了议和条件。三月，派完颜承晖为使者，奉卫绍王女岐国公主及金帛、童男女五百、马三千以献（《元史·太祖纪》）。

完颜承晖带着贡奉送成吉思汗出居庸关。蒙古人得到大批绸缎、牛羊马畜和丰厚的财物，返回了大草原。

金宣宗被强勇善战的蒙古军吓得魂飞魄散，蒙军一撤走，便要迁都南下。

左丞相徒单镒又一次进言道，聚兵积粟、固守京师是上策；退守辽东、以为后图是中策；迁都于四面受兵的南京实为下策（《金史徒单镒传》)。同卫绍王一样，金宣宗没有听进徒单镒的建议，执意迁都。他留下太子完颜守忠驻守中都，自己率六宫出城，逃之夭夭。成吉思汗得知金室南迁，认为金讲和原是骗局，大怒而发兵。

宋宁宗嘉定八年、金宣宗贞祐三年（1215年）春，蒙将石抹明等攻取通州，再次兵临中都城。二月，木华黎率军入辽东，攻打金朝的北京。金守将奥屯襄，率二十万大军出城迎战，与木华黎交战于北郊。结果金军大败，被斩首八万多。这是蒙古军歼灭战的空前战果。金军惨败后，推寅答虎为主帅。

这位主帅知道战不能胜，干脆献城投降。东北金军对中都的支援被切断。此时，许多郡、县守土将领纷纷向蒙军投降，中都已成一座孤城。金宣宗为鼓舞士气，对中都军民颁发一份诏书，要守城将士思惟报国，靡有贰心。并调集粮食，发兵一万赶往救援。但运粮军一支在霸州青戈一带被蒙军骑兵截击，一千多辆粮车被夺，背粮的部队被赶杀；另一支运粮军也在涿州以北被蒙军击溃。中都援绝粮尽，内外不通，城中出现人吃人的惨况，已成一座死城，守将弃城逃奔。蒙军兵不血刃开进城中。中都陷落后，蒙军挥师南下，相继攻下八百六十二座金室城邑，黄河以北尽为蒙古之天下。

宋嘉定十年（1217年）秋，成吉思汗封木华黎为太师、国王，赐九尾白旗，使承制行事；命统札剌亦儿、亦气列思、弘吉剌、忙兀、兀鲁汪古诸部军以及归降的女真、契丹、汉诸军，专门征讨金。成吉思汗对木华黎说："太行山以北，我自己经略；太行山以南，你自去努力。"将攻取中原的大权全部交给了他。

木华黎虽大权尽握，但所率军队却是一支偏师。其组成大致是：一万名汪古部骑兵，一万二千名蒙古探马赤军，加上归附的契丹军、女真、汉诸军以及汉族的几支地主武装，兵马不过十万。要经营黄河以北广大地区，对付金朝尚存的几十万军队，木华黎的力量显得薄弱了许多。对金朝来说，这正是重整河山、收复失地的大好时机。但昏庸苟且的金宣宗，竟把金军主力调去南下侵宋，贪图小利，在大局上又输一着。直到金哀宗继位才改变南侵攻宋的方针，然而这已是七年以后的事情，争取战略转折的时机已不可复得。

　　木华黎按照成吉思汗的部署，召集豪杰，勘定未下城邑，建行省于云、燕，以图中原。他改变了蒙古以往秋来春去、掠城不守的作战方针，注意占领城邑，招募汉族地主武装和官员，安定百姓，将作战指导转为夺地安民，长久经营，以图入主中原。在这个阶段所进行的蒙金战争，出面交战的很多都是依附双方的汉族地主武装，而蒙金皆成为背后的驾驭者。宋宁宗嘉定十一年、金宣宗兴定二年（1218年）秋，木华黎自西京攻占太原、平阳等地以及忻、代诸州，先定山西，次定河北。嘉定十三年、兴定四年（1220年）进军山东，在黄陵冈击溃金军二十万。

　　公元1221年秋，由木华黎率领的蒙古主力军和史天祥、石天应等汉军攻山西、陕西，由东胜渡过黄河，征召西夏兵从战，攻下葭州，派石天应守卫；但是在攻延安时进军受阻挠，没有取得成功，遂转而破绥德、坊等州，从丹州（今陕西宜川）东渡黄河，夺取隰州。公元1222年，蒙古军又夺回平阳、太原等地，并派遣官员守卫这些地方。这年冬，木华黎率大军渡河向西，攻下同州（今陕西大荔）、蒲城，径直向长安进发。金京兆行省完颜合达顽强抵抗，蒙古军不能攻下，于是向西攻打凤翔，再召西夏兵助战。凤翔军民英勇抵抗，木华黎虽围攻一个多月，想尽各种方法，但是终没有能攻下，这时西夏军队又离去，只得引兵退还。木华黎于公元1223年3月病卒于军中，是年五十四岁。

　　不久，金宣宗也病亡，金哀宗完颜守绪继位。此后金朝加强了对蒙军的作战，依附金朝的汉族地主武装一度活跃起来，金军陆续收复一些失地。木华黎的儿子孛鲁继承了父亲的遗志，他率军击退了金军在河北地区的反攻，旋即转战山东，于宋理宗宝庆二年、金哀宗正大三年（1226年）完成了对山东全境的占领。这年蒙古灭西夏，金国朝野震惊。降蒙的地主武装乘势反攻，而附金的地主武装则分崩离析。木华黎制定的夺地安民、为经久之计的方针，在这种有利条件下得以顺利实施，为蒙古最后灭金奠定了基础。

成吉思汗病逝前，至死不忘讨灭金朝。在他临终遗嘱中，专门交代了灭金的战略方针：金精兵在潼关，南据连山，北限大河，难以遽破。若假道于宋，金世仇，必能许我，则下兵唐、邓，直捣大梁。金急，必征兵潼关。然以数万之众，千里赴援，人马疲敝，虽至弗能战，破之必矣。

成吉思汗死后，窝阔台继大汗位，史称元太宗。宋理宗绍定三年、金哀宗正大七年（1230 年）夏，窝阔台领军出征。拖雷率先锋军首先渡过黄河，袭取韩城（今陕西今县）等地，向凤翔挺进。年底，窝阔台命原在陕西作战的蒙军，袭取潼关，攻克蓝田关，以策应主力大军进攻晋南。窝阔台则亲率主力越过阴山，由山西东北角入晋。金廷急忙调兵遣将，在秦陇方向的京兆、凤翔、庆阳、平凉等州府要地加强了防御力量。翌年春，拖雷率军围困了凤翔。金廷和军中将领对如何解凤翔之围议而不决，当他们还没有在作战上达成一致意见的时候，凤翔已被蒙军攻克。凤翔失守，金军军心进一步动摇，平凉府、庆阳府等都向蒙军投降。

宋绍定四年（1231 年）夏，窝阔台避暑于官山九十九泉（今内蒙古卓资北灰腾梁），召集诸侯王聚会，讨论进攻金朝的策略。当时，金派重兵把守潼关，不易攻破，猛将速不台在此接连遭到挫折；黄河一线守备也很严密，史天泽曾率军进攻屯于北岸卫州的武仙军，但未能得胜。蒙古军一度受挫。窝阔台采纳拖雷的意见，决定分兵三路进攻：窝阔台自统中军渡河，由洛阳进发；斡赤斤率领左军由济南进发；拖雷统领右军，由宝鸡南下，通过宋境，沿汉水到达唐、邓，以形成包抄汴京之势，并约好第二年在汴京会师。

同年秋天，窝阔台率军围攻河中府城（在今山西永济西），金兵拼命抵抗，窝阔台花了两个月才好不容易将其攻克。于是由白坡渡河，进屯郑州。金卫州节度使弃城逃到汴京，蒙军因此瓦解了金军黄河一线的防御。

金廷派元帅王敢领一万兵马驰往救援。蒙军经多年攻城作战，已积累了相当的经验，为减少强攻的伤亡，他们更多地采取了扫清外围的策略，不求速胜，长期围困，以压迫守军自行瓦解。金朝的一万援军被蒙军阻击，河中府孤立无援，终在十二月沦陷。

拖雷出宝鸡，遣搠不罕为使臣到宋请求借道，但却被宋守边将领杀害。于是拖雷提兵攻破大散关，攻入汉中，破凤州、西和 (今甘肃西和)、沔州 (今四川阆中)，大肆掠夺后返回。蒙古军进而从金州 (今陕西安康) 东下，取均州、房州，渡过汉水，进入邓州境内。早在一个月前，蒙军由金州东下的消息已被金军得知，金军急忙调完颜合达、移剌蒲阿军自阌乡驰援守卫邓州，合达等以二十万大军据险在邓州西禹山设下埋伏，小胜蒙古军，即以大捷向金帝奏报。

拖雷仅有不足四万兵力，遂避开金兵主力，率领轻骑直奔汴京。合达知道后，率军尾追不舍，路上会合杨沃衍、武仙军，继续北进，入援汴京。拖雷出动骑兵沿途不断袭击，弄得金军疲惫不堪。

宋绍定五年 (1232 年) 春，金军进至钧州 (今河南禹县) 南三峰山，拖雷集中精骑进行阻截。当时正下大雪，金朝军士身披甲胄僵立于雪中，枪矛都已冻结，有的士兵接连三天没有吃饭，精疲力竭。蒙古军乘此良机，猛攻金军，金军大败，武仙逃跑，移剌蒲阿被俘，杨沃衍、完颜合达逃到钧州。蒙古军进攻钧州。杨沃衍自杀，完颜合达在城破时被杀。

三峰山一战，金军几乎丧失了其全部精锐，潼关守将献关投降，蒙军继续攻陷河南十余州。不久，窝阔台、拖雷北还，留下速不台攻打汴京。金哀宗及其军政大臣惊慌失措，决定向蒙古求和，而汴京军民则顽强抵抗，用飞火枪、震天雷等火药武器回击攻城的蒙古军，中炮死者极多，速不台只得引军暂退。这时周围州县的难民纷纷逃入汴京，汴京城中人满为患，导致瘟疫流行，死者达九十余万人。同年秋，蒙古派遣唐庆等入城胁迫金朝投降，被金将士所杀，议和不成。蒙古军在中牟击溃入援的金军，汴京至此粮草断绝，有的居民竟食人肉。宋绍定六年 (1233 年) 初，金哀宗带着一部分臣僚和军队出奔逃至归德 (今河南商丘)，撒吉思卜华率蒙古军追击包围，攻了四个月仍没能攻下。金将官奴夜袭蒙古军营，全歼撒吉思卜华军。金哀宗出逃不久，速不台进围汴京，金西面元帅崔立杀死留守完颜奴申等，献城投降。

当时，虽然金朝的灭亡已成定局，但河南许多州县还在坚守抵抗，蒙古军攻中京（洛阳）、归德等城都未能攻下。自三峰山败后，武仙又收集起十万溃军，驻扎于唐、邓山中。由于长久作战，蒙古军力大为减弱，将卒病者又颇多；再加上战争严重破坏了河南的农业生产，蒙军得粮也很困难。蒙古统治者看到，单凭自己的力量，很难消灭金朝。因此，在宋绍定五年（1232年）年底，蒙古派王楫出使南宋，建议联合灭金。宋京湖制置使史嵩之遣邹伸之往报，约定共同灭金后，将河南之地归还宋朝。宋绍定六年（1233年）夏，武仙进犯光化，宋襄阳守将孟珙击败武仙军，进入金境，金邓州节度使等献城降宋。秋，孟珙再次出兵击溃武仙，武仙北奔山西，被杀。

宋绍定六年（1233年）夏，金哀宗从归德迁到蔡州（今河南汝南），都元帅塔察儿率蒙古军及史天泽部汉军进行包围，再遣王楫请南宋出兵共同攻打蔡州。八月，孟珙从襄阳提兵北上，攻下唐州。金哀宗派使臣到南宋乞求粮草，并希望联合南宋攻蒙，遭到南宋拒绝。十一月，孟珙率二万宋军、三十万石粮至蔡州，遂与蒙古军一起攻城。宋端平元年（1234年）春，蒙古军攻破西城，宋军攻破南城。金哀宗在绝望中嘱咐身边的随从：我死了以后，焚烧掉我的尸体。说完以后就上吊自尽。至此，金朝宣告灭亡，共立国119年。

忽必烈灭大理

大理国，晋高祖天福二年 (937 年)，白蛮 (今白族) 段氏兴起，辖今云南全境及四川西南部。段思平团结白蛮、乌蛮各部力量，驱走了杨氏，取得政权，建都大理 (今云南大理)，大理国从此建国。大理国疆域的实际范围包括今云南全省、贵州、广西西部和四川南部以及泰国、缅甸、老挝的一部分。主要民族是乌蛮和白蛮，其中乌蛮占大多数，分布最广，乌蛮的统治阶级在大理国占有重要地位。大理境内还有许多其他少数民族，如么些 (今纳西族)、和泥 (今哈尼族)、蒲、朴子 (今布朗、德昂族)、峨昌 (今阿昌族)、金齿、白夷 (皆今傣族) 等。还有一些人数少、力量小的"杂蛮"，多被乌蛮人所征服，沦为被统治种族。此外，在大理国中也长期居住有一些汉人，他们与各少数民族共同杂居。

到 13 世纪中叶，大理国主段兴智势力微弱，大臣高氏窃取了国家大权。高氏党人依仗势力攻夺他族地区，奴役其人民。势力强大的乌蛮诸部，更是常常欺凌其他弱族，致使大族与小族之间产生了严重的矛盾。到大理国势衰弱时，有些弱族逐渐强盛起来，乘机摆脱了大理国的统治。例如丽江么些蛮便独占一方，自立盟主治理本族事务；为南诏所征服的金齿人也逐渐收复故地，势力开始强盛起来。而乌蛮、白蛮统治阶级内部为了争夺地盘，发生了斗争，产生了割据现象。如建昌府原分四部，段氏一部强盛，吞并了其他部的地区，自为府主。与此同时，北方的蒙古部落却迅速兴起强大，并不断发动对外战争。

大理国原本距蒙古国有千里之遥，中隔崇山峻岭、沙漠荒原、激流险滩，自古以来即与草原地区交往甚少。蒙哥汗即位后，为攻灭南宋，统一天下，采用蒙古帝国一贯行之有效的战略，企图出奇兵，由西南地区迂回包抄宋朝，以避开阻隔中原与江南的长江天险及各处军防要塞。而实施这一战略战术，也就使远在漠北的蒙古国势力向南伸展到了西南边陲的大理国等地。

蒙哥汗二年九月，忽必烈奉命与将领兀良合台等率军十万，誓师启程。次年夏，出萧关（今甘肃平凉东），经六盘山集结于临洮，积极练兵备战，并遣使赴大理国招降。同时，蒙哥命便宜都统帅汪德臣率军入蜀，抵嘉定（今乐山），配合忽必烈行动。九月，忽必烈督军至忒剌（今甘肃迭部县达拉沟），分兵三路南进：兀良合台率西路沿晏当路（今四川阿坝草原）而进；宗王抄合、也只烈率东路经茂州（今茂县）

忽必烈像

趋会川（今会理西），以作牵制；自率中路，渡大渡河，沿古青溪道南下，穿行山谷两千余里，于十一月初进抵金沙江畔。

公元1254年，忽必烈派兵攻入大理，大理国王拒绝招降，以权相高祥率军屯戍金沙江沿线，又遣将领高通率一部驻会川，抵御蒙古军。

十二月初，大理军与蒙古中、东两路军隔金沙江对峙。兀良合台部越旦当岭（今云南中甸境）入大理境，招降么些部落（今纳西族），占领三赕（今丽江），从侧后攻击大理军主力。高祥见处境危急，匆忙退兵大理都城，凭坚固守。大理城东靠洱水（今洱海），西倚点苍山，南、北有龙尾、龙首两关（今下关、上关）。高祥以重兵据咽喉要地龙首关迎战。蒙古中、东路军先后渡金沙江与西路军会师于龙首关，合力攻击，全歼大理军主力，乘胜于十二月十五占领都城。段兴智、高祥潜逃。忽必烈采纳谋臣姚枢建议，下令禁止妄杀，安抚百姓，稳定秩序，并遣军攻占附近寨堡，俘斩高祥。四年春，忽必烈留兀良合台继续作战，命刘时中为宣抚使治理大理，并遣兵招抚部分吐蕃部落，自率一部班师。是年秋，兀良合台率军攻占善阐（今昆明），俘降段兴智，继而以段氏为先锋攻克未降城寨，占领大理全境。

这次战争由于大理人民的顽强抵抗，蒙古军也遭受了重大损失。《史集》记载说，忽必烈与兀良合台率十万大军远征云南，因为该地气候潮湿恶劣，北方士兵不适应，导致军中疾病流行，死者甚多，加上大理国"居民极多，军队众多，因而每日每至一处，都遇到抵抗。因为这两个原因，十万军队得生还者不到二万人"。蒙古用武力使大理臣服，大理各部也因被征服而统一起来。云南自8世纪中叶南诏割据以来，历经五百余年，到现在才与内地获得统一。这极大地促进了我国多民族统一国家的发展，也推动了云南地区经济、文化的进步。忽必烈攻占大理国后，重新设置郡县，并招降吐蕃首领，控制西南地区，形成对南宋迂回包抄、南北夹攻态势，是中国古代军事史上的一次壮举。

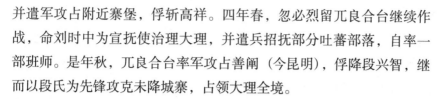

木剌夷被征服

宪宗元年（1251年），蒙哥即汗位后，遵奉祖父成吉思汗遗训，继续拓展疆土，开藩建汗。蒙哥即位时，在波斯境内尚有两个国家保持独立：一是立国于马三德兰地区（今伊朗北部马赞德兰省）的刺客派之木剌夷国；一是建都巴格达的黑衣大食王国（报达国）。其西还有叙利亚国。此三国彼此不相声援，地位孤立。其中木剌夷人屡劫蒙古商旅。蒙哥大汗为了维护蒙古汗国的权益，扩大疆土，决定远征波斯，以图在该地建立一个统一的政权。元宪宗二年至世祖中统元年（1252—1260 年），蒙哥汗派其弟旭烈兀率领十万大军进攻波斯。此即蒙古第三次西征。

木剌夷是伊斯兰教亦思马因派的一个特殊宗教区。亦思马因源自古代伊斯兰教什叶派一个教长的名字。但这个教长从没有就任过，他的儿子摩诃末继续传教，形成一个特殊教派。到 10 世纪时，埃及、叙利亚和阿拉伯的许多地区都被他占领了。11 世纪，这一教派传播到波斯，势力逐渐发展，占据了里海以南众多的堡寨，在今天的伊朗西部形成一个独立的宗教国。阿拉伯语称这个教派为木剌夷。木剌夷人经常出外搞暗杀活动，并进行抢掠，不仅洗劫过波斯诸城市，而且曾多次劫掠蒙古商旅。蒙哥当年随拔都西征，就对木剌夷深恶痛绝。所以当他继位后，第一个目标就是讨灭亦思马因教徒。

公元 1252 年 7 月末，旭烈兀命令怯的不花为先锋率领一万两千人先发，为大军攻战做准备。旭烈兀本人仍留在和林，继续筹组西征军。

公元 1253 年，西征军先遣部队在大将怯的不花率领下，进抵木剌夷境内。起初的攻击进展顺利，凭着先进的攻城火器和初战的锐气，连破数城，但越向前进困难越大。木剌夷境内地形复杂，许多城堡建在半山腰，周围凿岩为壕，易守难攻。蒙军在吉儿都苦堡受到阻碍。守军居高临下，多次击退蒙军。蒙古军的弓弩、火器根本打不到建在山腰上的城堡。怯的不花见久攻不下，就放弃强攻，转为围困，让手下一个叫布里的将军留下，自己则率领主力部队向旁边的城堡进攻。守军见蒙军调动，运走了火器，便在一天深夜突然袭击蒙军，蒙军仓促应战，加之人马又很少，被木剌夷军队冲杀，伤亡惨重，将军布里也死于乱军中。怯的不花闻讯火速回军城下，亲率部队围城，而其他将领则受他的命令四处攻掠。直到旭烈兀率主力军出征，仍未攻下这个城堡。但怯的不花的先遣部队经两年的作战，先后消灭五万多木剌夷军队，给其以重大打击。

公元 1255 年秋，旭烈兀率西征大军一路浩浩荡荡，到达撒马尔罕(今乌兹别克斯坦共和国撒马尔罕)，他们在此休息整顿了四十天，然后便继续行进。至碣石城时,一行人受到波斯行省阿儿浑的迎接。旭烈兀在这里派遣使者通知西亚诸王,要他们协同蒙军消灭木刺夷。第二年初,蒙古军经过阿姆河后,于六月份抵达木刺夷境内。怯的不花所率先遣部队回归大部队。旭烈兀对怯的不花收集的情报和作战经验作了仔细研究,认为不能强攻,必须先招降,逐步消耗木刺夷。于是他按兵不动,派使者前去招降。六年六月,国王鲁克赖丁见旭烈兀大军步步压境,感到无力自保,故派其弟沙歆沙,去旭烈兀统帅部请投降。旭烈兀致书鲁克赖丁:若鲁克赖丁毁其数堡,亲自来营谒见,可保其国不受损害。鲁克赖丁接到旭烈兀信之后,堕其数堡,并把部分要塞削平。旭烈兀亦命拜住帐前将军牙撒兀儿,退出木刺夷边境。但是,鲁克赖丁对出谒一事,则请求宽限一年。

九月,旭烈兀于比斯塔姆,再对鲁克赖丁谕以恩威,命其来见。鲁克赖丁仍以宽限为请,并求除保有阿刺模特(今伊朗西北部吉兰首府拉什特)、兰巴撒耳(今伊朗北部里西南的兰加鲁德附近)、刺勒三堡外,其他诸堡一律献出;并谓已命吉儿都苦堡和库希斯坦守将,赴营纳款。鲁克赖丁以为冬寒将临,旭烈兀大军不可能冒寒在山国作战,故作口头退让,以拖延时间,等待良机。旭烈兀认为鲁克赖丁没有投降诚意,决心以武力解决。

十一月初,旭烈兀率军进抵麦门底司堡。他一面把蒙军分为北、南、中三军和一支策应支队,形成了对城堡的合围之势;一面亲率诸将去侦察地形。由于当时已值冬季,粮草已不充足,所以旭烈兀召集各位将领讨论对策时,多数人认为,"待来春日暖,粮足,再为进攻"。也有人认为,"敌意在缓兵,冬寒缺食不足虑,应立时进攻。"旭烈兀决定立时进攻。旭烈兀在附近最高山峰之上,设立了总指挥部。蒙军在四周的山头上架上伐木制造的投石机,守军以弓弩顽强应付蒙军的进攻。

十二月,旭烈兀率领大军进入兰麻撒耳附近,战斗持续数日,天气异常温暖,并未出现寒冷的天气。鲁克赖丁众寡不敌,终于开城投降。旭烈兀并没有杀鲁克赖丁,而是给予厚待,并允诺将来仍让他当国王。为避免劳师力战，旭烈兀让鲁克赖丁写下一道手谕，派使者分赴各城堡招降。各城守军见国王已降，纷纷开城迎接蒙军。只有阿剌模特城誓死不降。鲁克赖丁亲自到城下喊话，仍无济于事。蒙军只得围城攻打。第四天后，蒙军破城而入，在此城中获得珍贵的古兰经书以及一些天文仪器。这样，蒙古兵不费吹灰之力就征服了木剌夷全境。至此，木剌夷国全部被旭烈兀占领。

叙利亚的陷落

宪宗七年（1257 年）九月二十一日，旭烈兀率军向报达（今伊拉克）发起进攻引起报达国教主木思塔辛的宣战。为此，他立即召集重臣，研究抵抗方略，决计组织七万军队迎战。旭烈兀首先派怯的不花率领骑兵，进入木剌夷和报达之间的山地，打开从哈马丹通往巴格达的通道，接着，蒙古军兵分三路进攻报达：右军，由拜住率领，从毛夕里（在今伊拉克北部边境）渡底格里斯河，向报达西北进攻；左军，由怯的不花、忽都孙率领，向报达东南罗耳之地进攻；中军，由旭烈兀亲自率领，向开尔曼沙（今伊朗赫塔兰，原克尔曼长）、火勒完（今巴格达之东北）同时展开进攻。

十一月间，三军同时向报达国首都巴格达城前进。旭烈兀中军首先攻破开尔曼沙，于十二月十八日，进至火勒完。同时，怯的不花率左军占领了罗耳之地大部；拜住率右军在塔克利特（今伊拉克巴格达西北萨拉赫丁省提克里特）附近渡过了底格里斯河，与报达将领费度丁所部一万两千余人相遇，拜住乘夜决堤，用水淹没报达军营后方之平原，随后向费度丁军发起进攻，全歼费度丁军。木思塔辛见费度丁军败，立即集兵七万，并下令修缮巴格达城墙戍楼，沿街布置障碍。此时，拜住右军已进占巴格达城河西之附郭；怯的不花左军已进抵撒儿撒儿；旭烈兀中军于八年正月十八日，已集结于巴格达城东。如此，对报达首都巴格达构成合围之势，三十日诸军同时开始进攻。各军夜以继日不断进攻，战斗极为激烈。二月初十，木思塔辛知道败局已无法挽救，带领其三个儿子和官员、贵人三千余人，走出巴格达城，向旭烈兀投降。十三日，旭烈兀大军进入巴格达城。报达国至此灭亡。

灭报达后，蒙军乘胜向西又扩展了千余里。进至天方 (即阿拉伯)，又攻克、招降一百八十五座城池。宋理宗开庆元年 (1259 年)，旭烈兀率军进至叙利亚，分军三路向都城大马士革进攻。但未能攻下，只好移师北进，大败巴尔干诸国部队组成的联军。其间，旭烈兀让汉人、火炮专家郭侃率领一支部队，渡海进攻富浪国 (即塞浦路斯岛)，这引起了地中海诸国的恐慌与不安。

叙利亚人因报达的陷落而大为惊恐。这时叙利亚的大部分地区在艾育伯朝统治之下，富浪人占据了沿海的狭长地带，这里当时分为两国：北部为安都公国——兼辖特利波里伯国，南部为耶路撒冷王国——耶路撒冷城早已为伊斯兰国家占领，实际上此时的耶路撒冷王国已分为阿迦、提尔、雅法三个小国。蒙古攻陷报达时，因旭烈兀之妻脱古思合敦、先锋怯的不花都信奉聂思脱里教，所以对城中的基督教徒加以保护。基督教世界为了重新夺取"圣地"耶路撒冷，更加相信可以联合蒙古人对付伊斯兰教国。安都公博希蒙六世是小阿美尼亚王海屯一世之婿，遂追随海屯之后与蒙古结盟，并率领军队与蒙古军共同进攻叙利亚。

叙利亚国王纳昔儿见蒙古灭哈里发后，有进取叙利亚之势，立即派使者前去表示愿意归降。旭烈兀决心征服叙利亚、埃及，纳昔儿表示的臣服条件无法满足他的要求，于是遣归来人，并致书纳昔儿，令其纳土归降。宋开庆元年 (1259 年) 九月，旭烈兀命怯的不花为先锋，速浑察为左翼，拜住为右翼，自己统领中军，向叙利亚进兵。首先攻下美索不达米亚北部的曲牙别克儿地诸城，进抵幼发拉底河，并攻下鲁哈等城，随后渡河进攻阿勒波。纳昔儿在大马士革北面集结军队，与诸将商议对策，其国相力主降蒙，而将领主张抵抗。将相发生冲突，而纳昔儿怯懦惧怕，慌忙将妻子儿女及宝藏送往埃及，于是军队军心涣散，人民四处逃散。宋景定元年 (1260 年) 正月十八日，旭烈兀亲统大军包围阿勒波，架炮攻城。二十四日，城被攻破，然后按惯例继续烧杀掳掠，历时六日，旭烈兀才下令停止。小阿美尼亚王海屯纵火把城中的小礼拜寺烧毁，而基督教堂则丝毫未动。旭烈兀将艾育伯朝所侵据的小阿美尼亚和安都公国土地城寨给还二王，以示对他们从征功劳的奖励。

阿勒波失陷后，叙利亚诸城大多不战而降。纳昔儿慌忙放弃大马士革城向埃及逃去，大马士革长官献城投降。三月一日，怯的不花率一队蒙古军进驻大马士革城，一部分军民拒绝投降，退入内城坚守，蒙古军发炮猛攻，至四月六日才占领内城。纳昔儿本想投奔埃及国王忽秃思，但得知忽秃思招诱其随从军队，图谋害己，因此急忙逃走，辗转逃至巴勒哈，被蒙古军捕获。

怯的不花的部队进入大马士革城后，毁其戍楼过半，并将其一切战具全部销毁。至此，历时两个月的大马士革之战结束，旭烈兀亦占领全部叙利亚。之后旭烈兀军继续进攻小亚细亚 (今土耳其小亚细亚半岛)，又击败巴尔干诸国之联军。旭烈兀又命郭侃渡海，陷富浪国 (即塞浦路斯岛)，使地中海诸国大为震动。东罗马朝廷和西欧之耶稣教国家，亦纷纷派来使者，与旭烈兀联络，欲与联盟，共讨回教国家。旭烈兀进至亚洲西南端之地后，准备进攻埃及。

这时，蒙哥死讯传来，旭烈兀决定班师。命怯的不花统率蒙古军两万人，继续攻略巴勒斯坦、叙利亚诸地，自己率领其余军队回到波斯。埃及国王忽秃思原为玛木鲁克朝的大臣，但却在宋开庆元年 (1259 年) 时篡夺了王位，为此许多将领都不服气。此时叙利亚使者正在开罗求援，忽秃思于是声称蒙古军已入叙利亚，国家万分危急，且国王尚幼，自己是暂且摄位以抵御外敌，这样逐渐稳定了军心。不久，蒙古遣使臣到开罗谕降，忽秃思杀害蒙古使臣，决定出兵抵抗。宋景定元

年 (1260 年) 七月，埃及进兵巴勒斯坦。九月三日，埃及军队进至哲连附近的阿音·札鲁德，与蒙古军相遇并展开厮杀。开始时蒙军取得了一些胜利，但后来却遭到埋伏，统帅怯的不花战死，蒙古军全军覆灭。埃及军乘胜占领大马士革、阿勒波等城，把蒙古所置官吏杀死，于是埃及占有了叙利亚全境直至幼发拉底河的广大地区。

公元 1260 年，忽必烈即汗位，把波斯赐予旭烈兀，旭烈兀在自己的封地内建立了伊利汗国。伊利汗国东起阿姆河，西迄小亚细亚，南至印度洋，北接钦察汗国，定都帖必力思，以报达作为陪都。

经过成吉思汗、拔都、旭烈兀的三次西征，蒙古终于建立起地跨欧亚大陆的四大汗国：窝阔台汗国、察合台汗国、钦察汗国及伊利汗国。四大汗国名义上归属元朝皇帝，而钦察汗国和伊利汗国实际上成为了独立国家。

第五章

争夺汗位，手足相残

蒙哥大汗逝世后，他的兄弟间又上演一幕幕为了争夺汗位手足相残的惨剧。忽必烈接受汉臣的建议，先声夺人，抢先登上汗位，从而操控大局。其弟阿里不哥最终被打败，可谓成王败寇。

忽必烈先发制人

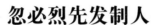

1258 年，蒙哥发动三路大军进攻南宋，并亲率元军主力力攻四川，其弟忽必烈率中路攻取鄂州，塔察尔率东路军攻取荆山，另命兀良合台从云南包抄过来，攻打长沙，计划各路会师鄂州，顺流东取南宋京都临安。

1259 年，蒙古帝国大汗蒙哥在四川驾崩，享年五十二岁。大蒙古帝国暂时出现了权力的真空，黄金家族诸部为了成为汗位的继承人，明争暗斗，互不相让，强大的蒙古帝国分裂为钦察汗国、伊利汗国、察合台汗国和蒙古四个部分。

蒙哥死后阿里不哥立即调动军队并且和有影响的蒙古显贵结盟。1260 年年初，阿里不哥的一个盟友向开平城进军。出征期间坚守在后方的察必立即派出一位使者，将他弟弟的计划和行动通知忽必烈。

消息传到蒙古伐宋东路军大营时，忽必烈正在围困鄂州。鄂州城防坚固，宋军抵抗顽强，蒙古军急攻两月不下，进军受阻。忽必烈万万也没有想到，阿里不哥居然不顾兄弟情义，竟然秘不发丧，谋夺汗位之心如此急切。他本来也想到阿里不哥可能会与他争夺汗位。但是，在忽必烈的心目中，争夺汗位也好，兄弟不信任、纷争也好，都是家事，是家人内部的不和与纠纷。在关键时刻，一家人还是向着一家人的。而灭宋一统天下才是最重要的。现在看来，自己的想法太天真了，自己在外连年征伐，苦心经营，一门心思地征战，这个自己的亲弟弟就已经在后面紧锣密鼓地动起手来了，怎能不让他心寒?忽必烈立刻在军前召集他的将领、幕僚商议对策。

诸将建议应即日启程，一刻也不能耽误，放弃辎重，率轻骑驰归燕都。同时，派出一部去四川，与穆哥亲王会合，迎接蒙哥大汗的灵柩，拿到大汗玉玺。派出能言之臣，分别到东道诸部，联系合撒尔王爷，他是东道诸王中地位最尊者，一旦有他的拥戴，其他各王爷定会附和。年轻一派要重点做好塔察儿的工作。至于西道诸王，也派出使者联络，重点是钦察汗国、伊利汗国、察合台汗国。一旦到京，应立刻遣使至各部落及诸王驸马，号召大家会合和林。中原地区则差官于汴京、京兆、成都、西凉、东平、西京等地，好言相劝，耐心抚慰；等去和林时，要让真金王子坐镇燕京，多备甲兵，严阵以待，密切注视和林，静观其变。这样，全国将以忽必烈的号令行事。若阿里不哥不听，则趁机把诸王爷召集到开平，举行库里台大会，这样不但汗位可得，而且也占理。

1259 年年底，忽必烈轻车简从北返，回到燕京。一到燕京，忽必烈立即分派霸都鲁、兀良合台率领精兵包围并解散了阿里不哥的亲信脱里赤所召集的军队。等接到廉希宪游说东道诸王成功的消息后，忽必烈大喜，立即派人去通知诸王，会丧和开库里台大会地点由和林改为自己的行营开平。

开平是忽必烈在经略漠南时新建的王府，建成后，忽必烈将金莲川幕府迁移到此，开平就成为忽必烈的一个参谋本部。

支持忽必烈的耶律铸和穆哥亲王也逃离和林，来到开平，投奔忽必烈。东道诸王塔察儿、移相哥 (哈撒儿之子)、忽剌忽儿 (成吉思汗弟赤老温子)、爪都 (成吉思汗弟别勒古台孙) 和郝经游说的西道诸王合丹 (窝阔台子)、阿只吉 (察合台子)，也率部来到开平与忽必烈会合。

1260 年 3 月，开平城内张灯结彩，披红挂绿，蒙古库里台大会在忽必烈王府的大厅里举行。

忽必烈首先带领大家跪拜了长生天，祈求长生天赐福给蒙古部落，保佑蒙古部落繁荣昌盛。仪式结束后，忽必烈庄严地转过身来，用悲伤的语调对诸王说："诸位宗亲王爷、各路部族酋长，蒙哥大汗驾崩，海内震恸，黔黎哀号，生民垂泪。然命运在天，非人力所及，蒙哥大

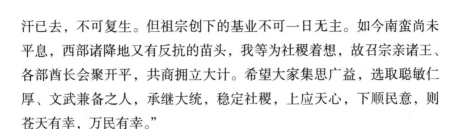

汗已去，不可复生。但祖宗创下的基业不可一日无主。如今南蛮尚未平息，西部诸降地又有反抗的苗头，我等为社稷着想，故召宗亲诸王、各部酋长会聚开平，共商拥立大计。希望大家集思广益，选取聪敏仁厚、文武兼备之人，承继大统，稳定社稷，上应天心，下顺民意，则苍天有幸，万民有幸。"

移相哥首先站起来说道："父汗因年老力衰，不能亲自到这儿，不过他的心却不老。临行时，他老人家一再嘱咐我，说忽必烈王爷治漠南征大理，功勋卓著；此次与蒙哥大汗一起征伐宋国，长驱直入，跃马渡江，江北大片国土尽归我朝。此等壮举，亘古未有！况且，大家都知道，忽必烈王爷宽厚仁慈，广施仁政，中原归心，万民拥戴。我们科尔沁草原诸王推选忽必烈王爷当大汗！"

塔察儿自从上次忽必烈施恩与他，就对这个王子另眼相看，他看到移相哥发言，自己代表着年轻派王爷，当然也得表个态。因此，他站起来说道："忽必烈殿下不仅是成吉思汗的嫡孙，还是唆鲁禾托尼所生，为蒙哥大汗的异母弟，以贤为长，当有天下。"

起初忽必烈推辞道："大家的好意我心领了，也记住了。不过，依照我们蒙古族的传统，应该立小不立大、立幼不立长，大家应该推举阿里不哥王子。忽必烈不敢违背祖制。万万不可！否则，不是陷忽必烈于不忠不孝吗？"

合丹说："王爷所言差矣！立幼不立长的旧制早就被成吉思汗废掉了。窝阔台是太祖成吉思汗的第三子，贵由和蒙哥都是成吉思汗的嫡孙，他们能当大汗，王爷为什么不可以当？"

众人齐说："能当！为什么不能当？殿下聪敏仁厚，文武兼备，正是人君之相，可以继承大统，稳定朝纲，完全符合祖制！您就不要推辞了！"

于是，忽必烈正式登上汗位，取《易经》乾元之义，建国号为"大元"，建元中统。登基后，他一面根据蒙古旧制，参照汉族朝廷，尤其是唐宋二朝的中央机构和典章制度，建立新的行政机构和典章制度，一面派出使者立刻诏告天下，包括正在和林酝酿称汗的阿里不哥。

忽必烈在漠南抢先即位，完全打乱了阿里不哥的预谋。后者只得匆匆于1260年夏季，在驻夏据地阿勒泰山中，召集留守漠北份地的诸王宗亲，举行大会，并在会上被拥立为大汗。出席大会的，有察合台子哈剌旭烈的寡妻兀鲁忽乃妃子、察合台孙阿鲁忽、窝阔台孙觊尔赤（合丹子）、海都（合失子）、术赤孙忽里迷失和合剌察儿、蒙哥子阿速台和玉龙答失、塔察儿子乃马台、别勒古台之子等。这样就出现了两大汗相抗衡的局面。站在阿里不哥一方的有影响的东道诸王似乎很少，但他从西道诸王那里获得的支持，又要多于忽必烈。尽管当时正在经营西亚的皇弟旭烈兀和立国伏尔加河流域的拔都后王别儿哥，态度都不无暧昧之处，然而替旭烈兀留守漠北份地的他的儿子药木忽儿，最初是支持阿里不哥的。而别儿哥冲制的钱币上刻有阿里不哥的名字，更表明钦察汗国在阿里不哥失败前一直认为只有后者才真正代表了蒙古大汗的统系。

忽必烈依靠智谋，如愿以偿地抢在阿里不哥之前登上大汗宝座，他成功了，一下子扭转了不利的形势，变被动为主动，赢得了许多部族的声援和支持。可是，阿里不哥不服，在和林自立为汗。漠北上空二日并出，同室操戈，兄弟相残，血雨腥风再一次席卷了蒙古草原。

史天泽活捉李璮

李璮，生辰不详。山东军阀李全之子（又说养子）。小字松寿。1227年李全降蒙古，被任为山东淮南楚州行省（又称益都行省）。1231年李全死，不久李璮袭为益都行省，拥军自重。宋开庆元年（1259年），李璮加速准备反叛蒙古，一面进犯南宋，取海州（今江苏连云港西南）等四城；一面积极加固益都城，储存粮草，截留盐课。

1262年，正当忽必烈与阿里不哥争夺汗位，杀得难解难分之时，忽报汉地变起，李璮在山东叛乱，尽杀蒙古戍卒，率五万余人自海上北归登岸，攻打益都、蒲台、淄州等地。忽必烈一听，即疾驰南返。他知道，李璮是汉地实力最强大的世侯，他这一反，比阿里不哥祸乱还要危险，这是关系到整个汉地政局安危的头等大事。

忽必烈认为整治汉人还得听取汉人的意见，在回大都的路上，忽必烈与姚枢商讨如何对付李璮的谋反。姚枢认为李璮摇摆不定，不能获信；狂妄自大，不能恤人；奸邪狠毒，没有帮手；头脑简单，缺乏计谋。

对于李璮，忽必烈还是有所了解的，他以地处蒙宋之间的地理位置和自己的势力为借口，多次向忽必烈要钱粮、要兵

元·铜火统

权，忽必烈多次调他出征，他都不听调遣。他岁赋不输，私市军马，这些忽必烈都有所耳闻。但是，忽必烈那时认为，大定之初，恰是用人之时，因而也就睁一只眼闭一只眼，对他格外迁就，不但加封他为江淮大都督，尽专兵民之权；还把他的岳父王文统提拔为中书省平章政事，成为新朝廷的第一代宰相；忽必烈甚至还劝说塔察儿王爷，把他的亲妹妹也嫁给了他。这些只是期望他能为朝廷出力，为汉人立个榜样，不想他却背叛了自己。

李璮借保宋驱蒙为口号，企图拉拢那些汉人世侯一起用事，趁蒙古主力北征漠北，皇上亲征、内部空虚之时，能振臂一呼，群起响应。殊不知，辽金以来，以宋为正统的观念在北方淡漠已久，因此恢复宋室的号召很难有多少政治感召力。特别是忽必烈，禁止杀伐，减税负，课农桑，已成万民拥戴之君。而大部分汉人世侯，他们不会跟着李璮

去冒险，在这个时候他们都只是在观望；如果李璮真的有所作为，也许他们会出手。要是忽必烈发兵平叛，他们一定会向忽必烈示诚，派兵派将大邀其功。

姚枢认为李璮进攻元朝，有三条路线可以选择。上策是从水路进攻燕京，占据居庸关，切断元军南退后路，扼住元军的咽喉。元军便陷入阿里不哥和他的包围之中，进退不能。这势必引起人心惶惶，造成混乱。中策是不进攻元军，而是与宋朝联盟，固守自己的地盘，并多路出兵袭扰蒙古边地，使蒙古大军忙于奔救，疲于应付，尚能自保。下策是他起事后，向北攻击，等待各地声援响应。李璮要进攻，必定要先拿下济南府，并在此等待各部声援。而济南坐落于盆地之中，属于弹丸之地，李璮有五六万人马，一旦被蒙古大军围困，便外无响应，内乏供应。姚枢认为李璮狂妄自大，好大喜功，再加上听不得别人的意见，属于那种野心大、本事小、目光短浅的人。所以，他必取下策。

忽必烈接受姚枢的建议，遂命史天泽、合必赤、阿术各率所部进军山东讨伐李璮。果然不出姚枢所料，李璮既没有北上"濒海捣燕"，也没有"与宋联合"，而是选择了姚枢料定的"下策"，他趁蒙古大军未到，迅速从益都出兵，攻占了济南。占据济南后，南宋朝廷封他为齐郡王。

是年三月，阿术带领的蒙汉军队首先到达济南附近，李璮率军出城迎战，抢夺元军辎重。回城途中，他们遭到了元军截击，结果大败，被杀者四千余人，李璮只好退守济南城内。五月，蒙古十七路大军先后抵达济南，史天泽和哈必赤负责全权指挥，督战各路兵马。

济南城外，看到尚未完工的济南城异常坚固，史天泽对哈必赤说道："李璮心多诡计，兵亦甚精，我们不能与之硬拼。我看济南四面环山，犹如一个羊圈，我们在城外挖沟筑城，团团围困，切断其与外界的一切联系，把他们全部圈在羊圈里。时间一长，他们必定供给耗尽，到时便可不攻自破，擒拿李璮便易如反掌了。"

哈必赤十分赞同此计，于是就下令士兵开河筑城，"开三河，筑三城"，将济南城围得铁桶一般。同时下令，各部不得攻击作战，只是严密防守，防止敌人突围逃窜。

李璮一看被团团围住，于是就屡屡出城挑战，但蒙古大军不与之接战，只是用弓箭远远地射击，用密集的炮火把他们压了回去。他们侥幸冲过箭网，却发现早被城墙圈起，如水桶一般，丝毫不能得手，无奈只好退缩城内，坐以待援。

再说南宋王朝看到李璮献城投降，便给银五万两犒劳璮军，并遣提刑青阳梦炎 (青阳系复姓) 领兵增援。谁知青阳梦炎赶到山东，北进宋军随即遭到蒙古军和汉军合力阻击，被迫节节南退。进至滨州、沧州等地的宋军亦因势单力薄难以有所作为。这样，困守济南的李璮所部五六万人，完全陷入了坐以待毙的孤军境地。

蒙军围困济南城已经四个多月。此时的济南城内粮尽援绝。为稳定军心，李璮竟"取城中女子赏将士，以悦其心"。看到市民不愿意把仅有的一点粮食拿出来，他就下令把将士分到各户，每户养两三名军人。不久，全城粮食告罄，能吃的东西都吃掉了，最后竟然就着盐粒吃人肉。这些行为使李璮更加失去民心，将士也沮丧至极，李璮本人情绪低落到极点。

七月十三日，李璮勉强整军出战，希冀突围。但因缺粮乏力，被元军捕杀大部，只好仓皇退回城内。济南守军看到坚守是坐以待毙，于是就纷纷"缒城以出"，哗变出降者不计其数。

七月二十日，他便下令军队解散，各人各讨出路，各自求命去。他自己提着宝剑，手刃妻妾子女，自投大明湖，可是水浅不得死，为元军所获。

抓住李璮后，史天泽恐牵扯自己的隐私，遂命立刻把他杀死。回朝后则以"擅杀自劾"。忽必烈虽未加罪责，但李璮与汉地世侯们私下交通，他心里显然是十分清楚的。现在汗位争端尚未完全解决，如果过分追究，可能会把他们逼到公开与朝廷对抗的局面，那样会对政权危害更大。因此，忽必烈把李璮的岳父中书省平章政事王文统处死之后，很快停止了追究。在政治上，他继续优容各地世侯，同时也充分利用他们害怕朝廷深究的自危心理，裁削他们的权力。从史天泽自请解兵权始，元廷先后在北方汉地实施兵、民分治，罢世侯、置牧守、行迁转法，易置汉人将领部属、将不擅兵等制度，陆续把这些专制一方的军阀变成中央集权的专制君主统治下的文武官僚。从这个意义上说，李璮之乱失败，进一步促成了忽必烈政权对华北各地的控制，加强了中央集权。

这次平乱，从战法上也有可取之处，史天泽巧妙利用地形，围而不攻，使其亏粮自败，不仅有效地保存了自己，而且创新了战法，为军事家们所津津乐道。

李璮是一个"反叛的逆臣"，因为他最终倒戈反对忽必烈。从而，他被看成为是一位反叛而不是一位献身建立中国王朝的忠臣。李璮的确对忽必烈自称为中国皇帝构成了直接威胁。早期，在对宋朝的战争中李璮和蒙哥合作并且袭击过几座滨海城镇。当忽必烈1260年登上中国皇位时，看来没有理由怀疑李璮对蒙古的忠诚。另外，李璮是王文统的女婿，而王文统刚被忽必烈任命为中书省的平章政事，这是政府里最有影响的官职之一。

1260年和1261年，忽必烈送给李璮金银，作为对宋战争的费用。但在1261年下半年，李璮准备和忽必烈决裂并且实施与南宋的一项和约。由于可以从山东贮藏的盐和铜得到巨大财富，李璮拥有向蒙古统治发起重要挑战所需的资源。他可能已经得到宋朝给予支持的保证并且必然认为和南宋的贸易以及其他经济关系要比与蒙古的友好关系更有实利。另外，在种族上作为一个汉人，他可能具有忠于宋朝的感情。不论出于什么动机，1262年2月22日他背叛了他过去认可的君主。忽必烈立即对此作出反应，派出几支最信任的军队来对付这位麻烦的汉人领导人。忽必烈的两位主要将领史天泽和史枢以及儒士幕僚赵璧前去粉碎李璮的反叛军队。数量上的优势在几个月之内就显示出来，8月初李璮被击败并被抓获。朝廷的士兵按通常为贵族施行的处死方法，把李璮放在一个袋中用他们的马把他踩死。他的岳父王文统在此之后很快也被处死，并且为了对王文统受到的惩罚提供法律根据，公开宣布了王文统在叛乱中的造反及"叛迹"。

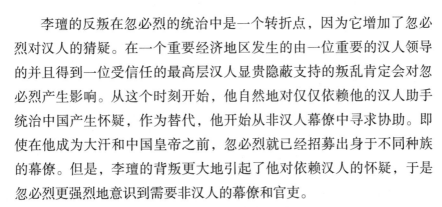

　　李璮的反叛在忽必烈的统治中是一个转折点，因为它增加了忽必烈对汉人的猜疑。在一个重要经济地区发生的由一位重要的汉人领导的并且得到一位受信任的最高层汉人显贵隐蔽支持的叛乱肯定会对忽必烈产生影响。从这个时刻开始，他自然地对仅仅依赖他的汉人助手统治中国产生怀疑，作为替代，他开始从非汉人幕僚中寻求协助。即使在他成为大汗和中国皇帝之前，忽必烈就已经招募出身于不同种族的幕僚。但是，李璮的背叛更大地引起了他对依赖汉人的怀疑，于是忽必烈更强烈地意识到需要非汉人的幕僚和官吏。

　　汉人世侯在自己的势力范围内，力图保持中原地区原有的农业生产和封建生产关系。他们原有一批依附人口，这些人亦兵亦农。在形成势力范围后，他们又进一步把战乱中的流散人口召集起来，分给他们土地、耕牛、房屋和农具，恢复农业生产。他们修建谷仓，积累粮食，甚至用武力来保护收获。由于蒙古统治者需求量巨大，又没有一定的赋税制度，世侯擅自征收赋税，因而征求繁重。世侯又往往提倡且耕且战，兵士屯田耕种，农民要备御盗贼，一旦战事需要，世侯就响应蒙古统治者的征召，大批农民被他们送去出征。这些依附人口不能随意迁离，世侯甚至可以任意处置他们。很显然，在中原封建社会的发展过程中，世侯势力范围内的农民的身份地位不及以前了。

　　除了大量召集农民外，汉人世侯还受蒙古游牧贵族的影响，把战争中掳掠到的人口当做奴隶驱使。为了应付蒙古统治者的兵役和差役，世侯占有的驱奴往往多到几百甚至几千。平时这些驱奴也从事农业生产，但是在封建生产关系的制约下，在役使一段时间后，一般会被遣放为良，转化为一般的依附人口。

　　有见识的世侯为了有效地统治自己的势力范围，为了保存中原封建文明的传统，纷纷开设幕府，把流落在各地的士大夫招揽到自己帐前。在金朝衰亡过程中，残留的士大夫大多数陆续投身于世侯幕下，成为世侯幕僚。世侯依靠这些幕僚治理辖区内各种事务。他们聚集在一起，尊崇和扶持儒学，讲究经史，推行治道。在世侯幕府中的这些"秀民贤才"后来一个个效忠于忽必烈，为忽必烈建立元朝立下了重大

功劳。他们所培养的新的儒士，许多人后来也成了元朝的重臣。

汉人世侯获得的特权地位，是汉地特定社会历史条件与蒙古早期封建制度相结合的产物，它的存在本身也是同中央集权的专制主义政治制度相对立的。

李璮在山东专制三十余年，在对宋、对蒙的关系上完全继承了他父亲的故技，或借攻宋的名义向蒙古要钱要粮要官，或假名联宋反蒙，但其真正目的在于"尽专兵民之权"。

李璮虽与张柔、史天泽等同为投降蒙古的汉族封建割据武装，但他却时时怀有二心，妄图利用两大国的争斗，来进一步扩张自己的势力。李璮为了割据山东，紧抓自己的兵权不放，蒙古曾几次向他征兵，他都以各种借口推托了。宋宝祐六年（1258年)，李璮攻下南海州、涟水等城，又得与涟水相连的四城。他邀功请赏，大肆夸张胜利之功。宋景定元年，忽必烈即位后，果然加封李璮为江淮大都督。李璮报告说："最近抓到俘虏，得知宋正调兵准备向涟水进攻。我方侦察人员看见射阳和许浦湖中战船密集，宋军可能进兵胶西，攻打益都，请求修缮城堑，做好防备。"元世祖下诏授予李璮十个金符、五个银符，用来犒赏有功将士，并且赐给三百锭银元，降诏奖谕。还规定李璮可以节制驻扎在边地的蒙古军和汉军。李璮发动兵变蓄谋已久，三十余年间，他前后向忽必烈上奏了数十件事，恫骇虚吓忽必烈，用敌国来要挟朝廷，以使朝廷替他修城增兵。他又与当上中书平章政事的岳丈王文统里应外合，准备时机一到，即发动兵变。

李璮联宋其实并非真心实意，而完全是出于一种策略的考虑。尽管南宋授予他保信宁武军节度使督视京东河北等路军马、齐郡王的封号，但李璮对南宋有杀父之仇，对南宋的作战十分卖力，甚至快把宋军给杀光了。这次兵变，是为了避免受到蒙宋的夹击，所以到了事件即将来临之时才去约宋，结果南宋只给了他一个有名无实的虚衔，并未真正给他物资和兵力上的援助。李璮反蒙后，老百姓也不支持他，听说李璮叛乱，都据守城郭，或逃窜山谷。所以从益都到临淄数百里地之间，老百姓都逃光了。虽然李璮曾四出联络，但是只有太原总管

李毅奴哥、达鲁花赤、戴曲薛等少数几人响应他。

李璮对形势作了完全错误的估计。他认为当时忽必烈正忙于与阿里不哥交战，无力调兵镇压他，不料阿里不哥很快就失败了，忽必烈迅速抽兵南下镇压；他认为北方汉族军阀都心怀叛志，起兵后会积极响应他，结果响应者寥寥无几。宋景定三年 (1262 年) 二月一日，在发动兵变前，南宋对他尚在迟疑之中，他在三日那天发动兵变，占领益都，不久又占领济南。

李璮被围时，作了一首词《水龙吟》："腰刀首帕从军，戍楼独倚闲凝眺。中原气象。狐居兔穴，暮烟残照。投笔书怀，枕戈待旦，陇西年少。叹光阴掣电，易生髀肉，不如易腔改调。　世变沧海成田，奈群生，几番惊扰。干戈烂漫，无时休息，凭谁驱扫？眼底山河，胸中事业，一声长啸。太平时，相将近也，稳稳百年燕赵。"李璮万万没有想到他的起兵如此快就完蛋，他也未料到本人的结局竟是那样的凄惨！至元元年 (1264 年)，李璮残余部队毛璋又兵变，最后也以兵败被杀告终。

阿里不哥终失败

忽必烈先发制人，在漠南抢先即位，这完全打乱了阿里不哥的预谋。他只得于 1260 年夏季，在驻夏据地阿勒泰山中匆匆召集留守漠北份地的诸王宗戚，举行大会，并在会上被拥立为大汗。出席本次大会的有察合台子哈剌旭烈的寡妻兀鲁忽乃妃子、察合台孙阿鲁忽、窝阔台孙觇尔赤（合丹子）、海都（合失子）、术赤孙忽里迷失和合剌察儿、蒙哥子阿速台和玉龙答失、塔察儿子乃马台、别勒古台之子等。这样就

出现了两大汗相抗衡的局面。但是比较有影响力的东道诸王却很少站在阿里不哥一方，但他从西道诸王那里获得的支持，又要多于忽必烈。

而成吉思汗直系各支宗王，一直比较认同阿里不哥才真正代表了蒙古大汗的系统。各支宗王的政治态度对忽必烈颇为不利。为改变此种局面，忽必烈先派支持自己的察合台后王阿必失哈（阿只吉长兄）急驰西北，企图用他控制察合台兀鲁思的政局，使之与中原汉地势力为犄角，钳制漠北。阿必失哈一行在途经河西时被阿里不哥的军队截留，察合台兀鲁思落入阿里不哥派去的阿鲁忽之手。不久，阿鲁忽和旭烈兀渐与阿里不哥生隙。忽必烈抓住时机，以明确承认二者在各自势力范围内的既有权益为条件，争取他们对自己的支持。他宣布，自阿姆河西至马木鲁克疆界的塔吉克地面当归旭烈兀统治守卫，自阿勒泰山至阿姆河之地则由阿鲁忽镇守。至此，除术赤后王早已分治于钦察草原之外，突厥斯坦西部及河中地区、波斯和呼罗珊也正式从大汗直接领有的国土中分立出来，成为中央汗廷的守藩之国。建国次年，忽必烈与西道诸王的关系基本和解，遂使他得以全力对付阿里不哥。

阿里不哥和忽必烈首先展开了争夺地域的斗争。初期，双方争夺的中心区域是开平至燕京一带以及秦、陇、蜀地区。阿里不哥派脱里赤在漠南诸州征集军队，敛集财物，企图抢先把开平至燕京一带窃为己有，并断绝忽必烈的归路。忽必烈回师燕地后，察其心怀叵测，便解散了脱里赤征集的军队，从而使阿里不哥对开平的威胁得以解除。秦、蜀、陇地区的情况则比较复杂。散处秦、蜀的征南诸军，有的支持阿里不哥，有的支持忽必烈，有的则介于两者之间，坐山观虎斗。阿里不哥在这里虽有较强的军事力量，但没有一个明确的军事计划。

为了夺得这一地区，忽必烈采纳了廉希宪的建议，在鄂州回师的时候，他就派赵良弼前往关右了解情况，接着又命廉希宪等为陕西、四川等路宣抚使，经略这一地区。廉希宪至京兆后，见机行事。他依靠汪惟正、刘黑马、汪惟良、八春等人的军事力量，迅速捕杀了霍鲁怀、刘太平、蜜里火者、乞带不花，同时命汪惟良等率秦、巩诸军向六盘山进军，以防浑都海东来。这样，忽必烈在秦、蜀、陇地区的力

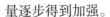
量逐步得到加强。

1260年秋，阿里不哥兵分两路，大举南下。东路军由旭烈兀子药木忽儿、术赤后王合剌察儿统率，自和林逾漠南进。西路军由阿兰答儿统领，直指六盘山，意在接应从四川前线退屯该地的蒙哥攻宋主力。这支军队在蒙哥死后曾归阿速台节制，阿速台投奔漠北后，一直控制在阿里不哥的大将浑都海和哈剌不华手里。阿里不哥的左路军以宗王为帅，而且直接威胁汉地政治经济中心燕京，因此忽必烈亲自领军逆之，而以移相哥、纳邻合丹（当为合赤温孙）为其前部。移相哥军击溃药木忽儿和合剌察儿，阿里不哥难以继续立足和林，匆匆退到由他继承的拖雷分地吉里吉思。忽必烈大概是循帖里干道，顺利进至和林。其时约在当年初冬。当时和林城的残破或许相当严重，所以到达不久，忽必烈便南至汪吉河（今翁金河）冬营地，以为短期休整。阿里不哥深恐忽必烈乘胜追击，乃遣使假意求宥，并称待马力稍复，再赴阙谢罪。忽必烈深以汉地政局为念，遂留移相哥镇漠北，自己冒严寒逾漠南返。

南指六盘山的西路军虽为偏师，但它牵动川蜀关陕，使那里本已化险为夷的形势又紧张起来。原来早在廉希宪受命宣抚京兆、四川时，屯兵观望于六盘山的浑都海就企图联络阿里不哥遣往关中的刘太平、霍鲁怀及川蜀军中亲阿里不哥的将领发难。廉希宪当机立断，捕杀刘太平、霍鲁怀，以处于弱势的秦、巩世侯汪家的军队拒阻浑都海，"但张声势，使不得东"。浑都海果然中计，"闻京兆有备，遂西渡河，趋甘州"，采取了"重装北归，以应和林"的下策。关陕之危竟得安然解脱。可是当阿兰答儿提兵与北归途中的浑都海会师之后，这支军队重又折返东向，并派人约结陇蜀诸将，一时"人心危疑"，朝士甚至有捐弃两川、退守兴元之议。两军兵锋初接，朝廷方面又先失利，遂愈使"河右大震"。这时候，忽必烈增派的诸王合丹（窝阔台子）、哈必赤（合撒儿子）等率师与汪惟良、八春等，"合兵复战西凉，大败之，俘斩略尽"。阿兰答儿、浑都海被擒杀。关陇遂安。

宋景定元年（1260年）五六月间，忽必烈不断调兵遣将，筹集粮

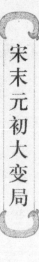
草，积极备战。七月，准备工作大体完成，忽必烈便"自将讨阿里不哥"。九月，阿兰答儿率军从和林南下，与浑都海的军队会合。忽必烈方面的诸王合丹也率领骑兵与汪良臣、八春的军队会合，于是分兵三路进行抵抗。双方在甘州东面山丹附近的耀碑谷展开了一次激战。"既阵，大风吹沙，良臣令军士下马，以短兵突其左，绕出阵后，从右边直打到前面，合丹勒精骑邀其归路，大战于甘州东，杀阿兰答儿、浑都海。"结果，忽必烈的军队大获全胜。

中统元年冬，忽必烈决定亲自进军和林。阿里不哥自知敌不过忽必烈，逃至谦州 (今叶尼塞河上游南)，忽必烈命宗王移相哥留驻和林，自己返回开平。阿里不哥以自己的封地谦州和按台山 (今阿尔泰山东南) 为根据地，到处骚扰，并控制了窝阔台和察合台后裔的封地。忽必烈即位后，曾派阿必失哈及其弟哈萨儿前往察合台封地管理当地事务，但阿里不哥的支持者在途中拘留了他俩。阿里不哥另派阿鲁忽前往，守住其东境以抗击忽必烈军，守住阿姆河以防别儿哥、旭烈兀军前来相助忽必烈。阿鲁忽至阿力麻里后，根据阿里不哥旨意夺取了兀鲁忽乃 (察合台长孙哈剌烈之妻) 的权力，并把术赤系势力逐出河中地区，控制了察合台系的全部封地。这时，他已拥有十五万骑兵，遂不愿听从阿里不哥的指挥。不久，阿里不哥遣使者来征牲畜、士兵和钱物，阿鲁忽扣留了他们征集的物资并杀其使者，宣布归附忽必烈。忽必烈命他管理从按台山直到阿姆河的兀鲁思和诸部。

中统二年二月，诏命燕京行省及各路宣抚使北上开平，会议军国大政。三月末，燕京省官毕集开平。本年夏季，除检核钱谷、充实省部、擢用辅弼外，朝廷还为中央和地方官府制定了若干具体的行政条款，行政中枢既经调整扩充，更明确地分为两个班子，以史天泽、张文谦等人留中，王文统、廉希宪等行省事于燕。秋，又置大司农官，并置十道劝农使司，"为之使者，皆取于故国老人、君子长者，亲行田里，谕以安辑，教之树艺"。

溃败远遁的阿里不哥，歇息于吉利吉思。至 1261 年秋天，他元气稍有恢复，便又举兵东来。他事先遣使向移相哥伪称率众来归，使移相哥疏于防备，因而突袭成功。移相哥大军溃散，和林城再次失守。十月，忽必烈率诸路汉军与蒙古诸王所部再度北征。两军相遇于昔木土脑儿之西，阿里不哥先因所部外剌军队溃败撤兵。待阿速台率领的后继部队赶到，阿里不哥回军再战。其右翼被击败，左、中两翼与忽必烈军鏖战至夜仍不分胜负。自是双方引军后退，相峙于大碛南缘。是年冬末，忽必烈师还，"诏撤所在戍兵，放民间新签军"（《元史·世祖纪一》）。形势似乎缓和下来。1262年，据守和林的阿里不哥因粮饷不继，而由他派往察合台兀鲁思的阿鲁忽又拒绝听命，截留他征集的货物，因此愤而移兵西讨阿鲁忽。阿里不哥自知一旦挥兵西指，和林终将不守，所以临行指令和林城诸长老，许其举城归降忽必烈军。阿里不哥西徙后，忽必烈所部果然不战而收复和林。

1262年冬，阿里不哥在击败阿鲁忽后驻营于阿力麻里。他肆行杀掠，伊犁河流域为之残破不堪。1264年春，阿力麻里大饥，军心愈亦涣散。阿里不哥计出无奈，被迫向忽必烈输诚。长达五年的汗位纠纷由此结束。这次纷争，客观上为蒙古军事贵族中主张"祖述变通"以"补偏救弊"的一派把统治中心从碛北移至漠南，从而更加便利于他们采纳汉法，加强对中原的统治，提供了一个适逢其时的契机。

忽必烈夺取汗位的胜利，从本质上来说是蒙古统治集团内部"汉法"派战胜了守旧派，这对于蒙古国最后完成封建化来说是有决定意义的。同时也说明了历史的规律是不可抗拒的，阿里不哥那样坚持维护旧的统治方式，失败是注定了的；而忽必烈能够顺应历史发展，适应汉族地区生产力发展的需要，采用原有的封建统治方式，因而在历史上作出了自己的贡献。

在经济方面，忽必烈更占有绝对优势，而阿里不哥的吉利吉思根据地，条件十分恶劣，经济上一直陷于困境。忽必烈推行了一套比较成功的民族政策，调和了蒙汉上层利益，而阿里不哥仍坚持草原贵族那种落后的政治经济方式，他根本没有意识到获得汉族地主阶级支持的重要意义。在个人素质方面，忽必烈政治斗争与军事斗争经验相当丰富，而阿里不哥既缺乏政治斗争经验，也不懂用兵，因而避免不了

失败的命运。

忽必烈对阿里不哥的胜利有着重大的历史意义。由于这一胜利，忽必烈巩固了在中原地区的统治，重新确立起被破坏的封建秩序，使北方的农业生产逐步得到恢复和发展，这就为进一步统一全国奠定了基础。

海山海都大决战

海都，蒙古帝国成吉思汗子窝阔台之孙，合失之子。窝阔台汗国的实际创立者。忽必烈建立元朝后，海都以成吉思汗曾经说过，只要窝阔台有一个吃奶的后代，都比其他人享有优先继承权，因此他不断反忽必烈，积极谋求自立为大汗。他为人聪明能干而狡诈，逐渐纠集部众，以海押立（今哈萨克斯坦塔尔迪·库尔干尔）为基地，势力日盛，成为窝阔台系诸王的首领。至元六年（1269 年），海都同八刺等察合台后王、术赤后王于答刺速（今塔拉斯）河畔召开忽里台。众推海都为盟主，一致对抗忽必烈和伊利汗阿八哈，誓约保持游牧生活与蒙古习俗。从此，双方不断发生战争。元军虽始终占上风，却无法彻底击败海都。八刺死后，海都扶植其子都哇为察合台汗国之汗，建立了窝阔台、察合台两汗国的联盟，连年对元朝统治区发动侵略。成宗大德五年（1301 年），海都与都哇的联军越阿尔泰山南来，忽必烈之孙甘麻刺和皇侄海山率元军迎击，两军激战，海都和都哇取胜。海都死于归途，子察八儿继位。海都等兴兵同忽必烈长期对抗，迫使忽必烈全力应付，耗尽大量的人力、物力，东亚、中亚、西亚人民大量流徙死亡，田野荒芜；同时也扩大了成吉思汗家族的内讧，进一步加深了各汗国的分裂。

先说海都这些年连年犯边，本期望凭借自己的聪明才智和自己精心训练的纯血统的蒙古骑兵，与诸王联合，便能问鼎中原，然而他并不得志，虽做了无数次的努力，却都无功而返，以失败告终。但他仍不甘心，又在酝酿着新的行动……

早在忽必烈与其弟阿里不哥争位时，窝阔台大汗的孙子海都（窝阔台第五子合失之子）就站在阿里不哥一边与忽必烈叫板。1266年，阿里不哥战败后被忽必烈毒死，海都领兵还归于其位于叶密立河流域的封地，并广结术赤诸后王，于1268年与忽必烈再次开战。所以，忽必烈在灭南宋过程中数次以天热为名要伯颜等人驻兵，实际上最大的忧虑恰恰是害怕海都的大举入侵。特别值得一提的是，忽必烈难洗失败之耻罢征日本，也是因为他心腹之患海都在北方觊觎帝国边境所致。

当然，忽必烈很有手腕。为了分化海都等西北诸王，他册封八剌为察合台汗国的大汗，想让这两位"邻居"火拼。果然，这两个蒙古王爷大打出手，开始海都遭伏大败，但他又联合术赤诸后王共击八剌，八剌反败。不得已之下，双方谁也吃不掉谁，八剌与海都又结盟为"安答"（兄弟）。这样一来，实际上察合台汗国归于海都控制下。八剌死后，察合台的一个孙子捏古伯继位为汗，他虽为海都授立，但心中不服海都这位"大叔"，忽然进攻海都。海都沙场老帅，起兵相迎，杀掉捏古伯，立八剌之子都哇为察合台汗国的大汗。日后，双方联合术赤诸后王，时时侵扰大元朝的北方边境，使得老皇帝忽必烈七十九岁高龄还要御驾亲征，一直不让大元消停。

察合台汗八剌去世后，由他的儿子都哇承继汗位。因都哇尚小，事实上察合台已经成为钦察的附庸，受海都的控制。看察合台汗都哇已经长大成人，于是海都就约他出兵，企图趁元军疏于防备之际，再做一次最后的尝试。

成宗皇帝，即忽必烈之孙铁穆耳，接到边地战报后非常震惊。他命叔父宁远王阔阔出总兵北边战事，防御海都。但阔阔出怯弱无能，只识弯弓射箭，却不知道用脑子打仗，根本无法与刁钻精滑的海都对

垒，因而被海都杀得大败。接连的失败让成宗皇帝极为恼火，立刻以"怠于备御"为借口罢免了阔阔出，改命皇侄海山代之为帅。次年，又以太保枢密宣徽使月赤察儿为副帅，监漠北军务。

海山，是顺宗答剌麻八剌之长子，即后来成宗之后的武宗。海山有智略，到任后即强化士兵的训练，整饬军纪，裁撤冗员，加固营垒，部队面貌焕然一新。

1230年八月，海都南侵，海山与之战于阔别列之地。海山引元军奋战一昼夜，杀退海都军，并追敌至金山以西才返回。海都兵败回军，一年无事。到大德五年（1301年）八月，此时的海都已经养足锐气，趁着秋高马肥，他与都哇联合西道诸王四十多人，合兵倾巢前来，要与海山决一死战。海山早已探悉，也急令这边诸王驸马各军会师，在和林迎敌。

这天，海山正在帅帐内与诸王、诸驸马议事，忽报都指挥使床兀儿前来。海山知道床兀儿智勇过人，骁勇善战，连忙迎入帐中。慰劳已毕，海山问道："将军久与海都、都哇作战，深知叛军习性，现在他们倾巢出动，气势远比以前嚣张，依将军看，我军将如何退敌？"

床兀儿说道："海都之兵，状如飞鸟，一经弓弹惊吓，则皆惊散。今虽倾巢而出，倾国而战，不足为患。只是他们过于狡猾，很难抓住他的尾巴。明日末将愿为先锋在前攻击诱敌，请王爷自后包抄，两面夹击，必能取胜。"

海山大喜，即任命他为先锋，令各军分为三路纵队向和林进发。海都已越山向南行进，在迭怯里古两军相遇。海都倚山固守。床兀儿引精锐向前突阵，左右奋击，所向披靡，海山接应，海都收队退去。床兀儿欲奋勇急追，却被海山止住。

第二天清晨，天刚蒙蒙亮，都哇又引一队兵马于寨前挑战。床兀儿立刻点起本部三千健卒，跃马出营与之厮杀。海山也忙出营，观敌瞭阵，以作声援。都哇仓促接战，一时不备，竟被床兀儿围在中间，一会工夫就被砍杀大半。只见床兀儿在人群里横冲直撞，大刀飞旋，无人敢挡。所过之处，人仰马翻，惨叫连连，碰者死，遇者伤，周围

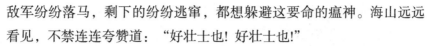
敌军纷纷落马，剩下的纷纷逃窜，都想躲避这要命的瘟神。海山远远看见，不禁连连夸赞道："好壮士也！好壮士也！"

都哇看抵挡不住，便仓皇逃逸。部下见主将先退，便也纷纷败去。床兀儿正杀得性起，就挥军掩杀。海山站在高处，看得真切，马上下令鸣金收军。

床兀儿无奈，只得收住马蹄，回转身来，奔营中而来。见到海山，便埋怨道："我正想追杀都哇，王爷何故鸣金？"

海山说："敌军非主力部队，非力战即退，想必别有计谋！我们应从长计议，不可中了他们的圈套。"

床兀儿恍然大悟，说道："幸亏王爷提醒，否则床兀儿今日可就惨了！"

海山说道："将军横刀跃马，勇力过人，谁堪抵挡？杀敌宜从长久计议，以谋取胜。"

回到帅帐，海山在摊开的地图前锁紧了眉头，海都此次进犯，是倾巢而来，表明其志不小，为什么不耐久战呢？床兀儿说他是状如飞鸟，那只能说明他狡猾。越是狡猾的敌人越不能小视。对，肯定是背后有不可告人的阴谋。此时诸王、诸驸马、众将这才明白过来。海山有了退敌之策后，立即着手拟订详细计划，然后即刻分配作战任务，各将领命而去。于是，内外夹击，奋勇搏杀，兵刃相交的清脆声响和士兵们气势冲天的呐喊声更响了……

震天的喊杀声响彻天宇，如潮水一般涌动的骑兵疯狂地把刀劈向敌人的头颅，霎时便脑浆飞溅，惨叫一声，倒在地上……

战鼓声响绝天际，喊杀声、马嘶声混合着临死前的惨叫声，回荡在战场的上空。到处都是残缺的尸体，到处都是流淌的血水！土地变成了暗红色，空气中弥漫着的是浓重的血腥味，但是这一切都无法阻挡正在疯狂攻击的元兵……

四路大军合围包围圈，把敌军如猎物一般圈在中间。海都、都哇忙督军向北逃去。都哇迟了一步，被海山部将阿什一箭射中膝盖，剧烈的疼痛让都哇叫苦连天，落荒而逃。海山挥军追了一程，夺得无数

装备，方才得胜回师。

这一次大战将海都的雄心打掉了一大半，不久他抑郁成疾，不治而死。都哇也负伤了，悻悻地回到了察合台，再也不敢有非分之想。

海山连日报捷，盛称床兀儿战功。成宗非常欣慰，令床兀儿娶雅思秃楚王女察吉儿。床兀儿后来直到海都病亡才入朝。成宗赐他衣帽金珠等物，拜骠骑卫上将军，仍回镇钦察部。

海都死后，其子察八儿嗣位。都哇见元兵强将勇敢，无入侵中原的机会，于是就和察八儿商议向成宗投降。接到他们的忏悔书，成宗大喜，立刻遣使安抚他们，并赏赐财物显示宗主国的恩典。钦察汗忙哥帖木儿见都哇、察八儿均已降顺，自己孤掌难鸣，亦遣使请降，成宗亦派员至钦察安慰。

是役，海都倾举国之力，本欲以诱敌包抄之计歼灭对手，不想被海山识破，将计就计，采用反包围之策对敌，大败海都。于是，西北四十余年的战乱，总算以海都的死而暂时告一段落。

14世纪中叶，土尔扈特部落参加了统一察合台汗国的战斗。随着海都的失败，察合台汗国分裂为东西两部分，而西察合台汗国逐渐穆斯林化。为了区别已经穆斯林化的西察合台汗国，这就迫使蒙古王公必须拥戴一个有权威的汗。当时在察合台蒙古系列中势力最强、影响最大的是朵豁剌惕部的播鲁只，他的属地正在西察合台汗国的中间，包括库车、阿克苏等七河流域的一部分。

元惠宗至正八年（1348年），播鲁只从伊犁河流域图尔扎的地方，迎接察合台汗都哇的孙子秃黑鲁克贴木儿，到阿克苏继汗位。元惠宗至正二十年（1360年），秃黑鲁克贴木儿统一东西察合台，土尔扈特部落参加了一系列战斗，为维护统一作出了贡献。

海都一死，西北诸王心也凉了。都哇从海都四十个儿子中拥戴察八儿为大汗，继承窝阔台汗国的事业（都哇之所以立察八儿，因为此人从前劝海都立都哇，此举也是"投桃报李"）。都哇知道自己打不过大元，就劝察八儿及诸王与元朝讲和，共同遣使表示臣服，承认铁穆耳的蒙古宗主地位。

由此，窝阔台汗国、察合台汗国以及统治波斯广大地区的伊利汗国和统治今天俄罗斯地区的金帐汗国，均表示拥戴元成宗。这样一来，整个蒙古诸王族在形式上又重得统一，元成宗完成了他爷爷忽必烈也未能完成的任务。

不久，都哇与察八儿二人因利益不和，兵戎相见。元成宗自然偏向都哇，双方合兵，把察八儿打得穷蹙投降。都哇虽未杀察八儿，但昔日的窝阔台汗国至此已全归察合台汗国域中。1306年，都哇病死，其子宽阇继位后，一年半后也病死，汗位被察合台的一个后裔塔里忽所夺。没过多久，塔里忽被忠于都哇的旧臣刺死，众人拥都哇幼子怯伯为大汗。见内乱迭起，察八儿又联合海都系诸王来攻，最终反被察合台一系诸王打败。正是由于窝阔台、察合台两系诸王之间的厮杀，河中地区长年流血，不得安宁。与之相较，元成宗统治下的大元朝，要相对稳定得多。

元成宗这个亚洲"共主"也没当几年。都哇死的转年，即1307年，他也得病而死，时年四十二岁，在位十三年。

第六章

忽必烈称帝，建立大元

忽必烈建立大元后，开始了他的灭亡南宋的计划。他采用汉人刘整"无襄则无淮"的建议，先以襄樊作为突破口，然后浮汉入江，进占建康，进而一举攻占临安。在崖山海战中，南宋最后的一位皇帝赵昺死，南宋至此灭亡。

攻宋策略

说到征宋，其实忽必烈一日也没有放弃过。但是，自蒙哥死后，忽必烈就忙于夺取汗位。汗位夺到手后，他又忙于追击阿里不哥。阿里不哥还没有完全投降，他又忙于平定李璮的叛乱。李璮乱平，他又忙于整理朝政，对付汉儒和汉人的世侯……他忙得不可开交，一时抽不出手来。现在，他要对南宋出手了。他在军事会议上说："我对南宋是礼让的。十多年前，我从长江那边回来即大汗位时，为形势所迫，曾与他们签订合约，结果他们背信弃义，把我的使者郝经扣押了，一扣就是十五年呀！是可忍孰不可忍！我决意兴王者之师，征讨南宋，让南宋小皇帝明白，我们大元不是好欺负的！"

听到忽必烈要伐宋，蒙古将领个个摩拳擦掌。汉人大臣也都极为拥护，他们都积极地表现自己，意图通过这场灭宋的战争，好向忽必烈显示自己的忠诚，恢复对他们的信任。

最为积极的是刘整。刘整，字武仲，河南邓州人。他原是金国的将领，金亡后投了南宋。因受贾似道排挤，他愤而投蒙，带领整籍泸州十五郡、户三十万人降元。忽必烈大喜，任命他为夔府行省兼安抚大使，赐金虎符，又授予行中书省于成都、潼川两路。

攻打宋，先从哪里下手，在蒙古内部从来都是有争议的。以前，蒙哥的意见是先拿下四川，然后从西而东；一种意见是先取建康(今南京)，然后再顺江而下，攻克江南；而史天泽则建议应先取襄樊，而扬州、泸州可置之不顾，直插临安。临安破，则巴蜀之地就不攻自破。但是，由于刚刚发生了史天泽擅杀李璮事件，此时的忽必烈对史天泽还没有完全恢复信任，又加上蒙古人大多反对，他也就没有采纳。现在万事俱备，只欠东风了，灭宋之事提上日程，箭已在弦上……

刘整说道："南宋偏安一隅，苟延残喘，国弱民疲，奸臣当道，良臣猛将欲以自保，智能之士思得明君。而我朝国力充盈，兵强马壮，此为我大元灭宋的天赐良机。况且，自古以来，帝王非四海一家不为正统。眼下，圣朝已有天下十之七八，怎能弃一隅而自弃正统呢? 机不可失，时不再来，圣上决断乃英明之举。"

忽必烈大喜，问道："计将安出?"刘整说道："臣下认为，先攻襄阳，撤其扞蔽。所谓：'无襄则无淮，无淮则江南唾手可下也。'"他提出了和郝经、史天泽同样的观点。塔察儿出班奏道："臣以为攻宋时机尚不成熟。"

忽必烈问："何以见得?"

塔察儿说："我军擅长陆战骑射，不善水战，现在攻宋，是以我之短对敌之长，应练好水军以后再攻宋为宜。"

穆哥也说："宋廷虽然偏安江南一隅，但对其实力也不能低估：江南乃鱼米之乡，财力颇丰，城池坚固，利于久战。金朝两次攻宋均告失败。我朝窝阔台汗打到四川，无功而返。蒙哥汗更是饮恨钓鱼山下。这一切都提示我们，攻宋必须做好充分准备，轻易攻打是不会奏效的。"

"臣下不敢苟同两位王爷的观点!"刘整望了一眼两位王爷，然后说："臣下认为，不说金朝，只说宪宗之所以饮恨钓鱼山下，臣下以为其弊有四：一是选错攻宋地点。我蒙古大军，长于骑兵作战，所向无敌。但骑兵作战，宜选择空旷、平坦之地。川蜀深山大川，险阻重重，山路蜿蜒曲折，我骑兵在此种地形很难展开。况且敌人占据地利人和，我军为客，人地两生，既无掳掠来补充给养，又无俘获来补充兵力，只能以有限之力，冒无限之险，纵然有泰山压卵之势，倾河海以灭火之举，一旦进攻遭受阻滞，盘桓不能前进，便无异于强弩之末。二是国力尚很疲弱。凡夺取天下者，必蓄养精力，征赋税以足需用，屯农田以足粮草，待内部理顺，对外歼敌的条件也就成熟。而蒙古帝国自开国以来，一直在外用兵，国力岂有不弱之理？宪宗皇帝承继大统不久即出兵攻宋，以强力谋取。兵法说，以力强取者则不可持久，久则挫伤元气，疲困不振，因此才致使功败垂成。三是缺乏智谋。古之用兵，攻其不备，出其不意，而后可以用奇兵。岂能连兵百万，首尾万里，御驾亲征，全国动员，搅得天翻地覆，人人皆知？如此伐宋，无异于撞其钟而掩其耳，吃其脐而蔽其目，这哪里是用奇兵，分明是拿着价值千金的玉璧去投瓦石!"

忽必烈对刘整的高谈阔论非常感兴趣，问："刘爱卿认为，用兵襄樊，又有哪些胜算?"

刘整接着说道："选择用兵襄樊，原因也有三。

"一是发兵南下的条件业已成熟。自我皇承继大统以后，锐意改革，内修政理，鼓励农桑，北方经济已经复苏，现已民殷国富。加之时下内乱已平，漠北安宁，各种不安定因素业已清除殆尽，政局

襄阳炮(模型)

如日中天，此时南下伐宋，正能完成我皇一统天下的宏愿。二是襄樊是南宋的软肋。兵法说，打蛇七寸，攻人打软肋。千里长江、两淮、临安、建康如果视为蛇头，巴蜀为蛇尾，则襄樊就是它的软腹。软腹牵制了蛇头和蛇尾，一旦击中，攻下襄樊，向西使川蜀与朝廷失去联系，向东则有顺江之势，向南使得南面的湖湘门户洞开，蛇头、蛇尾不能相顾，然后猛击头部，哪有不胜之理?！三是我军骑兵、步卒优良，所向披靡，唯水战不如宋军。我军从现在开始，着手围困襄樊，然后造战舰、练水军，夺宋军所长，接我军所短，必能获得成功。况且我蒙古大军经过几年的实战，对于攻城拔垒亦有相当的经验，从伊利汗国引进的炮，更是威力无比。应当说，现在我军与宋相比，在战

斗力上已经远远胜出。"

"可不能小瞧南宋。"阿术领兵与南宋军队较量过多年，对他们的作战能力和技巧有着细致的研究，对南宋的政治、经济、军事也都了解一二，他插话说道："别看南宋小朝廷偏安一隅，却是物阜民丰，兵多将广。只是由于皇上无能，贾似道擅权枉政，才离心离德，民生凋敝。我看要打南宋，应该是一场势均力敌的持久战！从中央突破，这个办法好！但是，以我方的国力、财力、兵力，攻占襄阳尚需时日。"刘整说道："襄樊之地，夹汉水互为依存，'跨连荆豫，控扼南北'，位于南北交通要冲，处黄淮与江汉平原交汇之处，兼有荆山与汉江之险，历来是兵家必争之地。南宋在此经营多年，固若金汤。我军应先围襄阳，然后破之。说得更清楚点，就是采用围城打援的战术，逐渐消耗宋廷的财源、兵源，最终一举消灭南宋，统一全国。"

忽必烈看到大家不再说什么，就把视线转向了右中书右丞相安童。这个从十三岁就被自己提拔为怯薛长，十八岁就任右中书右丞相的年轻人会怎样说呢？安童看到了忽必烈征询的目光，往前一步说道："安童同意刘将军的意见！"

"好！"忽必烈双手撑住金椅扶手，慢慢站起身。

"众卿听旨：朕意已决，即日设立元帅府，全面实施中路突破的战略，在宋人的江北防线上打开缺口，大军长驱直入，一举突破长江天险！阿术、刘整，我命你二人全权指挥攻宋军队；阿里海牙，朕命你置行省掌金军、屯田、供饷诸事，同时负责入奏军机。后勤保障及兵员调遣则由中书省和枢密院协商解决，不得延误，否则，军法论处！"

众将离席，齐声接旨。忽必烈如此分派，自有他的道理。阿术曾随忽必烈远征大理，又多年在黄、淮间指挥军队与宋军对峙，有丰富的对宋作战经验。刘整入朝之初即对攻宋之策成竹在胸，远在大计确定之前，他已命部属日夜操练，做好大军渡江作战的准备。阿里海牙，这位在整个会议期间一言不发的畏兀儿高级将领，则擅长协调诸军、确保供给……

对南宋的整个战略部署了如指掌的刘整确定的攻宋方略，直接点出了南宋防线上的要害和最大软肋，使得元军由原来的多点进攻变成集全力而攻敌之要害，而后来的战事也表明刘整的计策是非常高明的。咸淳三年，也就是公元 1267 年年末，主帅阿术与副帅刘整率军南下，亲自安排进攻襄樊的事宜，灭宋的大战从此拉开了。

突破襄樊

在宋理宗时期，南宋与蒙古结成同盟，一致来攻打曾经灭亡北宋、给宋王朝带来不世羞辱的金国。到公元 1234 年，金哀宗在蔡州被宋蒙联军击败自杀，金国彻底覆灭。历史总是会不断循环，早在北宋徽宗的时候，宋王朝也是与金国联合共同灭了大辽，不久就被兵强马壮的金国铁骑攻灭了都城，掳了二帝，后世称作"靖康之耻"。到现在宋与蒙古联合灭金之后，宋蒙联盟马上就破裂。宋蒙战争拉开了序幕。公元 1235 年，蒙古大汗窝阔台，集合了蒙古、女真、西夏、渤海等各部人马共计五十万以上，兵分三路攻宋，终于开始了历时四十五年的灭宋战争。其中由窝阔台三子阔出带领的中路军，兵锋是直指南宋的军事要地，就是荆湖地区襄樊重镇——襄阳。

襄阳是军事重地，经过南宋长期经营，城池筑得又高又厚，还储备了大量的作战物资和粮食，城池四面环水，水中布满了大量暗礁、木桩、铁丝网。别说攻城，就连靠近都非常困难。硬攻是不可能的。

于是，忽必烈决定襄樊战役宜采取合围困敌，然后围点打援的战略。先通过贿赂南宋荆湖制置使吕文德，在襄樊城外置榷场，通商贸易，然后以防止盗贼、保护货物为名，在襄樊外围筑造土墙，合围襄阳。吕文德不识诡计，竟然同意。于是，元人在襄樊东南的鹿门山修

筑土墙，内建堡垒，建立了包围襄樊的第一个据点。这样，蒙军不费一兵一卒，便将战线推进到襄樊城脚下。

元军采取围困办法，强化围困措施，主要是分三点，即筑新城以困襄阳，筑堡万山以断汉水西向的交通，立栅灌子滩以绝东流的通道。具体办法是，水路方面在万山到百丈山的江中用木桩铁索筑起一道长栅，在江心咽喉处筑一座高台，上置火炮、强弩，高台两侧多置石墩，防止敌船驰援襄阳，切断襄阳通过水上与外界联系。陆路方面要在原有土城的基础上，在襄阳城东的白河口、鹿门山筑堡，切断与汉东地区的联系；在万山和百丈山筑长围，切断襄阳粮道，令南北不相通；在岘山、虎头山筑一字城，联络诸堡，断襄、樊樵苏之路；在汉江之西加筑新城，完成对两城的合围。这样，整个襄阳被围得就像铁桶一般。

自从 1251 年高达收复襄阳后，南宋朝廷对襄阳的战略性开始重视。宋理宗调拨了大量人力物力，经过十几年的大力经营，襄阳重新成为城高池深兵精粮足的重镇，成为宋长江中上游的门户和屏壁。在这十几年中，另外一个军事集团开始成为襄阳防守的主要力量，那就是吕文德集团。

元军筑堡、锁江，吕文焕十分着急，多次遣人外出求援。可是，吕文德丧失了应有的警惕和军事判断力，把此次蒙古人志在灭宋的侵略战争误作边境地区经常有的军事骚扰，不但不以为意，还对吕文焕的信使破口大骂："汝等妄言邀功！倘若真有此事，也不过是假城而已。襄阳、襄樊的军需储备可支持十年！回去告诉吕六 (吕文焕)，只须固守。若元军胆敢轻举妄动，待春汛一到，我亲自出征，恐怕到时候他们就要闻风而逃了。"于是蒙军很快地就建筑起了堡垒，一下子就断绝了襄樊的粮道。等到吕文德明白过来，知道自己误事了，又气又急，一病不起。

1267 年秋，阿术率军攻打襄阳，清除襄阳外围设施，小有胜利。但宋军趁蒙古回军之际，在襄阳以西的安阳滩派水军扼其退路，然后派骑兵直冲其阵，蒙古军队大乱，连都元帅阿术都险些被宋军活捉。

蒙将怀都选善识水性的士卒泅水夺得宋军战舰，其余将领奋勇拼杀，才将宋军击退，转败为胜。

1267 年冬，南宋任命吕文焕知襄阳府，兼京西安抚副使。次年十一月，为打破蒙古军对鹿门、白河的包围，吕文焕命襄阳守军进攻蒙古军，但被蒙古军队打败，宋军伤亡惨重。

公元 1268 年，忽必烈派阿术为主将、刘整为副将率领蒙古军队和降蒙的南宋水师攻打襄樊，最后一次襄樊战役拉开序幕。在得知襄樊被围后，宋王朝急忙下令四川和两淮的援军增援襄樊。

同时，荆湖安抚制置副使、襄阳知府吕文焕，也几次主动出击，力图打破蒙军的包围，但是都没有成功。咸淳五年 (1269 年) 三月，宋将张世杰率军与包围樊城的蒙古军作战，又被阿术打败。七月，沿江制置使夏贵率军乘秋雨不断，汉水暴涨，救援襄阳。夏贵采用声东击西之计，分遣舟师在东岸的林谷间出没，试图吸引蒙古军的注意力，然后出其不意地攻击蒙古军筑于西岸的城堡。可此计被阿术识破，他下令元军舟师集结于虎尾洲，为准备偷袭的宋军张开了一个口袋。次日，夏贵的主力果然进入了元军的埋伏圈，结果被打得大败，有五十多艘战舰沉毁，溺毙者不计其数。

咸淳六年 (1270 年) 春，吕文焕兵出襄阳，攻打万山堡，企图撕开包围圈。蒙古军诱敌深入，大败宋军。九月，宋殿前副都指挥使范文虎率水军十几万人增援襄阳，但主将畏敌，不敢力战，还没有交战，就先行撤退，结果被蒙古军水陆两军夹击，十几万兵马全军覆没。

这期间唯一一次成功的救援，是 1271 年 4 月著名的"二张援襄"的传奇式行动。1271 年 4 月，宋将李庭芝自行招募襄阳、郢州等地民兵三千余人，以张顺、张贵为首领，自发组织了救援襄阳的行动。

此时的襄阳已被困五年之久，城内弹尽粮绝。吕文焕数次向朝廷求救，但都如泥牛入海。有识之士也都纷纷上书奏请朝廷出兵，但都是无果而终。

张顺与张贵都是南宋地方武装组织将领，长期抵抗蒙古入侵，有丰富的实战经验。他们和麾下三千将士都很清楚，这次救援凶多吉少，他们要面对的是由几十万凶悍元军组成的几乎不可逾越的封锁线。面对如此强敌，以区区三千人去突破封锁无异于去送死。但是，他们更清楚，此刻深陷重围五年之久的襄阳军民对援兵那种望穿秋水般的渴望。于是，出征前，作为主将的张顺以必死的决心勉励全军将士。他明确告知将士："这次救援襄阳的行动，任务十分艰巨，每个人都要有必死的决心和斗志。你们当中的有些人并非出于自愿，那就赶快离开，不要影响这次救援大事。"

主将不惧生死，战士自然群情振奋，三千将士同仇敌忾，士气大振，纷纷表达愿与敌军决死一战的心愿。

一切准备就绪后，五月，张顺、张贵在高头港集结了百余艘轻型舰船组成的舰队，船上满载粮食、药品、食盐、饷银和布匹等物资。张顺、张贵把船只连成方阵，张贵在前，张顺在后，率舰队冒死冲入元军重围。他们用三弓床弩炮向敌舰发射火箭，密集的火箭呼啸着飞向元军舰队，击中目标后发生密集的爆炸并引起大火。元军大量大型战舰迅速被点燃，成为一座座漂浮在水上的"火山"。江面上烈焰冲天，浓烟滚滚，成为一片火海！宋军一面用火枪、火炮猛轰元军舰船，一面趁乱用事先准备好的板斧斩断元军布设在江中的无数拦截铁索，转战一百二十余里，终于在五月二十五日抵达襄阳！这是襄阳被困五年来第一次得到外来增援，极大地鼓舞了襄、樊军民的士气。他们送去的物资缓解了城内军民的危局。宋军支援舰队的全体将士用自己的生命完成了一次在交战双方看来都是不可能完成的史诗般的航行。激战中，作为舰队主将的张顺不幸在战斗中身中四枪六箭，壮烈殉国。几天以后，襄阳军民找到他的遗体。战死的张顺依然身披铠甲，手执长弓，保持着作战时的姿势。襄阳军民为纪念张顺，将他厚葬并立庙祭祀。而另一名主将张贵，则在后来打通襄阳与郢州的水上交通线战斗中，由于叛徒出卖陷入元军重围，在力战身中十余枪后被俘，英勇不屈，被残忍杀害。从此，襄阳、襄樊前线永远断绝了与外界的联系，直至1273年二月襄阳陷落。

襄、樊失陷后，南宋门户洞开，形势急转直下。元军顺汉水长驱东下，强渡长江，次年鄂州投降。至此，忽必烈的既定目标——上阻四川、下达江左的战略目标，得以实现。

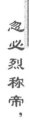

浮汉入江

襄、樊陷落后，忽必烈采纳将、臣建议，增兵十万，乘胜大举攻宋。但是，用谁作为灭宋总指挥却是一个难题。伐宋是一场大战争，选好领兵大元帅是取胜的关键。安童是木华黎的孙子，十三岁就任怯薛长，十八岁任中书右丞相。伯颜，是开国功臣阿拉黑的孙子，生长于伊利汗国，以深略善断著称，后来在任旭烈兀使者时，被忽必烈赏识，留作侍臣，与谋国事，先后任中书左丞相，后迁中书右丞，此时任同知枢密院事。

安、伯二人都在三十岁上下，年富力强，精力旺盛。难得的是，二人都虑事周密，处事稳妥。斟酌再三，忽必烈还是决定让伯颜为伐宋最高统帅。他命驻蜀元军进攻两川要地，以阻宋军东援；命合丹、刘整行淮西枢密院，博罗欢为淮东都元帅，分别进攻两淮，牵制宋军，配合主力攻宋；命荆湖行省左丞相伯颜、平章政事阿术率军二十万，自襄阳顺汉水入长江，直取临安。并告诫伯颜勿妄杀，以争取人心。

九月，伯颜点水、步、骑兵二十万，分兵三路攻宋。伯颜居中路，与副帅阿术率主力沿汉水南进，向南宋展开了全面进攻。襄樊陷落之后，郢州都指挥张世杰早做好了准备。他叠石为城，并一再加固，又在汉江之南另立新城，中横铁索锁住战舰，在汉水中密植大量的木桩、鹿寨，加以炮、弩防守，整个城防固若金汤。

伯颜大军攻打到郢州，见郢州城防严密，虽几次攻打，都无效果。

于是，就在当地农人的指点下，绕道鄂州下游的黄家湾，趁沟宽水深的西沟渠淋雨水涨，命士兵修治平江堰，破竹为席，铺设地面，合众拖船入藤湖（今湖北钟祥东南），迂回入汉，占领沙洋。而后，竟然搁置鄂州不打，兵锋转而向东，直指阳逻堡。此举避坚城不攻，迅速南进，进一步打乱了宋军的防御部署。

伯颜大军到达阳逻堡，一看宋军早有防备，只得驻扎。伯颜与阿术、阿里海牙等一面围坐在地图前，研究着对策，一面派出本地军士，遍访长江沿岸老船工、老舵手，询问他们适合过江地点。

有一老船工入帐说道："其实，过江不用非走阳逻堡，还有一处地方，那就是阳逻堡西面的沙芜口。你们可以过沧河，越过一片湖区，转至沙芜口过江。"

伯颜重赏了老船工，立刻派出密探沿老船工指点的路线侦察。很快，派去的侦探回来报告，说是沙芜口也有重兵把守。但较之阳逻堡，地形并不十分险要，防守力量也弱多了。

阿术十分犹豫："沙芜口邻近阳逻堡，一旦沙芜口守备坚固，攻之不下，阳逻堡又出兵相援，我军就会进退两难。"

阿里海牙说道："相对来说，还是沙芜口利于我军作战，但是如何牵制阳逻堡的敌军，使之不能出援呢？"

史天泽说道："汉朝有个班超，采用声东击西战术，以少胜多，大败莎车和龟兹。兵法曰'将欲西而示之以东'，我们若能派出重兵攻打汉阳，扬言从此过江，敌必不敢出援，甚至还要沙芜口之敌出援汉阳，此时若再攻打，便可一举拿下。"

伯颜大喜，立刻命阿里海牙率主力部队包围汉阳，自己亲自指挥攻打汉口。一路上元军大造声势，声称坚决拿下汉口。而此沙芜口兵力空虚，伯颜派精兵一举拿下沙芜口。拿下沙芜口，伯颜立刻下令军士从汉水下游开坝导水，接通沧河下游水域。十万大军一夜就打通水道，元军舟师得以由此进入长江。伯颜于是解汉阳围，带大军赶赴沧河湾口，战舰千艘、步骑数十万，陈兵长江北岸。至此，元军下一个目标就是如何过江。解决这个问题，还是得先拿下阳逻堡。伯颜先遣

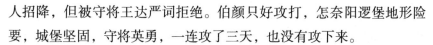

人招降，但被守将王达严词拒绝。伯颜只好攻打，怎奈阳逻堡地形险要，城堡坚固，守将英勇，一连攻了三天，也没有攻下来。

看看无法硬攻，伯颜又打起了声东击西的主意。他把目光盯在了阳逻堡上游的一个叫青山矶的地方。于是，他又和阿术秘密商议。伯颜说："夏贵以为我们必须攻下阳逻堡才能渡江。可是它坚而难攻，再攻下去，也是徒劳。茫茫千里江岸，为什么我们不来个避实就虚，另寻渡河点呢？"

阿术说道："不知元帅计划从何地渡江？"伯颜用手在地图上指划着说："你看这儿怎样？"阿术低着头，认真地看着长江南岸的这个小点，微微地点了点头。"此地位于阳逻堡上游，风高浪急，船逆行，夏贵必定不会想到我们从此渡江，那我们就偏在此渡江。将军可亲自率三千铁骑，坐船逆江而上，趁我主力与阳逻堡之敌交战，敌疏于防守之际，乘机由此渡江，占领青山矶，建立稳固桥头堡，然后想法架设浮桥，等待大部队过江。"

一个北风呼啸的寒冬腊月夜，阴沉沉的天空一点儿亮色也没有，凛冽的寒风中夹杂着细小的冰凌，吹得人们的手脸针刺一般痛。江上的水波汹涌，与风一起，推着船儿朝后退。幸亏有众多的将士，战船还是在暗夜和寒风的掩护下一点一点地顶风前行。天亮时分，军船陆续抵达了青山矶。

经过一夜的长途跋涉，元军体力消耗很多，再加上宋军以逸待劳，元军便渐渐不支。幸亏阿术带领后续部队及时赶到，他一面立刻投入战斗，一面让后续战船上的将士下船，连人带马泅渡长江，抢占滩头。

看到元军下到刺骨的江水中，岸上的守军连忙射箭。但是，由于大部队已经上船作战，这些守军根本阻挡不住元军猛烈的进攻。元军一到对岸，立刻跳上战马，以骑兵对步兵，宋军更是无力支撑，只得撒腿就跑，向鄂州逃去。

江中的宋军一看南岸被元军占领，恐受到夹击，便无心恋战，向下游退去。阿术也不追赶，乘机指挥船只抢滩上岸。上岸后，他一面派人报告伯颜强渡成功，一面下令架设浮桥，等待大部队过江。

伯颜闻讯大喜，立即指挥诸将猛攻阳逻堡，同时带领大部队快速行军，从青山矶过江。赴援的宋将夏贵听说元军已经渡江，大惊失色，急引手下军船三百艘率先遁逃，沿流东下，败回庐州。围攻阳逻堡的阿里海牙趁机加强进攻，先用炮猛烈轰击防守薄弱处，然后乘势入城。都统制王达和他率领的八千宋军，与元军进行殊死搏斗后，全部壮烈战死。

临安危在旦夕。此次战役，伯颜以声东击西之策，使元军进占沙芜口 (今武汉汉阳东)，屯驻江边。继而避实击虚，强渡长江成功，致宋长江防线彻底崩溃，长江天险失去了屏障作用。遂分割包围破阳逻堡、汉阳军，攻占鄂州，完成了灭宋战争的重大转折。

进占建康

至元十年 (1273 年)，元军攻陷襄樊后，右丞相伯颜率水陆大军沿长江顺流东下，势如破竹。伯颜鉴于四川、湖南、江陵 (今属湖北) 等地未下，为保障后方安全，命右丞阿里海牙领兵四万镇守鄂州。伯颜自率十余万大军，令降将吕文焕为先锋，以战抚兼施之策，沿江东进。

至元十二年 (1275 年)，元军攻打建康，宋朝建康留守赵溍弃城而逃，都统司都统制徐王荣等开城请降，元军兵不血刃，占领建康。元军进占建康后，伯颜派兵进攻建康周围的重要城镇，随即攻陷镇江，控制了江东地区，建立起稳固的南进基地。与此同时，为防止两淮宋军南下救援，忽必烈命阿术率军渡江，进围扬州。阿术在扬州东南的瓜洲修造楼橹，缮制战具；又在扬州城外围树栅，修筑坚固的堡垒长围，截断了宋军增援部队；又派水师堵截江面，控制了长江天险，断绝了宋军渡江南救临安的通道。南宋朝廷立国，是以长江为防线，两淮为藩篱，"重兵皆驻扬州，临安倚之为重"。

元军占领建康，进围扬州，攻占两淮，南宋都城临安完全失去了屏障。元军在建康休整后，兵精粮足，战斗力更加强盛，随时准备攻取临安，处在进攻的有利地位。在元军大兵压境的形势下，南宋朝廷内部矛盾重重，主战、主和举棋不定。虽然朝廷屡次诏令各地宋军入卫临安，终因元军全面进攻，荆湖、川陕战场宋军自顾不暇，两淮宋军被元军阻隔无法渡江赴援，只有郢州（今湖北钟祥市）张世杰、江西文天祥等将帅和两浙、福建部分厢禁兵到达临安守卫。但这些小规模增援根本无法扭转整个战争局面。1275 年 5 月，宋廷命主战派张世杰率军出击元军外围防线，没能打通。6 月，淮东制置使李庭芝命姜才等打通援救扬州的通道，两军在扬子桥激战，宋军死伤万余人，姜才只带数骑逃回扬州。

为确保临安，宋廷组织焦山之战。张世杰约殿前都指挥使张彦率兵出镇江，以图控制长江南岸；扬州李庭芝出兵瓜洲，从江北配合；自己率水师陈兵镇江以东的焦山江面，约定三路俱进，与元军决战。但扬州宋军没有按时赶到，镇江张彦拒不发兵，使张世杰孤军深入。元将阿术、阿塔海、张弘范等在石公山居高临下指挥战斗，命万户刘深沿长江北岸绕至宋军背后，董文炳、刘国杰从焦山左右两边进击，万户忽刺直冲宋军大阵。元军乘风放火箭，宋船纷纷起火，阵势顿时大乱，宋师全军覆没，损失战舰七百余艘。焦山之败，宋朝军队损失殆尽，朝廷或主议和，或主南逃，分崩离析，一筹莫展，南宋灭亡指日可待了。

7 月，张世杰与平江都统刘师勇、知泰州孙虎臣率战舰万艘，以十舟为一舫，连以铁索，碇于江中，横列焦山江面，欲与元军决战，被阿术以水陆协同进击，配以火攻击败，损失惨重。忽必烈最后下定灭宋决心，命伯颜率领元军直逼临安。伯颜受命后，召集攻宋将帅部署方略，确定了"分诸军为三道，会于临安"的作战部署。这年 11 月，伯颜分兵三路会攻临安，西路由参政阿剌罕、四万户总管奥鲁赤率领蒙古骑兵出建康，向溧阳、独松关（今浙江安吉县东南）进军；东路由参政董文炳、万户张弘范、都统范文虎率水师沿江入海，向海盐、澉浦（今浙江海盐县南）进军；中路伯颜带领诸军，率水陆两军出镇江，向常州、平江（今江苏苏州市）进军。

西路军主帅阿剌罕率军南下，直趋溧阳，遭到南宋守军的抵抗，结果宋军损兵折将，残部南撤。元军乘胜追击，在溧阳西南银林东坝再次打败宋军。元军在追击途中受到南宋援军的阻击，双方展开激战，后来元军派蒙古骑兵冲杀，宋军抵挡不住，突围南逃。溧阳之战，宋军损失将校七十余人，士卒近两万人，伤亡惨重。西路军于十一月下旬逼近建康通往临安的要隘独松关（今浙江安吉县东南），南宋守将张濡率兵北上阻击元军，与元军骑兵交战。宋军虽是精兵强将，但只有数千人，而且都是步兵，虽然奋勇冲杀，但却难以阻挡强大的蒙古骑兵，终于被击溃，主将张濡被杀，士兵死伤两千余人。元军控制了临安的北大门。

中路军伯颜率兵进攻常州。常州是拱卫临安的前阵，是元军整个攻取临安计划的关键。伯颜派兵击溃宋增援部队后，亲自指挥攻城。元军在城南筑高台，把炮放在台上向城内猛轰，又用火箭射入城中，常州城内一片火海。伯颜命元军架云梯、绳桥攻城，元军攻入城内。常州守将姚岩率将士浴血奋战，终因寡不敌众，没有外援而失败。姚岩、王安节等阵亡，僧人万安、莫谦之长老率僧兵赴援，五百名僧兵全部战死。伯颜下令屠城，只有七人幸免于难。常州之战是宋元战争中最悲壮的一役，影响很大。

至元十二年（1275年）冬，正当常州军民艰苦抗敌之际，宋廷派张全率两千余人由淮入援常州，文天祥也派部将尹玉率兵偕同赴援。伯颜得报后，命怀都、王良臣领兵在五牧（今江苏常州东南）阻击宋军。战争开始后，文天祥部将麻士龙与元军交战，由于张全按兵不救，麻士龙战死。在元军攻击下，张全退到五牧，文天祥部将朱华奋起抗击，挡住了元军。尹玉指挥宋军与元军决战，元军损失惨重。元将王良臣配合怀都水陆夹击宋军，宋将张全始终按兵不动，尹玉失败，溃军南逃。尹玉力战被俘，为元军所杀，所部将士大部分战死。张全见大势已去，率军逃离五牧，致使救援失败，没能解常州之围。

伯颜攻破常州后，派都元帅阇里帖木儿、万户怀都率兵攻无锡、平江。在元军大兵压境下，两地宋军投降元军。

东路水军以范文虎为先锋，顺江东进，由于长江两岸已无宋军把守，元军进军顺利。当时长江口活跃着一支由贫苦渔民组成的水军，由朱清、张瑄率领，不受宋朝管辖。元军主帅董文炳认为可以利用这支力量，便招降了这支海上武装。朱、张二人带领人马和海船随元军南下攻取临安，增强了元军的海战能力。东路军出长江口后沿海而下，十二月逼近钱塘江口，从海道包围了临安。

至元十二年（1275 年）十二月，元朝三路大军进逼临安，随时准备攻占临安。至元十三年（1276 年）正月，东路军董文炳一部登陆，抵达盐官县（今浙江海宁市），宋守军投降。

董文炳率东路军与中路伯颜大军会师，西路军阿剌罕也率部与中路军会师。在大军压境形势下，南宋朝廷一片混乱，丞相陈宜中请太皇太后出海避敌，张世杰、文天祥主张决死一战。宋廷既没有兵力抵抗，求和又被元军拒绝，于是奉玺书向伯颜请降。伯颜遣董文炳、吕文焕、范文虎入城安抚百姓，禁止杀掠，封闭仓库，收缴宋廷衮冕、圭璧、仪仗、图籍以及大批财宝、器物，运往大都（今北京市）。伯颜亲自入临安城安置宋廷人员，把宋帝赵㬎、皇太后全氏以及其他朝官、宫廷人员监护启程，浩浩荡荡北上。至此，临安被元军攻取，南宋朝廷灭亡。

伯颜攻取临安之战，是宋元鼎革之际的最后一次重大战役，至元十二年（1275 年）春，元军攻占建康（今江苏南京市），到至元十三年（1276 年）春，进占临安（今浙江杭州市），历时一年，中经溧阳之战、独松关之战、常州之战、五牧之战等激战，以南宋朝廷投降元朝而告结束。从战略来看，元朝采用围困逼降的策略，步步进逼，除武力进攻外，一直遣使招降。如忽必烈派礼部尚书廉希圣、工部侍郎严忠范到宋朝劝降，伯颜派张羽等人招降。在南宋朝廷举棋不定之际，伯颜

屡次派人劝降，只不过是为稳住宋朝君臣。元军利用战抚并用策略，取得了整个战局的主动权。

会攻临安

　　至元十一年 (1274 年)，元军征宋大元帅伯颜采用声东击西之计，突破长江天险。是年十二月，元军攻占鄂州 (今武汉武昌) 后，伯颜即命大将阿里海牙领兵四万据守鄂州，占据这个长江沿线桥头堡，并监视荆湖未下之地，同时阻断川蜀沿江东进。伯颜亲自率主力部队沿江东进，直扑南宋都城临安。

　　1275 年 3 月，元军先后攻占建康、镇江等重镇。此后，忽必烈重新部署灭宋方略，命阿里海牙攻湖南，切断南宋东西联系；又命阿术驻瓜洲，攻扬州，阻挡淮东宋军南援；大将伯颜则率主力直取临安。元军攻宋期间，正逢江南疫病流行，江南百姓更因战乱流离失所，一些地区甚至发生了饥荒。伯颜看到后，下令开仓赈饥，发药治病。江南百姓大为感激，称伯颜的军队为"王者之师"。丁家洲战役后，在元军的武力与怀柔政策下，南宋军民多不战而降。

　　1275 年 7 月，阿术率军在焦山水陆配合，运用火攻大败宋军张世杰水师，俘虏万余人，获战船七百余艘。在这一仗中，张世杰的水军力量雄厚，士气也很旺盛。只可惜张世杰有勇无谋，空怀忠勇，将南宋巨舰用铁索连在一起，本来是表达誓死不退的决战之心，却让元军来了个火烧赤壁的南宋版。一把火过后，跟着是元军的水陆并进，将张世杰水师几乎全歼。

　　1275 年 10 月，伯颜于镇江分兵三路南攻；参政阿剌罕、四万户总管奥鲁赤等为右路军，率步骑自建康经溧阳、广德攻独松关；同行中书省事董文炳、万户张弘范、两浙大都督范文虎等为左路军，率舟师经江阴军 (今江苏江阴)、许浦 (今江苏常熟东北)，由海路趋澉浦 (今浙江海盐南)；伯颜与右丞阿塔海率中路军向常州、平江 (今江苏苏州) 进发，并节制诸军，会师临安。南宋得知常州危急，急忙派张全率兵两千，平江知府伊玉、麻士龙率兵三千赴援，与元军展开激战，在元军大兵压境的情况下，多数战死。

元军大军齐下，西路军主帅阿剌罕率军南下，连克溧阳、建平，一路势如破竹，只在独松关 (今浙江安吉县东南) 遭到守将张濡的顽强抵抗。他们以步兵战骑兵，虽舍生忘死，但终因寡不敌众，最终全部阵亡，于是元西路大军便控制了临安的北大门。

元东路水军以范文虎为先锋，顺江东进，由于长江两岸已无宋军把守，元军进军顺利。当时，长江口活跃着一支由贫苦渔民组成的水军，由朱清、张瑄率领，不受宋朝管辖。元军主帅董文炳认为可以利用这支力量，便招降了这支海上武装，朱、张二人带领人马和海船随元军南下攻

元代青花八棱罐

取临安，增强了元军的海战能力。东路军出长江口后沿海岸线，十二月逼近钱塘江口，从海道包围了临安。

元中路军由伯颜率兵进攻常州，常州是拱卫临安的前沿，是元军整个攻取临安计划的关键，伯颜亲自指挥攻城。元军在城南筑高台，把大炮放在台上向城内猛轰，又用火箭射入城中，常州城内一片火海。常州守将姚岩率将士浴血奋战，终因寡不敌众、没有外援而失败。姚岩、王安节等阵亡，僧人万安、莫谦之长老率僧兵赴援，五百名僧兵

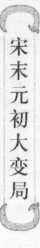

全部战死。

伯颜攻破常州后，派都元帅阁里帖木儿、万户怀都率兵攻无锡、平江。在元军大兵压境下，两地宋军投降元军。

1276年正月，三路大军会师皋亭山（今杭州北）。宋摄政太皇太后谢道清拒绝张世杰、文天祥背城一战，以图求存建策，一面送益王赵昰、广王赵昺南逃，一面遣使赴元请降。丞相陈宜中遁温州（今属浙江），张世杰、苏刘义等各率所部离去。二月初五，宋恭宗赵显率百官于临安降元。伯颜取谢道清手诏，招降未附州县（参见临安之战）。淮西制置使夏贵以淮西降元。淮东制置使李庭芝坚持抗元至七月，应流亡政权之召，欲讯海南归；副将朱焕以城降元，李庭芝、姜才等被俘杀，淮东尽为元军占领。江西战场，宋都带、李恒等破隆兴府（今南昌）后，招降十一城；旋于团湖坪（今江西万年西南团湖山下）、龙马坪（今江西进贤北军山湖畔）击败宋军抵抗。十三年二月，破建昌军（今江西南城）、临江军（今江西清江西南）。吉、袁（今江西吉安、宜春）、赣（今属江西）等州相继降，江西平。湖南战场，阿里海牙于十三年正月攻破潭州（今长沙），旋招降湖南未附州县及韶州（今广东韶关）、南雄（今属广东）等州，湖南平。

在大军压境形势下，南宋朝廷一片混乱，宋廷既没有兵力抵抗，求和又被元军拒绝，陈宜中以及朝中文武百官纷纷逃离临安。谢太后无计可施，只好派临安知府贾余庆以恭帝名义奉传国玺及降表，到皋亭山向伯颜请降。伯颜遣董文炳、吕文焕、范文虎入城安抚百姓，禁止杀掠，封闭仓库，收缴宋廷衮冕、圭璧、仪仗、图籍以及大批财宝、器物，运往大都。伯颜亲自入临安城安置宋廷人员，把宋帝赵显、皇太后全家以及其他朝官、宫廷人员监护启程，浩浩荡荡北上。至此，临安被元军攻取，南宋朝廷灭亡。

临安会战至此结束，从建立建康基地到攻取临安算起，此战仅用了一年时间。从战略上来看，元朝采用攻击逼降的策略，忽必烈为配合前线，先后派礼部尚书廉希圣、工部侍郎严忠范到宋朝劝降，伯颜也派张羽等人招降，目的是为稳住宋朝君臣，取得了整个战局的主动权；在战术方面则使用分路并进，合而击之的方法，三路大军三管齐下，西路断其响应，东路断其退路，中路攻坚突破。南宋方面由于采取消极防御战略，战和不定，最终失去了抗击元军的有利形势，以亡国而告终。

说到南宋的灭亡，这里还发生了一件非常荒唐的事情。当元军接近临安的时候，陈宜中等人主张迁都，放弃临安。经过几次劝说后，终于说服了谢太后。陈宜中得到谢太后的准许后马上回到府中，叫家人开始收拾物品，准备逃亡。谢太后在宫中久等陈宜中回音不至，就慌张了起来，派人到陈宜中府中探个究竟。探子去后，回来禀告说：陈宜中正忙着收拾行装。这可把谢太后气坏了，她哭着大骂陈宜中只顾自己安危，却不顾及他们孤儿寡母的死活。她越想越觉得凄苦，最后干脆不走了，作出了投降元人的决定！其实陈宜中虽然奸佞，但他却明白如果赵氏不存在了，他也就失去了存在的价值，所以他是一定要带赵氏遗孤走的。只是，一来他确实有轻慢赵氏孤儿寡母的心理，二来他急于布置迁都的各项工作，一时没有来得及回宫禀告而已。可惜只因一个老妇人的愚钝，就将南宋江山轻易地断送了……

元军进入临安后，伯颜下令不要抢掠，并封存府库，登记钱谷。伯颜言明，将士不得擅自进城，敢于暴掠者，军法从事。在伯颜的保护政策下，临安的经济没有受到严重破坏，市场照常经营。

追歼二王

　　元军在襄樊之战大破宋军以后，直逼南宋首都临安（今浙江杭州）。德祐二年（1276年），宋朝朝廷求和不成，于是五岁的小皇帝宋恭帝投降。宋度宗的杨淑妃在国舅杨亮节的护卫下，带着自己的儿子即宋朝二王（益王赵昰、广王赵昺）出逃，在金华与大臣陆秀夫、张世杰、陈宜中、文天祥等会合。接着进封赵昰为天下兵马都元帅，赵昺为副元帅。元军统帅伯颜继续对二王穷追不舍，于是二王只好逃到福州。

　　1276年五月，陈宜中、张世杰、陆秀夫、文天祥等在福州拥立益王赵昰为帝，改元景炎；封广王赵昺为卫王，陈宜中为左丞相兼枢密使、都督诸路军马，张世杰为枢密副使，陆秀夫为签书枢密院事，文天祥为枢密使、同都督。遣将向江西、两浙南部进兵抗元。

　　赵昰做皇帝以后，元朝加紧灭宋步伐。宋端宗景炎二年（1277年），福州沦陷，宋端宗的南宋流亡小朝廷直奔泉州。张世杰要求借船，却遭到泉州市舶司、阿拉伯裔商人蒲寿庚拒绝，随即早有异心的蒲寿庚投降元朝。张世杰抢夺船只出海，南宋流亡朝廷只好去广东。宋端宗准备逃到雷州，不料遇到台风，帝舟倾覆，端宗差点溺死，并因此得病。左丞相陈宜中建议带宋端宗到占城（今越南南部），并自己前往占城，但后来二王数次召其回来都不返；最后逃到暹罗（今泰国），最终死在那里。端宗因落水染病，不久病逝，由弟弟七岁的卫王赵昺登基，年号祥兴。赵昺登基以后，左丞相陆秀夫和太傅（太子的老师）张世杰护卫着赵昺逃到厓山，在当地成立据点，准备继续抗元。不久，在现时广东和江西二省抗元的文天祥得不到流亡朝廷的支援，被张弘范部将王惟义在海丰县的五坡岭生擒，在陆地的抗元势力覆灭。

祥兴二年（1279 年），元朝派汉人投降大将张弘范进攻赵昺朝廷。后来在不久以前攻占广州的西夏后裔李恒也带领援军加入张弘范军。此时宋军兵力号称二十多万，实际其中十数万为文官、宫女、太监和其他非战斗人员，各类船只两千余艘。元军张弘范和李恒有兵力十余万，战船数百艘。这时宋军中有人建议认为应该先占领海湾出口，保护向西方的撤退路线。张世杰为防止士兵逃亡，否决建议，并下令尽焚陆地上的宫殿、房屋、据点；又下令将千余艘宋军船只以"连环船"的办法用大绳索一字形连贯在海湾内，并且安排赵昺的"龙舟"放在军队中间。元军以小船载茅草和膏脂，乘风纵火冲向宋船。但宋船皆涂泥，并在每条船上横放一根长木，以抵御元军的火攻。元朝水师火攻不成，以水师封锁海湾，又以陆军断绝宋军汲水及砍柴的道路。宋军吃干粮十余日，饮海水致士兵呕泄。张世杰率苏刘义和方兴日大战元军，张弘范擒张世杰外甥韩某，以其向张世杰三次招降不果。

祥兴二年（1279 年）二月六日癸未，张弘范预备猛攻，元军中有人建议先用火炮，弘范认为火炮打乱宋军的一字阵型，令其容易撤退。第二日，张弘范将其军分成四份，宋军的东、南、北三面皆驻一军；弘范自领一军与宋军相去里余，并以奏乐为以总攻信号。首先北军乘潮进攻宋军北边失败，李恒等顺潮而退。元军假装奏乐，宋军听后以为元军正在宴会，稍微松懈了。正午时段，张弘范的水师于正面发起进攻，接着用布遮蔽预先建成并埋下伏兵的船楼，以鸣金为进攻信号。各伏兵负盾俯伏，在矢雨下驶近宋船。两边船舰接近，元军鸣金撤布交战，一时间连破七艘宋船。宋师大败，元军一路打到宋军中央。这时张世杰早见大势已去，抽调精兵，并已经预先和苏刘义带领余部十余只船舰斩断大索突围而去。赵昺的船在军队中间，四十三岁的陆秀夫见无法突围，便背着八岁的赵昺投海，随行十多万军民亦相继跳海

元·金飞天头饰

壮烈殉国！《宋史》记载，战后，十余万具尸体浮海。张世杰希望奉
杨太后的名义再找宋朝赵氏后人为主，再图后举；但杨太后在听闻宋
帝昺的死讯后亦赴海自杀，张世杰将其葬在海边，不久张世杰在大风
雨中不幸溺卒于平章山下（约今广东省阳江市西南的海陵岛对开海
面）。至此，南宋灭亡。

第七章

元灭南宋，宋民抗争

南宋末年，朝政更加腐败。随着元世祖攻宋的步伐一步步加快，南宋王朝的丧钟敲响了。南宋人民面对国家生死存亡，积极抗元，涌现出了无数英雄，如面对威逼利诱、誓死不降最终英勇就义的文天祥。

蒙哥登基

　　蒙哥 (1209—1259 年)，元宪宗。成吉思汗孙，托雷长子。1251—1259 年在位。即位前曾参加长子军西征，活捉钦察首领八赤蛮，进攻翰罗思等地。1251 年，被拔都拥立为大汗。即位后，以忙哥撒儿为断事官；以孛鲁合掌宣发号令、朝觐贡献及内外闻奏诸事；以海云掌佛教事；以道士李真常掌道教事；以帖哥、阔阔术等掌帑藏；孛兰合剌孙掌斡脱；阿忽察掌祭祀、医巫、卜筮；以只儿斡带掌传驿所需；以孛鲁合掌必赤掌写发宣诏及诸色目官职。

　　窝阔台统治蒙古期间，他在军事上、政治上表现出卓越的才能，但在蒙古帝国的汗位继承制度上却没有建树，以致他去世不久，诸系便围绕着汗位继承展开了激烈的争夺，最终酿成骨肉相残的悲剧。贵由死后，公元 1251 年蒙哥终于夺取实权，登上汗位。

　　成吉思汗的长妻弘吉剌氏孛儿帖生有四个儿子：术赤、察合台、窝阔台、拖雷。成吉思汗死后，窝阔台系暂时执掌了政权。贵由死去，使窝阔台系失掉最后一位治理国家的人才，剩下的全是孤儿寡妇。贵由妻斡兀立海迷失沉溺于巫术之中，成天和萨满巫师在密室策划，对朝政一概不知，只是偶尔跟商人做点买卖。她的两个儿子，忽察和脑忽，年轻任性，而且谁也不服对方。他们又和曲出之子失烈门交恶，只是在反对把汗位从窝阔台系转移出去这一点上，他们才又暂时结合。

　　而术赤系内，拔都继位后，兄弟之间和平相处，内部稳定。他征服南俄草原，建立了钦察汗国，驻军伏尔加河畔，兵强马壮，一直在等待时机。拖雷系内，唆鲁禾帖尼别吉抚育的四个儿子蒙哥、忽必烈、旭烈兀、阿里不哥长大成人，兄弟四人个个能征善战，都有继承汗位的能力。拔都、唆鲁禾帖尼别吉结成斗争同盟，准备里应外合，夺取政权。

唆鲁禾帖尼，克烈部王罕弟札合敢不之女，宋嘉泰三年 (1203 年)，克烈部灭亡后，成吉思汗把她赐给拖雷为妻。王罕是蒙古兴起前漠北最强大的游牧部族领袖，成吉思汗曾归属于他；克烈部的文明程度高于蒙古部，他们信奉基督教聂思脱里派。1192 年，唆鲁禾帖尼可以说是出身于当时最显赫的草原贵族家庭。《史集》称颂她谦逊、坚定、聪明、贞洁，才能超群，善于抚育子女、统御部众。蒙古人把她称为"赛因额客" (意为好母亲)。

拖雷死后，唆鲁禾帖尼掌管了他生前的一切事务。窝阔台打算把她嫁给自己的长子贵由，但她婉言拒绝了，表示只愿意把诸子抚养成人。窝阔台未与宗亲商议，就以大汗地位擅自把属于拖雷的二千户逊都思、一千户雪你惕授予自己的儿子阔端，拖雷属下大臣宿敦、失吉忽秃忽、忙哥撒儿等不服，告诉了唆鲁禾帖尼并要她向窝阔台提出质问。她说服了他们，让他们遵从大汗旨意，不要计较财产问题。前一件事，她坚定地维护了拖雷家庭的权益和地位；后一件事则审时度势，顾全大局，不仅避免了内讧的发生，而且讨好了阔端，使他后来支持她和拖雷诸子。唆鲁禾帖尼治家有方，遵守札撒管教诸子。"她考虑到他们 (诸子) 和丈夫的军队的食品和装备之时，建立了严格的核算措施，使任何欺骗都不可能得逞。合罕 (窝阔台) 一切事情都同她商量，不违背她所作出的决定，而且不允许对她的命令作任何更改。"窝阔台死后，汗位暂时没人继承，脱列哥那皇后干预朝政，致使法纪败坏，朝廷动荡不安。诸王为了征敛财物滥发牌符，只有她和诸子没有这样做，从而赢得了声誉。她对属下臣民爱护有加，严惩过度征敛赋税、压榨百姓的税吏、达鲁花赤和军士，因而她领地内百姓比其他诸王领地境内百姓的处境要好。宋端平三年 (1236 年)，窝阔台对汉地州县民户进行分封，以真定路八万户属唆鲁禾帖尼。当时驻在真定境内的数万蒙古军，在其驻地附近经常骚扰百姓，"伐桑蹂稼"，农业生产遭到

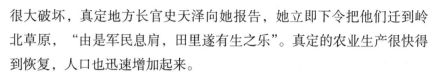

很大破坏，真定地方长官史天泽向她报告，她立即下令把他们迁到岭北草原，"由是军民息肩，田里遂有生之乐"。真定的农业生产很快得到恢复，人口也迅速增加起来。

唆鲁禾帖尼还十分重视宗教、文化，注意招揽人才。她信奉基督教，但对道教、佛教、伊斯兰教同样加以保护，对各种宗教的教士和学者加以优待，对儒学和儒士也给予同样待遇。对于各种人才，她都非常器重。太一道长萧辅道才学宏富，在中原地区名声很大，曾被忽必烈请到蒙古向他询问治理的方法。唆鲁禾帖尼授以懿旨，封其为中和仁靖真人。她还把真定名士李磐征召到蒙古，命他侍从幼子阿里不哥"讲读"（《元史·廉希宪传》）。当时真定路汉族知识分子有很多被唆鲁禾帖尼和拖雷诸子征召到蒙古。她还从西域召来了著名的基督教徒、天文医药家、拂林人爱薛。她让这些有才能的人分别辅佐教育她的几个儿子，成为他们日后成就霸业的谋士和治国功臣。

在蒙古贵族内部激烈的权力斗争中，唆鲁禾帖尼以其深谋远虑和果断机智，为拖雷家族最终夺取汗位立下了大功。她恩赐宗亲、犒赏军民，因而获得了各方面的拥戴。而且她很友好地处理和大汗窝阔台的关系，因而窝阔台对她十分尊重和信任，军国重事都与她商议（这是因为拖雷家族掌管了大多数蒙古军队）。宋淳祐六年（1246年），来蒙古的教皇使者卡尔平尼根据亲身见闻记载说："在鞑靼人中，除皇帝的母亲外，最有声望的是这个贵妇（唆鲁禾帖尼），并且她的权力仅次于拔都。"

窝阔台死后，汗位空悬长达五年，脱列哥那皇后本打算立自己的小儿子贵由做大汗，而拔都与贵由不和，拒绝参加选汗大会，不断拖延时间。成吉思汗幼弟斡赤斤这时也领兵来争汗位，内战随时可能爆发，而且朝政日益败坏。在这样的形势下，唆鲁禾帖尼率诸子参加大会，同意推举贵由，稳定了动荡局势，同时也使自己的声望和权威得到进一步提高。但贵由即位后，一直怨恨拔都，通过种种方法，不断排挤他，削弱他的力量。宋淳祐八年（1248年）初，贵由以叶迷立的气候更适宜于他的病体为借口，率领军队离开都城和林向西进发，其真

实目的是讨伐拔都。

经过多年的政治权力的角逐，在宋淳祐十一年 (1251 年) 七月，与会诸王单方面举行库里勒台。蒙哥为人严谨，他的登基暂时平息了蒙古宫廷内的长期斗争。他整饬朝政，重委官吏，继续东征西讨，把蒙古帝国从危亡中拯救出来，并得到巩固和发展，为忽必烈灭宋以及旭烈兀平哈里发奠定了基础。他从窝阔台系手中夺取政权，对蒙古帝国来说，具有进步意义。蒙哥的即位，使窝阔台系对蒙古的统治至此宣告结束。

蒙哥伐宋

蒙哥自从夺得大汗之位后，与受封于蒙古本土之西的察合台、窝阔台二支系后裔所建立的汗国之间的关系已经破裂。而对于支持他登上汗位的西部统帅拔都，出于各方面的考虑，也不便侵犯其利益。故而，将扩张的重点目标，转移到了南面的中原大国——宋朝。为此，重新发动伐宋战争，并将其规模逐步升级，乃是蒙古帝国进一步发展的必然趋势。

早在窝阔台汗攻灭金朝之后，蒙、宋之间的关系就已不断恶化，由此而导致两国之间的战争连年不断。窝阔台汗派出皇子阔出、阔端及重臣失吉忽秃忽，大将口温不花、塔思等亲临前线，主持侵宋战争。到太宗十二年 (1240 年)，窝阔台汗曾准备发动大规模的侵宋战争，调动汉军八万户张柔等一齐出兵。未几，因窝阔台病死，侵宋战争暂告中止。其后，由于蒙古帝国对内争夺汗位的纷争连年不绝，对外又主要把军力用于继续向西扩张，故而对宋朝之战争，始终处于一种相持状态。

鉴于南宋长江防线很难突破，蒙哥对伐宋的战略作了重新考虑。此时郭宝玉向他献策："中原势大，而西南诸蕃，勇悍可用。宜先取之，借以图宋，必得志焉。"（《元史·郭宝玉传》）这个意见被他采纳，他因而拟定了对南宋实行军事上的大迂回、大包围的战略，即仍集中主力侵略欧洲，同时着力巩固河南、关陕新的占领区，并在西至汉水、东至淮水一线分兵屯田，筑城列障，为伐宋做好准备。另外，先进兵西南，占据大理（今云南）和吐蕃（今西藏）之地，迂回包抄南宋大后方。而后发兵南下，采用前后夹击的办法，将南宋防线压缩至江淮一带，再进行最后决战。

宋淳祐十二年（1252年）七月，蒙哥命忽必烈统兵进军大理。同年年底，又命汪德臣领兵入蜀作战，为忽必烈进军大理开辟通路。翌年八月，忽必烈自甘肃临洮起兵，九月进入吐蕃境，而后分兵三路：兀良合台领军出西道，抄合也只烈出东道，忽必烈自率主力走中道。蒙军主力经西番界山谷，疾奔二千余里，十月越大渡河至金沙江，全军乘木筏和革囊渡江。进军至大理城附近的白蛮地，主将迎降。十一月，忽必烈派使者前往大理城受降，使者被杀，忽必烈即领军进围大理城。国王段兴智昏庸懦弱，凡国事均交付权臣高祥决断。高祥惧战自保，乘夜率部属逃跑，段兴智也仓皇逃到昆明躲避，于是大理城不攻自破。蒙军诸将领以大理杀使者之怨，要求忽必烈下令屠城。汉人幕僚姚枢、张文谦进谏阻止。忽必烈命姚枢书止杀之令传于入城诸军，使全城军民免遭屠戮。平定大理后，忽必烈令兀良合台留下继续征服南方未平各地，然后亲率中路、东路两军班师。

西路兀良合台率军直入吐蕃。当地约有三十万户居民，酋长畏惧蒙军，不战自降。兀良合台以吐蕃军为前锋，乘势向其他诸部发动进攻。宋宝祐三年（1255年），兀良合台率军攻克昆明，大理国王段兴智被擒获。慑于蒙军的强大攻势，云南地区诸部族纷纷投降。两年之内，蒙军连平大理五城、四郡、八府，以及白蛮、乌蛮等三十七个部落。而后，兀良合台奉蒙哥之命挥师进入四川，一连攻破数座城池，击败宋将张都，在马湖江夺了宋朝二百多只船，打开了重庆、嘉定、合州的通道，与先期入蜀的蒙军将领汪德臣军会师。

宋宝祐五年 (1257 年)，兀良合台被封为大元帅，率领军队回到大理镇守。翌年攻占交趾 (今越南北部)。至此，蒙哥从云南地区迂回攻南宋的战略企图实现了。

自窝阔台汗以来，蒙军曾三次入蜀作战，都是攻下抢掠一番后即离开，并没有做长期占据的打算。在蒙哥的大包围的战略计划中，主攻方向仍是四川。在控制云南地区后，命先期入蜀诸军筑城守备，一边耕作，一边战斗，不再实行游动作战，而是稳扎稳打。宋宝祐五年 (1257 年) 秋，蒙哥亲率四万兵马入蜀作战。出征前，他对诸王诸将说："我的父、祖都成大业而享盛名，我也要这样做!"

蒙哥攻四川前，宋廷就在四川加强了防御，从宋淳祐二年 (1242 年) 开始，宋廷委派余玠任四川安抚制置使和总领。余玠总结了屡次抗击蒙军经验，筑成了大获、青居、钓鱼、云顶、天生等十余城，"皆固山为垒，棋布星分，为诸郡治所，屯兵聚粮为必守计"。但四川宋军只有四五万部队且战斗力很弱，朝廷也没有调给机动作战的兵马，因而在蒙军的强力攻击下，只有招架之力。蒙军主力从六盘山 (今宁夏南部) 出发，分三路南进。蒙哥亲率一路入大散关 (今陕西宝鸡市西南)；蒙哥的异母胞弟末哥率领一路入米仓关 (通过今陕西江中市西南川陕界米仓的米仓道)；孛里叉万户率军入沔洲 (今陕西勉县)。入川后，主力军沿嘉陵江南下。宝祐六年 (1258 年) 二月，蒙将纽璘率先锋向成都进兵，击败宋将刘整的军队，攻克成都。十月，纽璘率军进至渡马湖 (今金沙江畔)，接应由蒙哥率领的主力军队，随后蒙哥渡嘉陵江至剑阁县北，两军会合。宋守卫隘口的军队被蒙军击溃，蒙军继而进围鹅顶堡 (今昭化县西南)，守城宋将王仲出降。至宪宗九年初，蒙哥在重贵山之北大宴众将，并商议是否回师。诸将或言攻，或言退，意见不一。最后，蒙哥决意继续攻宋，遂于二月进兵，渡过鸡爪滩，并攻合州 (今重庆合川区) 之钓鱼山。另外两路入蜀蒙军在川东、川西也攻城略地，捷报频传。这样，蒙军即对"川蜀之地，三分有其二"了。

然而，在江汉、江淮方面，蒙军却屡遭失败。自窝阔台攻宋以来，由于江汉、江淮多有水域，使蒙军的铁骑很难发挥大作用。而宋军则水陆结合，作战能力颇强。蒙哥见蒙古汉将张柔率汉军在江淮连年作战，却没取得什么战果，便于宋宝祐六年 (1258 年) 秋，让忽必烈统一筹划进攻江淮。开庆元年 (1259 年)，忽必烈领兵渡过淮河。由于多年来地方官吏残酷压榨水域渔民，因而在忽必烈进军时纷纷起来反抗宋军，提供蒙军船只，充当向导，这样忽必烈毫不费力地进围鄂州 (今武昌)。忽必烈登香炉山俯视大江，见宋军战船众多，军阵严整。蒙军汉将董文炳对忽必烈说："长江天堑是宋朝的屏障，势必死守，不夺其气不可，臣请试之。"忽必烈即命董文炳率一百多名敢死士卒打头阵，令大队战船擂鼓助威，后面跟进的将士高呼冲杀以壮士气。蒙军一鼓作气登岸，与宋军展开肉搏战。蒙军气势震慑了宋军，一触即溃。忽必烈率大军渡江，进逼鄂州城下，并

元朝服饰

分兵进攻江西，攻入临江 (今江西清江县)，打下瑞州 (今江西高安县)。宋廷急命宰相贾似道领军驰援鄂州。贾似道是南宋投降妥协派首领，他屯兵不进，却派人去忽必烈处议和，表示愿意称臣划江而治，纳"岁币"二十万两银、二十万匹绢，被忽必烈拒绝。

这时，蒙哥攻打合州正遭到宋军的拼死抵抗。自二月至六月，蒙军虽发动多次猛攻，并派人劝降，皆不见效。蒙军伤亡惨重，就连蒙哥自己，也为宋军的飞石所伤。至七月，不得不中止进攻合州，转而进攻重庆。宋开庆元年 (1259 年) 八月，蒙哥因伤势过重而死于军中。九月，随从蒙哥在蜀中作战的宗王穆哥也劝忽必烈一同率军北还，争

夺大汗之位。

忽必烈却认为，奉天子命令出征，一定要打胜，就拒绝了穆哥及手下的劝阻，执意渡江。于是准备好舟楫，兵分三道，大举渡江。经过激战，击败宋守江之水师，进占了对岸的黄州，然后猛攻鄂城 (今湖北武汉之武昌)。是时，蒙哥汗战死蜀中的消息已传到宋军中，宋军顿时士气大振，防守更加严密。忽必烈部将张柔等虽亦率军会合，仍未能攻克鄂州城。

至十一月，进克鄂城已经毫无希望，而后方却传来不利于忽必烈的消息。是时，留守都城和林的蒙哥汗的幼弟阿里不哥，得知蒙哥的死讯后，立即遣其亲信浑都海、阿兰答儿、脱火思、脱里赤等人四出征兵，以便争夺大汗之位，脱里赤征兵于漠南，阿兰答儿则负责征集漠北诸部之兵，形势十分严峻。

忽必烈之妻察必皇后，一面对阿兰答儿的征兵举措竭力进行阻挠，一面派使臣火速赶到前线，把蒙古草原上的政治变动情况向忽必烈汇报，并催促忽必烈迅速回师。这时，忽必烈的谋臣郝经也呈《班师议》一文，对当时的政治形势作了详细分析。他指出，前有宋军的顽强抵抗，中原有李璮等割据势力居心叵测，漠北有阿里不哥企图篡夺大位；如果不及时回师，将会腹背受敌，重蹈金海陵王兵败被弑的覆辙。

忽必烈这时对局势的认识也十分清楚，又恰逢宋朝宰相贾似道遣使前来求和，遂乘机讲和撤兵。为了防止宋军前来追杀，他一方面谎称要率军转攻宋都临安 (今浙江杭州)，一方面留下大将张柔、亲信张文谦等仍据守江边，几天后再班师回朝。而自己则急速赶回燕京，为同漠北的阿里不哥争夺大汗之位而作殊死之争。

早在九月，兀良合台已率军由交趾北上，从广西入湖南，包围潭州 (长沙)，准备与忽必烈会师。到十二月，攻打潭州的兀良合台遇到守城军民顽强抵抗，毫无进展，忽必烈撤兵北返后，亦放弃围攻潭州。蒙哥对南宋大迂回、大包围的战略企图，就这样无果而终。

蒙哥汗即位后，一方面，是要肃清身边的政敌，以巩固统治；另一方面，则派出皇弟忽必烈率军远征西南的大理国，以便为迂回包抄攻宋，做好战略准备。宪宗二年（1252 年）六月，忽必烈受命，率大将兀良合台、宗王抄合、也只烈等远征云南。大军越六盘山，经临洮，入吐蕃之东部（今四川甘孜藏族自治州），过大渡河、金沙江，直取大理。至翌年冬，大理被征服，蒙古帝国完成了迂回包抄宋朝的战略部署。

而后，蒙哥汗又调集了蒙古诸王及汉军诸万户的大批军队，于宪宗七年秋亲自出征，展开全面的攻宋战争。大将塔察儿进围长江中游宋军要塞樊城（今湖北襄樊），攻而未克。大将卜邻吉出掠邓州（今河南邓州市），渡汉水。翌年春，蒙哥汗亲率大军四万人，进攻西蜀。兵分三路，宗王穆哥由洋州攻入米仓关；大将孛里叉由渔关入攻沔州（今陕西勉县），自率大军由陇州攻入大散关。同时，又命皇弟忽必烈率军征鄂，大将塔察儿进攻荆山，以分散宋军的防守力量。

蒙哥汗所率之军，秋天进至汉中。初冬，攻克利州，渡嘉陵江及白水江，又攻苦竹隘、鹅顶堡、大获山诸处，所至进展颇为顺利。至宪宗九年初，乃大宴众将于重贵山之北，并商议是否回师休整。诸将或言应回师避暑，或言应继续攻宋。最后，蒙哥汗决意继续攻宋，遂于二月进兵，渡鸡爪滩，进攻合州（今重庆合川区）之钓鱼山。

然而，元军在这里却遇到了出乎意料的顽强抵抗。自二月至六月，蒙军虽多次发动猛攻，并派人劝降，皆不见效。就连蒙哥汗自己，也被守城宋军的飞石所伤。至七月，不得不中止无效的进攻，转而进攻重庆。未几，蒙哥汗因伤重身亡（一说为病故），众军无主，诸大将遂陆续率军北归。蒙古军队的这次大规模的伐宋战争，至此以失败告终。

南宋覆亡

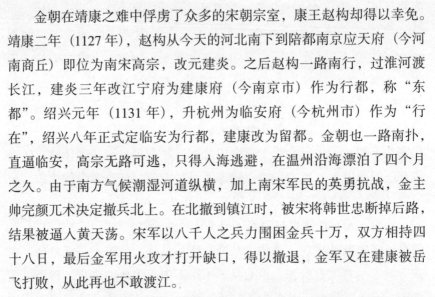

金朝在靖康之难中俘虏了众多的宋朝宗室，康王赵构却得以幸免。靖康二年（1127年），赵构从今天的河北南下到陪都南京应天府（今河南商丘）即位为南宋高宗，改元建炎。之后赵构一路南行，过淮河渡长江，建炎三年改江宁府为建康府（今南京市）作为行都，称"东都"。绍兴元年（1131年），升杭州为临安府（今杭州市）作为"行在"，绍兴八年正式定临安为行都，建康改为留都。金朝也一路南扑，直逼临安，高宗无路可逃，只得入海逃避，在温州沿海漂泊了四个月之久。由于南方气候潮湿河道纵横，加上南宋军民的英勇抗战，金主帅完颜兀术决定撤兵北上。在北撤到镇江时，被宋将韩世忠断掉后路，结果被逼入黄天荡。宋军以八千人之兵力围困金兵十万，双方相持四十八日，最后金军用火攻才打开缺口，得以撤退，金军又在建康被岳飞打败，从此再也不敢渡江。

在南宋"中兴四将"中，最著名的就是岳飞。他通过北伐夺取了金朝扶植的伪齐政权控制的土地。但宋高宗赵构因为种种政治原因一心议和，和岳飞的北伐意向相左，这为岳飞之后被杀埋下伏笔。绍兴十年（1140年）五月，金人再度撕毁和议南侵，由于宋朝军民抗战英勇，金军在川陕、两淮的进攻皆告失败。七月，金将兀术转攻郾城，被岳飞打败，转攻颍昌，又败。岳家军乘胜追击，一直打到距开封仅四十五里的朱仙镇，兀术逃出开封。北方义军也纷纷响应岳飞，以至于金人叹"撼山易，撼岳家军难"。但此时高宗连下十二道金牌催促岳飞班师，北伐之功毁于一旦。绍兴十一年（1141年）十一月，宋与金于书面达成"绍兴和议"，规定两国以淮水—大散关为界，宋割让从前被岳飞收复的唐州、邓州以及商州、秦州的大半，每年向金进贡银二十五万两，绢二十五万匹。除夕夜（1142年1月27日），赵构和秦桧以"莫须有"的罪名杀岳飞与其子岳云、部将张宪于临安（今杭州）。"绍兴和议"立刻实现，宋高宗生父徽宗的灵柩和生母韦氏本人被送回南宋。

高宗任用秦桧为相。秦桧在靖康年间曾主张抗金，后被金人掠去。建炎四年（1130年）十月，秦桧南返，由于他奉行投降政策，与高宗之意甚合。秦桧归朝仅三月就成为副宰相，八月后又成为右丞相。由于秦桧大力提倡的"南自南，北自北"，当时尚与高宗的想法相左，一年后就被高宗罢免。罢相后的秦桧韬光养晦，伺机而动。绍兴八年（1138年）五月，高宗又任命秦桧为右丞相。秦桧上台后，迫害与自己意见不同的官员，联姻外戚，结交内臣。高宗对于秦桧的行为也只是默许。后期由于秦桧权势太大，引来高宗的警觉。例如高宗亲下命令，使秦桧的孙儿失去状元。秦桧的权势日渐下降。绍兴二十五年（1155年），秦桧病重，他又策划让其子接替相位，被高宗否决，不久就一命呜呼。

秦桧死后，高宗一方面打击其余党，一方面重用投降派官员。高宗没有生育能力，因此他从太祖的两名后裔赵瑗和赵璩中选择继承人。最后赵瑗胜出。绍兴三十二年（1162年），赵瑗被立为太子，并改名赵昚。绍兴三十一年（1161年），金帝海陵王完颜亮南侵，被虞允文在采石之战中击退。此时金国发生内乱，金帝海陵王被杀，金军北返。此事让高宗萌生退意。绍兴三十二年六月，五十六岁的高宗下诏退位，太子赵昚即位，是为孝宗。他自己则称太上皇，居德寿宫。高宗成为太上皇以后，纵情享乐，花费巨大。淳熙十四年（1187年）十月八日，高宗逝世。

孝宗即位后，改革朝政，力图恢复，宋朝进入到一个相对兴盛时期。孝宗平反岳飞冤狱，起用主战派人士，锐意收复中原。隆兴元年（1163年）四月，孝宗令李显忠、邵宏渊等出兵北伐。北伐虽然一度胜利，但由于各路将领不和加上轻敌思想，北伐历时仅二十日就告失败。之后，孝宗不得已与金和谈。隆兴二年（1164年）十二月，宋、金正式签订和议，史称"隆兴和议"。但孝宗仍然念念不忘恢复中原，继续整顿军备。不过由于虞允文等一批主战派将领的辞世，最后北伐事业不了了之。在内政上，孝宗积极整顿吏治，裁汰冗官，惩治贪污，加强集权，重视农业生产。总体说来，宋朝的内政形势有所改观。高宗死后，孝宗对政治日益冷淡，最后决定让位于其子赵惇，也就是光宗。光宗即位不久就患了精神疾病，且对孝宗十分不孝。绍熙五年（1194年）七月，孝宗去世。

光宗性好猜忌，非常不信任其父孝宗的周遭大臣，因此他即位两年后就日渐疯癫。绍熙五年七月，孝宗病死后，光宗不服丧。临安城内混乱不堪，局势不稳。宗室赵汝愚和赵彦逾便开始秘密策划立新君。最后，太皇太后下诏，光宗被奉为太上皇。1195年，他的儿子赵扩即位，是为宁宗，改元庆元。六年后，光宗去世。史载宁宗"不慧"，智商低下。宁宗一朝被韩侂胄和史弥远两名权臣操控。

宁宗初期，赵汝愚任宰相。赵汝愚本人政治操守良好。但由于皇室任职宰相本就不合礼法，加上韩侂胄煽风点火，最后他被罢去相位。但是，民间依然十分怀念他，临安城门上每天都有悼念的诗文。韩侂胄为了彻底清除赵汝愚的影响与排斥异己，假借学术之名，制造庆元党禁，将理学称为"伪学"，而朝中信仰理学的大臣又多反对韩侂胄。韩侂胄借此将信仰理学的士大夫全部赶出朝廷。庆元六年（1200年），韩侂胄见理学已构不成威胁，便解除党禁。但是，党禁不得人心，为了笼络士人，韩侂胄又借北伐的名义蛊惑人心。开禧二年（1206年），韩侂胄贸然进行开禧北伐，结果很快就遭到了失败。北伐的失败让韩侂胄成为众矢之的，他的政敌史弥远借此与主和派和韩的反对派集结成联盟。而金人又以杀韩侂胄作为和谈条件之一。开禧三年（1207年）十一月三日，史弥远等伪造密旨，将韩侂胄杀死。从此之后开始了史弥远专政时期。史弥远与杨皇后勾结，大权独揽。

宁宗本有八子，但都夭折了。于是他立沂王的儿子赵竑为太子。

赵竑对史弥远的专政非常不满。因此史弥远废赵竑太子之位，改立赵昀为皇位继承人。嘉定十七年（1224年）闰八月三日，宁宗去世。赵昀接替即位，是为理宗。但是，史弥远继续其专政，而赵昀也奉行韬光养晦的策略。绍定六年（1233年）十月，史弥远去世。理宗终于摆脱了史弥远的阴影。次年，理宗改元端平，实施一系列改革措施，史称"端平更化"。理宗将史弥远旧党尽数罢斥，朝政一度得到了改观。此时的北方，金朝正面临蒙古的步步紧逼，亡国在即。宋朝中的对外政策也分成了两派，一派认为应该联蒙抗金；另一派认为应该铭记唇亡齿寒之道理以及海上之盟的教训，援助金朝，让金成为宋的藩屏。

绍定五年（1232年）十二月，蒙古遣使来商议宋蒙合作夹击金朝。由于当时金国主力已在"三峰山之战"被蒙古军歼灭，金国已是亡国之态，宋廷当朝大臣大多赞同联蒙灭金，只有赵范反对。理宗答应了蒙古的要求，蒙古也允诺灭金之后将河南还给宋朝。但是这只是口头协定，没有留下书面协定，因此埋下了后患。金哀宗得知后，也派使节来宋朝陈述利害，希望联合抗蒙，但被理宗拒绝。理宗任命史嵩之主管灭金事宜。绍定六年（1233年），宋军攻克邓州。端平元年（1234年）五月，蔡州被攻克，金哀宗自缢，金朝灭亡。宋将孟珙将金哀宗遗骨带回临安。理宗将金哀宗遗骨供奉于太庙，以告慰徽、钦二宗在天之灵。

金朝灭亡后，蒙军北撤，河南空虚，理宗意图据关（潼关）、守河（黄河），收复东京开封、西京洛阳、南京归德三京，光复中原。端平元年（1234年）五月，理宗任命赵葵为主帅，全子才为先锋，下诏出兵河南。六月十二日，全子才收复南京。七月五日，宋军进驻开封。但由于粮草不济，贻误战机，宋军进攻洛阳时被蒙军伏击，损失惨重。各路宋军全线败退，"端平入洛"宣告失败。宋在此役中损失惨重，大量精兵与物资付诸流水，也为之后蒙古侵宋提供了借口。"端平入洛"之后，理宗怠于政事，沉迷于声色犬马，朝政大坏。

端平二年（1235年），蒙军首次南侵，被击退。蒙军并不甘心失败，于次年九月和第三年两次南侵，其前部几乎接近长江北岸。由于宋军奋勇作战，打败蒙军，再一次挫败蒙军渡江南下的企图。而后，南宋军民又在抗蒙将领曹友闻、王坚、孟珙、孟瑛、余玠、张钰等人的指挥下，多次击败蒙军，使其不得不企图绕道而行。开庆元年（1259 年），蒙古汗蒙哥在征战合州时受宋军的流矢所伤死于军中。其弟忽必烈正于鄂州与宋军交战，听到蒙哥死讯后，又得知幼弟阿里不哥准备在和林称汗，立即准备撤军以争夺大汗之位。贾似道借机派人与忽必烈议和，以保太平。这样，忽必烈直接返回北方自立为汗。

理宗两子早夭，因此最后理宗择其弟赵与芮之子赵禥为皇储。由于赵禥其母曾在怀孕期间服用过堕胎药，因此赵禥先天不足。景定元年（1260 年）六月，理宗下诏立赵禥为太子。

景定五年（1264 年）十二月二十六日，理宗去世，赵禥即位，是为度宗。赵禥即位后不理朝政，整日沉湎于声色犬马之中。右丞相贾似道因此擅权。贾似道结党营私，排斥异己，终日在葛岭别墅中与妻妾玩乐。由于他好斗蟋蟀，时人称他为"蟋蟀宰相"。他禁止让前线战事让度宗了解。襄阳、樊城被围三年后，度宗才得知此事。

景定元年（1260 年），忽必烈继承蒙古汗位。在蒙古贵族和汉人地主的支持下，忽必烈定都燕京（今北京），建立了新的封建王朝，咸淳七年（1271 年）建国号为元。忽必烈在战胜了蒙古贵族中的反对派、巩固了自己的统治地位以后，便把兵锋转向南宋王朝，准备最后消灭南宋，统一全国。

咸淳三年（1267 年），降将刘整向忽必烈建议攻灭南宋当首取襄阳，再从汉水渡长江东下，即可灭宋。第二年，忽必烈便出兵进攻南宋，首先围攻襄阳、樊城，经六年的攻战，于咸淳九年（1273 年）占襄阳、樊城，打开了南宋的大门。

咸淳十年（1274 年）六月，忽必烈命左丞相伯颜率大军伐宋。伯颜分兵两道：一道攻淮西淮东，指向扬州；一道由伯颜亲率大军沿汉水入长江，沿江而下，直指临安。自襄阳失守后，南宋宰相贾似道继续推行民族投降政策，包庇重用在襄樊战斗中逃跑的范文虎以及叛将吕文焕的亲属，而对准备灭宋的元军，却不采取积极的防范措施。南宋军队遇到元军，不是一触即溃，便是叛变投降。七月，宋度宗死，贾似道立了四岁恭帝赵㬎。九月，伯颜率元军主力从襄阳南下。首当其冲的是郢州（今湖北钟祥），郢州主将张世杰在汉水设防坚守。由于郢州军民的奋勇抗击，伯颜所统元军主力被阻郢州城下。伯颜决定不再攻打郢州，而率元军由旁边水道绕过郢州，再入汉水，进至沙洋。沙洋守将王虎臣、王大用顽强抵抗，元军用金汁炮焚毁民居，沙洋城破，元军屠城。元军接着进围新城，新城守将居谊拒不投降，并射伤前来劝降的吕文焕。终因寡不敌众，居谊同三千战士全部壮烈殉国。元军到达长江边的阳罗堡后，又遭到王达领导的军民奋勇抵抗，使元军进攻多日未能占领此城。于是伯颜分兵从上游四十里的青山矶强渡，攻占了阳罗堡，王达及刘成与八千将士英勇战死。元军渡江后，鄂州、汉阳相继降附。伯颜命阿里海牙守鄂州，并攻取湖南，自己亲率大军沿江而下。黄州（今湖北黄冈）奕喜、蕲州（今湖北蕲春东南）管景模、江州（今江西九江）吕师夔、安庆范文虎均不战而降。南宋沿江各州守将，大都是吕氏亲属和旧部，也是贾似道重用包庇过的将领，他们望风而降不足为怪。

鄂州等地失守后，迫于朝野舆论的压力，贾似道不得不在德祐元年（1275 年）二月率诸路精兵十三万，到芜湖抵御元军，并与夏贵合兵。即使大战在即，他还派宋京去与伯颜议和，许以输岁币称臣，被伯颜拒绝。贾似道不得不命孙虎臣率七万步兵驻池州的丁家洲，夏贵以战舰两千五百艘横亘江中，自率后军驻鲁港。宋元大战开始，伯颜分步骑夹岸而进，又用战舰巨炮轰击孙虎臣军。宋军先锋姜才率军英勇战斗，主将孙虎臣却弃阵逃走，夏贵也不战而跑。贾似道惊慌失措，急命收军。元军乘胜追击，宋军大溃，军资器械尽为元军所得。贾似道与孙虎臣乘船逃到扬州。这次丁家洲之战，南宋水陆两军的主力几乎全部丧失。

贾似道兵败逃到扬州后，上书请迁都逃跑。谢太后（宋理宗皇后）不许，并命陈宜中为相。陈上书请斩贾似道，谢太后只罢了贾似道的官，贬循州。押解途中，贾似道被押送官郑虎臣杀死。

元军乘丁家洲大捷，沿江而下，南宋地方官相继逃遁或投降。沿江重镇，先后为元军占领，南宋朝中官员也纷纷出逃。抗元名将张世杰率军从荆湖入卫临安，收复了吉安、平江、广德、溧阳，刘师勇收复了常州。这样，浙江降元的一些地方官又反正归宋。在扬州，李庭芝、姜才打败了元军的多次进攻。七月，张世杰与刘师勇率万余战船主动进攻元军，进到镇江焦山，反为元军火攻所败。张世杰退往端山，刘师勇退回常州。张世杰要求南宋朝廷增兵继续进攻元军，南宋政府却不予理睬。

面对越来越险恶的形势，南宋朝廷下达了"勤王"诏书，但只有文天祥从赣州组织了一支勤王军于八月到达临安。随后，文天祥被委任为抗元前线的平江（今江苏苏州）知府。元军在推进过程中，遭到沿途人民的英勇抵抗。在无锡，军民顽强阻击元军；在金坛，人民组织义勇兵与元军奋战。在常州，姚訔、陈炤、王安节、刘师勇等率军坚守达两个月，至十一月城破，姚、陈、王、刘仍率军民抗争，坚持巷战；最后仅刘师勇等八人逃出，全城惨遭屠杀。

元·青白釉观音坐像

从十月起，元军发起向临安的最后攻击，从镇江兵分三路：右军出广德攻独松关，左军入海奔澉浦，伯颜率中军攻常州，三路会师攻临安。南宋命文天祥从平江赶赴独松关，人未到，关已失，文天祥退回临安。南宋命张世杰知平江府，还未到任，伯颜已进入平江，张世杰只好也退到临安。

德祐元年（1275年）底，临安军队有三四万人，文天祥与张世杰商议，要同元军决战，但宰相陈宜中正向元求和，不予同意。南宋统治集团不断派出乞和使者：先是求元军班师通好；后求称侄纳贡；再求称侄孙；最后求封小国、称臣。伯颜利用南宋投降求和，步步进逼。宋德祐二年（1276年）正月，元军游骑到临安北关，文天祥、张世杰请谢太后、恭帝逃到东海上，由他们率临安军民背城一战，又被陈宜中反对。正月十八日，谢太后与陈宜中派使臣送出传国玺和向元投降书。陈宜中随后逃走。十九日，谢太后命文天祥为右丞相兼枢密使，让他接洽投降事宜。文天祥与其他执政官至元军营谈判，梦想保住南宋小朝廷，被伯颜扣押。

三月，伯颜率元军入临安，全太后（度宗后）、恭帝赵㬎被送往大都（今北京）。谢太后因病暂留临安，之后也被押往大都。南宋临安朝廷灭亡。此后，文天祥、张世杰、陆秀夫领导南宋军民继续抗元。南宋皇室益王赵昰于该年五月即位为端宗，景炎三年（1278年）四月病亡，八岁的赵昺继立为新皇帝改元景炎。祥兴二年（1279年）二月，元军大举进攻在大海中崖山的赵昺小朝廷，宋军大败，眼看要被俘虏，宰相陆秀夫背起赵昺跳海自尽。至此南宋朝廷彻底覆亡了。

余玠守蜀

余玠（1198—1253），字义夫，蕲州人。家贫落魄无行。喜功名，好大言。民族英雄，南宋抗蒙名将。出生于浙江衢州的开化县金水乡芳山村（今衢州的开化县村头镇小溪边村）。叔祖后裔定居蕲州，余玠混迹至此，谱为同宗，《宋史》误作蕲州人。幼时家贫，就读于沧浪书院、白鹿书院。失学后投奔淮东制置使赵葵作幕僚，不久即以功补进入副尉，又擢升作监主簿。

　　1236 年 2 月，蒙古军侵入蕲、黄、广。余玠应蕲州守臣征召，协助组织军民守城，配合南宋援兵击退蒙古军。1237 年 10 月，余玠在赵葵领导下率部应援安丰军杜杲，击溃蒙古军，使淮右以安。次年，朝廷论功行赏，余玠进宫三秩，被任命为知招信军兼淮东制置司参议官，进工部郎官。同年 9 月，蒙古大帅察罕进攻滁州。余玠率精兵应援，大获全胜。

　　嘉熙三年（1239 年），余玠因作战有功，授任直华文阁、淮东提点刑狱，同时兼任淮安知州和淮南东路制置司的参谋官员。淳祐元年（1241 年），余玠因率兵救援安丰，授拜大理少卿，升制置副使。余玠上奏说："如果要使宋朝各种各样的人，从上到下都办事认真、踏实，那么，人民会信服华夏，天人便会和谐。"又说："现在世上认为不管是有才德的人、隐士、豪强还是其他，只要习武从戎，便被指责为像樊哙那样的粗野武夫。希望皇上对文武百官都要一视同仁，不能有所偏爱，偏重一定会导致过激的行为。文武之间互相争斗，对国家百害无益。"理宗说："你对人物的议论独树一帜，文才非凡。过一段时间我便会重赏你。"于是，命他代理兵部侍郎、四川宣谕使。理宗亲切地慰劳他，派他上任。余玠为理宗对自己如此信任而振奋鼓舞。他表示将为朝廷效力，全面控制所有蜀地，并称达到这个目的的时候已经为期不远。

　　余玠到任后，大刀阔斧进行改革，废除政治弊端，使四川的面貌焕然一新。为了治理好四川和对付蒙古军入侵，也为报答朝廷的恩赐，他改变了封建王朝将相不和、各霸一方、独断专行的局面，发动百姓，设立招贤馆，广招贤人能士。

　　余玠在四川，开屯田以备军粮，整顿财赋，申明赏罚。修筑山城和抗蒙有功将士，都得到奖掖。违法的将官，受到惩处。利州都统制王夔凶残跋扈，号称"王夜叉"，不听余玠调度，到处劫掠。余玠依军法斩王夔。经过余玠的整顿，四川驻军声势大振。蒙古军多次自西蜀来侵扰，都被宋军打退。

　　余玠还整肃军纪，重新设防，移沔州守军驻防青居；调金州守军到大获，守卫蜀口，兴州守军先驻守合州旧城，后移守钓鱼，共同防止内水；迁利州守军驻防云顶，以备外水。这样的布防牵一发而动全身，首尾呼应，战斗时既利于指挥调动，又利于相互间的合作和支援，对守卫四川起了极重要的作用。后又命令嘉定的俞兴人到成都平原垦荒种地，在余玠的治理下，四川人民安居乐业，经济日益繁荣起来。因此，淳祐四年 (1244 年) 正月，枢密院特就余玠治蜀的情形上报理宗说："大将余玠统领四川经过大小三十六战，对四川立有大功，应给予奖赏。"

淳祐十年 (1250 年)，朝廷为了表彰余玠治理四川的功绩，理宗下文夸奖说："余玠任职四川成绩显著。八年治理之功，敌人不敢近边，年年丰收，使四川人民安居乐业，望继续努力争取更好的成绩。"十一年六月又下文鼓励："余玠治理蜀地，军纪严整，使边防固若金汤，无论农事战事都成绩非凡。"

戎州 (今四川宜宾市) 守帅要举荐统制姚世安行使自己的职务，而余玠早就想改变军队中这种不正之风，就没有批准戎帅的举荐，还调三千骑兵到云顶山下，命都统金某往代姚世安的职务。姚世安不但不遵从命令交出兵权，而且闭关不让使者进入，并说出许多难听的话对抗，怀疑余玠有意整他。此后，姚世安为了报复余玠，费尽心机，终于想出一计：向丞相谢方叔求助，以除掉余玠。而余玠对于姚世安的阴谋却毫无戒备，只集中精力治理四川和抗击蒙古军队。

朝廷上主和反战的官员，仍然拥有强大的力量。他们攻击赵葵不是科举出身，以所谓"宰相须用读书人"为理由，排斥赵葵任相。1250年，赵葵右相兼枢密使的官职，全被罢免。次年，谢方叔任左相兼枢密使。进士出身的谢方叔，是主和反战的一个代表人物。1252 年，蒙古汪德臣 (汪世显子，汪世显已死) 部侵掠成都，围攻嘉定。余玠率部将力战，再次打退蒙古军。余玠抗战获胜，谢方叔却设法迫害余玠。

丞相谢方叔收受了姚世安重金贿赂，加上侄子受过姚帮助，不顾事实，在朝廷散布谣言说："余玠不会治军，使利州的守军人心涣散，如果不去人调解，早晚要发生兵变。"还多次用姚世安的诬告之词游说理宗，由此使理宗对余玠产生怀疑。

谢方叔和参知政事徐清叟等向理宗攻击余玠掌握大权，"不知事君之礼"。宋理宗任命余玠去四川驻守。蒙古兵来侵扰，余玠接连战败。四川形势危急。参知政事董槐上疏说："蜀事孔棘，已犯临战易将之戒，此臣子见危致命之日也。"他请求出师四川，理宗不准。赵葵罢相后，居长沙，任潭州通判，见四川危急，也上疏请求效力。理宗只准他备咨访。四川又处在了蒙古军的严重威胁之下。

宝祐元年（1253年）五月，参知政事徐清叟又火上加油说："余玠在四川不从事君之礼，独断专行，虽有兵权却失去士心，应召他进京问罪。"理宗不问缘由，下令召余玠进京，同时又命知鄂州余玠为四川宣谕使。余玠得到命令，因疑虑重重竟郁闷生病。六月，四川制置司报告朝廷，余玠病重，于七月十四日晚，暴病而死。四川制置司在报告中写道："余玠治理四川有方，量才而用，分工有方。任命都统张实负责军务事宜，安抚王维忠管理财政大事，监簿朱文炳负责外交事务。各部门的工作都井然有序。又办理学校培养人才，减少税收发展商业，减轻劳役发展生产，四川因此富裕起来。自宝庆以来，四川的守帅从来没有超过他的。"

宝祐二年（1254年）六月，侍御使吴燧诬陷余玠家中私藏金银等七条罪状，理宗不加以审查，就下令抄家，并且处于罚款三千万的处罚。余玠儿子余如孙，经过多年筹集，才缴清罚款。余玠的悲惨结局使将士心寒，人心涣散。不久，蒙古占领了整个四川。宋朝灭亡的命运已不可逆转了。

余玠守蜀，针对蒙古军骑术精良，善于野战的特点，采取守点不守线、联点而成线的方略，利用山险制骑，改变了被动挨打的局面，屡败蒙古军，为以后抗蒙作战奠定了良好基础。

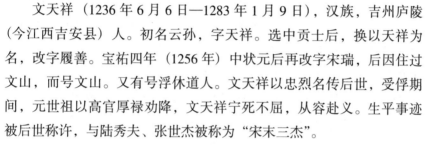

宁死不降

文天祥（1236年6月6日—1283年1月9日），汉族，吉州庐陵（今江西吉安县）人。初名云孙，字天祥。选中贡士后，换以天祥为名，改字履善。宝祐四年（1256年）中状元后再改字宋瑞，后因住过文山，而号文山。又有号浮休道人。文天祥以忠烈名传后世，受俘期间，元世祖以高官厚禄劝降，文天祥宁死不屈，从容赴义。生平事迹被后世称许，与陆秀夫、张世杰被称为"宋末三杰"。

开庆元年（1259年），蒙古向南宋发动大规模的进攻。九月，忽必烈围鄂州（今湖北武昌）。消息传到临安，朝野震动。宠臣董宋臣建议迁都四明（今浙江宁波），以避兵锋，试图重演南宋初期高宗赵构逃亡海上的故事。然而，这对团结军心、民心十分不利。文天祥知道自己人微言轻，且多言招祸，但为了社稷人民，于是挺身而出，向皇帝上书，指出迁都之议是小人误国之言；董宋臣恶贯满盈，应以斩首。文天祥还建议改革政治，扩充兵力，抗元救国。可惜理宗没有采纳他的建议，南宋的朝政也一天比一天败坏。

景定元年（1260年），文天祥被委任为签书镇南军（今江西南昌）节度判官厅公事，但是他不愿赴任，请求祠禄。朝廷应允了，命他做建昌军（今江西南城）。仙都观是道教的宫观，这个职务是个闲差。文天祥才二十五岁，却有退隐出世的思想，为什么呢？这是时势造成的。朝廷权奸当道，他的改革设想落空，甚感失望，既不愿尸位素餐，混迹官场，更不愿同流合污，宁愿暂时置身于政治旋涡之外。所谓邦有道则仕，邦无道则隐，这就是文天祥的处世哲学。

　　景定四年（1263年），由于皇帝不听群言，重新起用奸佞董宋臣，文天祥愤而辞职，后被朝廷贬到地方上任职，治理今江西高安县（当时称为瑞州）。瑞州曾遭蒙古兵蹂躏，城垣屋宇被毁，文物古迹被洗劫。文天祥履任后，实行宽惠政策，尽力安抚百姓，筹集资金建立便民库，供借贷和救济之用，使地方秩序重新恢复过来。他还修复了一些古迹如碧落堂、三贤堂等，新建野人庐、松风亭等，以发扬先贤的民族正气，鼓舞人民的爱国精神。瑞州在文天祥治理下，百废俱兴。

　　景定五年（1264年），理宗逝世。权臣贾似道拥立太子为帝（即度宗），进一步操纵朝政。他荒淫无耻，一手遮天，南宋朝政更腐败不堪。1270年，文天祥出任军器监（掌管武器制造）、崇政殿说书（为皇帝讲解书史、经义）等职。有一次，贾似道托言有病，以去职回乡要挟度宗，软弱的度宗竟涕泣挽留。文天祥为皇帝起草诏书，他没有像过去的大臣那样，对贾似道歌功颂德，反而直言臣下要以国事为重，指出贾似道的行为是"惜其身"、"违朕心"。结果，得罪了贾似道，被免去了所有职务。咸淳六年（1270年）九月，文天祥被免官后回到家乡，他深感人心险恶，世道污浊，决意息影林泉。他在文山修建了一所山庄，隐居于此，寄情山水，写下了不少优美的诗篇。然而，他的内心一点也不宁静，每见落叶萧萧，凉月堕阶，忧国忧民之情就油然而生。咸淳九年（1273年），朝廷起用他为湖南提刑，掌管狱讼，他推辞不了，启程上任。

　　咸淳十年（1274年），文天祥被委任为赣州（今江西境内）知州。赣州是他的家乡，为乡人办事，分外勤谨。他主张对人民少用刑罚，多用义理，所属十个县的人民对他非常爱戴，加以这年风调雨顺，稻谷丰收，出现了短暂的安乐景象。但不到一年，元军大举南侵，宋朝到了最危险的时刻。文天祥结束了十五年的宦海浮沉，踏上戎马征途。

　　咸淳十年（1274年）七月，度宗病死。贾似道抑长立幼，扶四岁的赵㬎（音"显"）即位，是为宋恭帝。九月，元军二十万人由元丞相伯颜统领，分两路进攻南宋。淮西制置使夏贵不战而逃。十二月，鄂州失守，都统程鹏飞投降。各地宋军将官在大兵压境时纷纷叛变，黄州、蕲州（今湖北蕲春南）、江州（今江西九江）、德安（今湖北安陆）、六安等地相继失陷，南宋王朝兵败如山倒。宋恭帝即位后，元军陷鄂州，京师震动。理宗的妻子谢道清下了一道《哀痛诏》，述说继君年幼，自己年迈，民生疾苦，国家艰危，希望各地文臣武将、豪杰义士，急王室之所急，同仇敌忾，共赴国难，朝廷将不吝赏功赐爵。但宋朝的丧钟已经敲响，各地将官大都观望不前，只有文天祥和张世杰两人响应《哀痛诏》，召集兵马，起兵勤王。

德祐元年（1275年）正月，文天祥接到朝廷专旨，命他疾速起发勤王义师，前赴行在（行在，指皇帝离京寄居之处）。文天祥奉读诏书，痛哭流涕，立即发布榜文，征募义勇之士，同时筹集粮饷。他捐出全部家财作军费，把母亲和家人送到弟弟处赡养，以示毁家纾难。在文天祥的感召下，一支以农民为主、知识分子为辅的爱国义军在极短时间内组成，总数达三万人以上。起兵勤王，在文天祥的生活中揭开了新的一页。

友人曾对文天祥说："现在元军三路进兵，你以乌合之众迎敌，无异驱群羊斗猛虎。"文天祥回答："我也知道如此。但国家养育臣民三百多年，一旦有急，征天下兵，竟无一人一骑应召，我万分悲痛。所以不自量力，以身赴难。希望天下忠义之士闻风而起，聚集众人力量，也许能保存社稷。"他还说：受君之恩，食国之禄，应该以死报国。

文天祥起兵后，积极要求奔赴前线阻击元军，扭转战局。但遭到朝廷中主和派权臣的阻挠，还有人诬告勤王军在乐安、宜黄一带抢劫。文天祥愤而上书抗辩，社会舆论普遍支持他，太学生也上书抨击投降派。在各方面的压力下，朝廷终于颁旨召文天祥领兵入京。德祐元年（1275年）八月，部队到达临安，一路秋毫无犯。文天祥声望大增。

十月，常州（今江苏常州）告急，朝廷命文天祥率军保卫平江，又派张全率两千兵增援常州。文天祥从大局出发，派义军重要将领尹玉、朱华、麻士龙率三千人归张全节制，增援常州的兵力。但张全卑鄙自私，当三位将领与元军苦战时，他却隔岸观火，坐视不救，在战斗中又乘夜逃跑，陷义军于孤立无援之地，遂使战斗失利。文天祥请斩张全，却遭到丞相陈宜中反对。文天祥对朝中赏罚不明感到十分愤慨，对国家的安危十分担忧。

元军攻破常州、平江后，临安危急。主和、主战两派意见分歧，各行其是。文天祥、张世杰主战，两人联名奏请朝廷背城一战，危中求安。丞相陈宜中却加紧策划议降，太皇太后也准备奉表（降书）称臣、乞存境土、封为小国。张世杰对朝廷绝望，转到南方招兵，以图东山再起。文天祥的救国方略得不到支持，也想离开临安回江西继续抗元。兵临城下，左丞相留梦炎、右丞相陈宜中先后逃走，朝廷乱作一团。

德祐二年（1276 年）正月，元军三路兵马围困临安，城内城外，宋朝将官降的降、逃的逃，所剩无几。太皇太后命文天祥为右丞相兼枢密使，收拾残局。文天祥见事已至此，不可推辞，答应出使元营，以便一窥虚实，见机行事。但他没有料到对方手段险毒，一番唇枪舌剑之后，竟被伯颜无理拘留。太皇太后失去文天祥后，更无人可以依靠，终于向元朝投降。

宋朝投降后，降将吕师孟挖苦文天祥：“丞相曾经上疏请斩叛逆遗孽吕师孟，现在为什么不杀了我呢？”文天祥毫不客气地斥责他：“你叔侄都做了叛贼，没有杀死你们，是本朝失刑。你无耻苟活，有什么面目见人？你们投靠敌人，要杀我很容易，但却成全我当了大宋的忠臣，我没有什么可害怕的！”元朝上下将官听了这话，都佩服文天祥的气概，并说：“骂得痛快！”

文天祥虽然被拘禁，但不甘心失败，又不肯归顺。伯颜没有办法，决定把他送往元朝京师大都（今北京）。文天祥被押解途中，经过镇江，乘元兵不备，在夜间逃出，走到真州。坚守扬州的李庭芝以为文天祥投降后又来劝降，令真州守将苗再成拒绝。文天祥去扬州不成，改道经高邮、通州从海上逃到温州。福州新建的小朝廷派人来温州召文天祥。五月间，文天祥到福州，建议从海道恢复两浙，陈宜中不许。七月间，文天祥在南剑州建立都督府，号召各地起兵，夺回江西。原随从文天祥起兵的江西兵士，被元朝遣散。刘洙召集一部分旧部来到福建。福建当地人士也参加了文天祥的队伍。十一月，文天祥移兵到汀州。

这时，元兵自浙江南下，进入福建。知南剑州王积翁逃跑，南剑州失守。陆秀夫、张世杰护卫赵昰逃上海船。元兵攻占福州，进至福安县，秀王赵与择战死。十二月，赵昰等的海船停泊在广东惠州附近，在水上流亡。

景炎二年（1277年）正月，文天祥率部移驻漳州龙岩。三月，又移到南岭下的梅州。五月，越过南岭进入江西。江西各地纷纷起而响应。彭震龙在永新起兵，收复县城。文天祥的另一妹夫吉州龙泉人孙栗也在本乡起兵。吉州人民一直在自发地起来抗元。泰和县针工刘士昭曾经联络当地人民，企图夺取县城，被元兵捕获。刘士昭血书"生为宋民，死为宋鬼，赤心报国，一死而已。"自杀殉国。南安军巡检李梓发起兵守城，元兵万余人猛攻不下，到文天祥进兵时，仍然在坚持据守。江西各地人民顽强不屈，坚持战斗，为文天祥进兵准备了条件。文天祥依靠人民群众的支持，进入会昌，在雩都大败元军，进而攻下兴国，收复赣州和吉州的属县。文天祥驻兴国指挥军事，分派赵时赏、邹洬领兵攻打赣州和吉州的州城。一时之间，颇有复兴的气势。

景炎二年八月，元军发起大规模的进攻。督府军由于没有作战经验和严格训练，战斗力不强，在元军骑兵猛烈的冲击下，惨淡收场，文臣武将或牺牲，或被捕，文天祥一家只剩下老少三人。虽然文天祥受着国破家亡和妻离子散的巨大打击，但没有动摇其抗元意志。他带兵入粤，在潮州、惠州一带继续抗元。祥兴元年（1278年）十二月二十日，文天祥不幸在五坡岭被一支偷袭的元军俘获。他吞下二两脑子（即龙脑）自杀，但药力失效，未能殉国。

元朝的元帅张弘范率水陆两路军队直下广东，要彻底消灭南宋流亡政府。文天祥被他们用战船押解到珠江口外的伶仃洋（今属广东省）。张弘范派人请文天祥写信招降张世杰，文天祥坚拒写招降书，但写了一首七言律诗，表明自己的心迹。这首诗就是流芳千古的《过零

丁洋》，其中"人生自古谁无死，留取丹心照汗青"的高尚品格，成为千百年来中国人的楷模。

在元军的猛烈攻势下，南宋流亡政府逃到秀山（今广东东莞虎门的虎头山）。十一岁的端宗惊悸成疾，在硇州（今广东湛江市）病逝。张世杰、陆秀夫立七岁的卫王继位，又把行朝迁到新会县南面大海中的厓山。祥兴二年（1279年）二月初六日，宋、元双方在海面上展开了惊心动魄的海战，最后张世杰统领的宋军战败，陆秀夫背负小皇帝蹈海殉难。

厓山战役后，文天祥被押到广州。张弘范对他说："宋朝灭亡，忠孝之事已尽，即使杀身成仁，又有谁把这事写在国史？文丞相如愿转而效力大元，一定会受到重用。"文天祥回答道："国亡不能救，作为臣子，死有余罪，怎能再怀二心？"元朝政府为了使他投降，决定把他押送大都。

文天祥从至元十六年（1279年）十月抵达大都到至元十九年（1282年）十二月被杀，一共被囚禁了三年两个月。这段时间，元朝千方百计地对文天祥劝降、逼降、诱降，参与劝降的人物之多、威逼利诱的手段之毒、许诺的条件之优厚、等待的时间之长久，都超过了其他的宋臣。甚至连元世祖亲自劝降都未能说服他。因此文天祥经受的考验之严峻，其意志之坚定，也是历代罕见的，从《正气歌》的惊天地泣鬼神，可以体现文天祥誓死不屈的精神。

文天祥的妻子欧阳夫人和两个女儿柳娘、环娘被元军俘虏后送到大都，元朝想利用骨肉亲情软化文天祥。文天祥一共育有二子六女，当时在世的只剩此二女，年龄都是十四岁。文天祥接到女儿的信，虽然痛断肝肠，但仍然坚定地说："人谁无妻儿骨肉之情，但今日事已如此，于义当死，乃是命也。奈何！奈何！"又写诗道："痴儿莫问今生计，还种来生未了因。"表示国既破，家亦不能全，因为骨肉团聚就意味着变节投降。

利诱和亲情都未能使文天祥屈服，元朝统治者又变换手法，用酷刑折磨他。他们给文天祥戴上木枷，关在一间潮湿寒冷的土牢里。牢

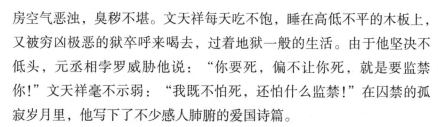

房空气恶浊，臭秽不堪。文天祥每天吃不饱，睡在高低不平的木板上，又被穷凶极恶的狱卒呼来喝去，过着地狱一般的生活。由于他坚决不低头，元丞相孛罗威胁他说："你要死，偏不让你死，就是要监禁你！"文天祥毫不示弱："我既不怕死，还怕什么监禁！"在囚禁的孤寂岁月里，他写下了不少感人肺腑的爱国诗篇。

至元十九年（1282 年），元世祖忽必烈问大臣们："南方和北方的宰相，谁最贤能？"群臣奏称："北人无如耶律楚材，南人无如文天祥。"忽必烈下了谕旨，拟授文天祥高官显位。投降元朝的宋臣王积翁等写信告诉文天祥，文天祥回信说："管仲不死，功名显于天下；天祥不死，遗臭于万年。"王积翁见他如此决断，不敢再劝。不久，忽必烈又下令优待文天祥，给他上等饭食。文天祥请人转告说："我不吃官饭数年了，现在也不吃。"忽必烈召见文天祥，当面许他宰相、枢密使等高职，又被他严词拒绝，并说："但愿一死！"

至元十九年（1282 年）十二月初九。这一天，兵马司监狱内外，布满了全副武装的卫兵，戒备森严。上万市民听到文天祥就义的消息，就聚集在街道两旁。从监狱到刑场，文天祥走得神态自若，举止安详。行刑前，文天祥问明了方向，随即向着南方拜了几拜。监斩官问："丞相有什么话要说？回奏尚可免死。"文天祥不再说话，从容就义，终年四十七岁。

文天祥殉难后，人民以各种方式纪念他。曾经参加义军的王炎午写了《望祭文丞相文》，赞扬文天祥像寒冬的松柏一样坚贞。他的死，使山河顿即改色，日月为之韬光。1323 年，在文天祥家乡吉州的郡学里，他的遗像挂在先贤堂，与欧阳修、杨邦乂、胡铨等并列祭祀。后来，他的家乡吉州庐陵也建立了文丞相忠烈祠。文天祥的文集、传记在民间流传很广，历久不衰。在抗元过程里，文天祥对忠君与爱国二事处理得非常恰当。宋恭帝投降前，他起兵勤王；宋恭帝投降后，他没有跟着投降，而是坚持君降臣不降。后来，文天祥兵败被囚，元朝又利用宋恭帝去劝他投降，他还是不从。在他看来，宋恭帝是君主，不幸而失去国家，值得同情。但当此之时，社稷为重君为轻，他决不能以忠君的行动去改变他忠于国家的信念。文天祥不仅是一个爱国者，也是一个政治家。他认为宋朝的危机主要在内部而非外部，因此积极要求改革。他批评宋朝守内虚外（即镇内媚外）的方针，要求加强地方力量以抵御外侮。他同时提出革除祖宗专制之法，通言路、集众思、从众谋，发挥中书枢密院的作用；主张用人必须举贤授能，收用君子，起用直言敢谏之士。由此可见，文天祥的政治主张，不但表达了时代的要求，而且顺应了历史发展的进程。

合州之战

宋淳祐十一年（1251年），蒙哥继任蒙古汗位，蒙古对南宋的进攻征服进入了一个新的阶段。蒙哥汗命其弟忽必烈镇守中原，并负责进攻南宋事宜。忽必烈在占领地区边耕边守、积粮备战，以便大举南征。忽必烈还向蒙哥汗提出先取云南大理，包抄南宋的策略。宝祐元年（1253年），蒙哥汗命忽必烈统率兀良合台等部蒙古军南征大理，完成了对南宋的包围。忽必烈蒙古军巩固所占四川之地，为夺取全蜀作准备。

中国南宋宝祐六年至开庆元年（蒙古蒙哥汗八至九年，1258—1259），宋将王坚率兵在合州（今四川合川东）打响了抗击蒙古军进攻的著名江河山岳地要塞防御战。

宋朝在抗金、抗蒙的长期战争中，逐步形成固守长江上游以屏蔽下游的方略。在丧失蜀道天险之后，南宋守蜀将帅利用四川多山川的条件，择要隘，建山城，构成了以重庆为中心，以点控面，扼守夔门（在今四川奉节境），阻止蒙古军东下的防御体系。

蒙哥汗鉴于以前对宋朝全面多路进攻的失败和水军不足的弱点，

采取了迂回长江上游的战略，在大举南下攻宋以前，先进军云南。经过数年准备，宋宝祐六年二月，蒙古军分兵四路攻宋。蒙哥汗亲率主力四万，号称十万，于四月沿嘉陵江向重庆进发，企图占领重庆，东出夔门，会师荆湖，直取临安（今杭州）。十二月，蒙古军进至合州境内。合州治所在钓鱼山上，称钓鱼城，峭壁悬崖，三面环江。宋军凭险设防，依山势筑有周长十二三里、高两三丈的石城，南北山脚下各有一延至江中的城墙，名一字城。钓鱼城上可控制三江（嘉陵、渠、涪），下可屏障重庆。城内兵精粮足，水源丰富。

合州知州王坚是抗蒙将领孟珙部下，他曾在淳祐十二年（1252年）打败蒙古军，收复兴元（今陕西汉中），宝祐二年（1254年）又打退蒙古军对合州的侵扰。为保卫合州，王坚调集合州属县十七万人，增筑钓鱼城，设防坚守。早在淳祐二年（1242年），余玠为四川安抚制置使兼知重庆府时，便在合州修筑钓鱼山城，因山筑垒，屯兵聚粮，并移州治入钓鱼山城。王坚加以增修之后，合州更为坚固。在秦州（今甘肃天水）、利州（今四川广元）、巩州（今甘肃陇西）、阆州（今四川阆中）陷于蒙后，各地人民陆续到合州集结。合州成为十数万人聚居的重镇。

为攻下合州，蒙哥汗一面命纽璘在涪州（今四川涪陵）造浮桥，切断由荆湖西上的南宋援军；同时，又派使臣晋国宝到合州招降，被王坚严词拒绝。开庆元年（1259年）初，王坚放晋国宝走后，又派人追回他，在城内阅武场处死，激励将士坚守合州，明确表示了合州军民坚决抵抗的决心。随后，降将杨大渊率蒙军进攻，为合州宋军击败，揭开了合州保卫战的序幕。

晋国宝被处死的消息传来，蒙哥汗当即以大兵围攻钓鱼城。面对蒙古的进攻，王坚制定了"战以挠敌，守以固城"的策略。他趁蒙古军队刚刚围困钓鱼城，立足未稳的时机，亲自率兵夜袭蒙哥的营地，使骄横的蒙古军惊恐泄气。降将杨大渊掳掠了合州万余百姓，想以此动摇合州军民斗志，王坚与合州军民不为所动。王坚与部将张珏照常领导合州军民协力守城，并多次击退蒙古军的进攻。为此，四月南宋理宗下诏嘉奖王坚等守城有功。从二月至五月，王坚、张珏亲率合州军民同进攻的蒙古军在合州的一字城、镇西门、东新门、奇胜门、护国门展开激战，击溃了蒙古前锋汪德臣的攻城部队，打败了蒙古增援部队董士元的精锐士卒。五月，蒙哥汗下令集合蒙古军队环攻合州，仍不见奏效。

蒙哥汗攻打合州时，从春天至秋天，几乎半年无雨，时值大旱，蒙哥认为合州城内无水，想观察城中虚实，便在西门外筑台建楼。王坚知道蒙哥意思，便命士兵做好准备，又让取池中重三十斤的鲜鱼两尾，还蒸了面饼。当蒙古军从台楼的桅杆看城中虚实时，王坚命发炮击之，蒙古军人亡杆折。王坚命士卒把鲜鱼面饼掷给蒙古军，附书上说："你们吃饼和鱼吧。我们还可以坚守十年。你们也得不到合州城。"

南宋四川制置使蒲择之，屡战屡败，四川大部分地区为蒙古军占领，重庆处于蒙古军进攻的矛头之下，川鄂交通又被蒙古军切断，合州形势危急。南宋命吕文德代蒲择之。六月，吕率水军向长江西上，乘顺风进攻涪州浮桥，冲过封锁线，进入重庆。随后率十余船，由嘉陵江北上，进援合州，为蒙古军史天泽部击败，只得又退回重庆。合州外援被断绝，但王坚、张珏依然率领合州军民坚守，抗击蒙古军。

一天，汪德臣选派蒙古骁卒夜登合州外城马军寨，杀死宋军寨主和守兵。王坚听说后，率兵来战，战斗一直进行到天明，宋军切断了蒙古军的云梯，使后继部队无法登城，终于打败了蒙古军，保卫了合州城。不甘失败的汪德臣又一次用云梯攻城，并向城中喊话劝降。王坚部下士兵发炮击断云梯，汪德臣受伤，不久死去。王坚乘胜出城追击，扩大战果。

蒙古军将领劝蒙哥汗收兵，蒙哥汗不听。六月，又派其先锋将汪德臣选兵夜袭钓鱼城，又被击退。汪德臣单骑到城下招降，被砲石击中，不久死去。蒙哥汗准备再战，为了侦察城内情况，在城东筑台，亲临现场，指挥士卒登台瞭望。七月，蒙哥汗又一次亲自到城前督战，结果被合州发出的飞矢击中，回营后不久便死在军中。围攻合州五个月的蒙古军在蒙哥死后便退了回去。听到蒙哥死讯，忽必烈亦率左翼军于九月北回。王坚、张珏领导的合州保卫战取得了巨大的胜利。此战使蒙古军遭到南下攻宋以来最严重的挫折，对当时及后世防御作战有较大影响。

蒙哥汗亲自领导的灭亡南宋的战争，由于合州军民的英勇抵抗，使蒙军一再损兵折将，蒙哥汗本人也死于合州城下，从而扭转了整个战局。不仅攻蜀蒙军北撤，而且荆湖战场的忽必烈亦匆匆北返争夺汗位，解除了南宋长江中游的危机。蒙古一举灭亡南宋的企图不得不暂时放弃，南宋王朝灭亡的命运因而推迟。

第 八 章

儒法治国，一统天下

忽必烈统一全国后，以儒法治理天下。他任用汉人治国，著名的汉臣王鹗、姚枢、刘秉忠等为忽必烈出谋划策，很得忽必烈的重用。忽必烈实行行省制度，加强中央集权，巩固统治。同时忽必烈还很重视农业的发展，积极恢复经济。

重用汉人治国

忽必烈从小就接受了汉文化的熏陶，受到汉人的影响，"思大有为于天下！"他从青年时代起就结识了一些中原文士，对中原的情况十分熟悉，而且结识的这些儒士也对他以后的治国安邦起了极为重要的作用。

汉人刘秉忠对他影响最大。刘秉忠，名侃，字仲晦。曾任金国小吏，后弃职出家，与云海禅师一起入漠北讲道，被忽必烈留在身边，商议军国大事。刘秉忠博学多能，善于出谋划策，深受忽必烈重视。

忽必烈因刘秉忠的关系对汉族文化产生兴趣，之后招来越来越多的读书人到王府。西京怀仁赵璧与刘秉忠同年入幕，忽必烈称他"秀才"，让自己的妻子亲自为他做衣服以示宠爱。忽必烈还让他学习蒙古语，翻译《大学衍义》（南宋理学家真德秀作品，发挥《大学》思想，告诉封建皇帝如何治理国家)，好随时随地为忽必烈讲说，不论马上、帐中，常年不辍。赵璧又推荐了金朝状元王鹗。如此这般，忽必烈通过召见或者他人推荐，将许多儒生招致麾下。连隐居山林的大儒姚枢也被招来为忽必烈讲帝王之道。

姚枢，字公茂。柳城人，后迁至洛阳。少年时曾与杨惟中拜见过窝阔台。蒙古军南伐宋朝，诏令姚枢跟随惟中往军中寻求道、儒、医、释、卜诸色人等。蒙军破枣阳，主将准备屠杀该城居民，被姚枢极力劝阻，说这样做并不符合旨意，以后如何向皇帝交代。攻下德安后找到名儒赵复，得到了朱熹、程颐的著作。宋淳祐元年（1241年)，任命姚枢为燕京行台郎中，并赐予金符。不久因拒绝收受贿赂，辞官不做，携家迁居辉州，在那里建立家庙，专门布置了一室，供奉孔子及宋儒周敦颐等，刊印经书，打算就这样每日读书抚琴，在此终老一生。魏县的许衡也跑到姚枢家中来抄录程、朱所注的经书。

忽必烈在即位前，派赵璧把姚枢召至王府，以上宾之礼对待他，向他询问治国之道。姚枢上书千言，首先列了八条二帝三王治国平天下之道：力学、修身、亲亲、尊贤、畏天、好善、爱民、远佞。其次是拯救时弊三十条，大意是：设立中书省和各部，统一政令，纲举纪张；裁汰平庸之辈，选贤举能；颁赐俸禄，堵塞贪赃；审理刑狱，制定法律，把生杀之权收归朝廷，使冤者能够昭雪；设置监察机关，官吏能者升，庸者降；停止征敛，对部族不许勒索诛求；对驿传进行精简，减轻州郡负担；修建学校，表彰节孝，提倡经书，以培养人才，淳化风俗；严肃军政纪律，不准扰民；发展农业，轻徭薄赋，禁止游手好闲；屯田戍边，巩固国防；周济贫困者，抚恤孤寡；开通内河漕运，使京都仓廪充足；禁止高利贷，让借贷的家庭不至于破产；设立常平仓，以储粮备荒；建立度量衡制度，使奸商无法欺诈；为了减少不应有的诉讼，杜绝诬告；等等。忽必烈认为姚枢才华出众，有事就询问他。

当初蒙哥即位，令忽必烈总揽赤老温山以南的军政大权。除了姚枢外，群臣都来称贺。忽必烈问他是什么原因。姚枢回答说："如今天下土地之广，人民之众，财赋之多超过了汉人所占有的区域吗？若军民全部归属殿下管辖，还要天子做什么用？日后若有廷臣从中挑拨，皇帝听信，必定会把你现在的权力夺去。倒不如现只握兵权，由有关行政机关供给所需财物，这样就会安然无事。"忽必烈听从他的建议，并得到蒙哥的批准。姚枢又建议在汴京设置屯田经略司，为以后攻宋做好准备；在卫辉设都转运司，以便把粮食转运到河南。蒙哥大封宗室领地，忽必烈听从姚枢的意见，把其封地选在关中。

蒙哥汗二年（1252年）夏，姚枢随忽必烈征大理，途中引用宋太祖遣曹彬取南唐没有杀一人的事例，劝忽必烈不要过多杀人，被全部采纳。翌年蒙军攻陷大理城，在旗上大书止杀令，传于军中，因此当地

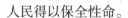
人民得以保全性命。

忽必烈重用汉人、在汉地推行汉法的成功，使他在汉地中的声望迅速提高，当然，也引起了蒙古贵族和朝中大臣等守旧势力的不满，蒙哥便以忽必烈患有脚病需要回家休息为由，解除了他的兵权。在汉儒们的策划下，他不但躲过了这场考验，反而有了指挥东路灭宋的指挥权。

1259年，蒙哥大汗逝世的消息传来。忽必烈在汉人的帮助下，1260年先发制人，在开平称汗，并且凭借着近十年经营漠南汉地所积聚的经济和政治实力，一举打败了另一个汗王——他的弟弟阿里不哥，确立了君临天下的绝对地位。

忽必烈即位，设置十道宣抚使，其中姚枢为东平宣抚使。姚枢到任后，平均农民的赋税负担，把铁官罢去，设检察、劝农二人监理其事。中统二年(1261年)，拜他为太子太师，姚枢以为不适宜，辞去不做，又改任大司农。

至元四年(1267年)，拜姚枢为中书左丞。姚枢奏请废除各地宗室世代承袭地方长官的旧制度，官吏改由中央委派。忽必烈非常恼怒，姚枢上书说："太祖开创基业，超过前代，但还没来得及治理就辞世了。其后数朝官员多且滥用刑罚，以致民生凋敝。陛下生来圣明仁慈，即位前就讲求治国之道。河南、陕西、邢州这些地方本来治理很混乱，陛下在那里设置安抚、经略、宣抚三使司，选派官吏去任职，颁行俸禄，清除贪污，提倡廉洁，鼓励农桑，不到三年这些地方就完全变了样。各地百姓都企盼陛下去拯救他们，就像子女之盼母亲。先帝宪宗驾崩后，国内陷于混乱之中，是上天让陛下继承皇位。陛下采用中国历代制度，内立中书省及各部，外设监察院及各道按察司。自中统至今五六年间，虽内叛外侮接连不断，但官民还是比较安定。"

成为唯一的蒙古大汗后，忽必烈明白，如何建立一个既能保持蒙古之成法，又能适应中原地区经济文化发展水平的一整套国家机器，是他面临的最大的问题。如果完全采用汉化，做中国的皇帝，那势必要牺牲蒙古贵族和早先征服的部落的利益。更为重要的是，中原仅仅是大蒙古国帝国的一小部分，而且又是最后被纳入版图的，而要让征服者接受被征服者的文化与文明是非常困难的事情，虽然被征服的汉人 (北方人)、南人 (南方汉人) 的文化已远远超过了他们这些游牧民族。

但是忽必烈又明白，就是这一小部分，却代表着先进的文化，是蒙古帝国中最有活力的一部分。自己要想在中原立住脚跟，要想创造出比成吉思汗还要宏伟的事业来，最终他还是要依靠这一小部分。因此，他便毫不犹豫地在建国之初就利用汉人，进行了一系列的汉化改革。

他又找到了那些推他到汗位上的汉儒们。刘秉忠是第一个，忽必烈委托他："凡治天下之大经，养民之良法，卿其议拟以奏。"

刘秉忠立即着手进行这项工作。他们上采祖宗旧典，参以古代制度，结合现实需要，详细列出了条文上奏忽必烈。

首先采取了一个具有重大意义的措施就是建立年号。蒙古人原以十二生肖纪年。成吉思汗建国后，历代大汗也没有用过年号，忽必烈采用了刘秉忠的建议，按照中原汉王朝的传统，称帝建年号。建立年号一事，是忽必烈意图按照中原王朝原有模式来建立自己的政治机构迈出的第一步，既表示蒙古国继承中原王朝前代之定制，也表示蒙古统治者统一全国，实现"天下一家"的意志。1264 年，他又下诏改燕京为中都，升开平为上都，并改元"至元"。至元八年，废蒙古国号，取《易经》中的"大哉乾元"之意，新建国号为"大元"，进一步表示要"统一天下"，实现"天下一家"的愿望。

第二点就是为建立稳固的政治地位，逐步建立健全中央和地方的行政体例。许衡奏道："自古立国，皆有规模。循而行之，则治功可期。而堂堂天下，可无一定之说而妄为之哉？"他们借鉴宋、金制，在中央设立中书省；在地方上设置行中书省，简称行省，形成沿用至今的行省制度。行省之下分路、府、州、县等各级政府机构。各级官吏"颁章服，举朝仪，给俸禄，定官制"，改变了过去蒙古人无俸禄、依靠掠夺自给的传统。

第三点就是劝课农桑，发展经济。1261 年，忽必烈建立劝农司，劝农司挑选农艺学上有造诣的人去帮助农民更好地利用他们的土地。各地严禁蒙古贵族圈地毁田；相反，政府还鼓励垦荒，实行屯田、招抚流民、劝课农桑、兴修水利、轻徭减负、建立学校等。这些措施的施行，有力地促进了中原地区的经济文化发展，不到十年，就使中原部分地区得到初步治理，为忽必烈开动军事机器准备了充足的物质保障。

忽必烈用汉人治国，不仅推动了少数民族之间的联系，加快了民族融合的步伐，而且推动了少数民族地区经济和科学文化的发展，也使中原各地的经济、文化生活大为丰富。同时也保护了中原汉民族的文化没有被人为割断，促进了经济的发展。

实行行省制度

秦汉以来，地理行政区划大抵依山川地形的自然界线或历史传统等因素来确定，政区的自然属性与经济、文化一体化趋势较强，容易产生割据局面。从元代开始，行省区划主要以中央军事控制为目的，采取"犬牙交错"的原则，任意将自然环境差异极大的地区拼成一个省级行政区，削弱地方的经济、文化认同感，人为地造成犬牙交错和以北制南的局面，从而使行省官失去了扼险而守、割据称雄的地理条件，朝廷就比较容易控制了。

北宋为了强化中央集权，极力从军、政、财、司等各方面削弱地方，造就强干弱枝的政治局面以巩固中央集权。明代也是把地方权一分为三，分别为承宣布政使司、提刑按察使司、都指挥使司，这也是通过分地方之权以加强中央集权的。而处于它们之间的元代却反其道

而行之，实行行省制度，地方行省权力相当之大，以至于"军国重事，无不领之"，可它依然巩固了元代的统治、加强了中央集权，使元代作为草原游牧民族建立的大一统王朝，能够对空前广袤的疆域统治近百年，而不是按正常思路所想的容易出现国家分裂、军阀割据。

元朝统一全国后的疆域北到西伯利亚，南到南海，西南包括今西藏、云南，西北至今新疆，东北至鄂霍次克海。"元之天下视前代所以为盛"（《元史·兵志四》），元朝的疆域比以往任何朝代都辽阔。《元史·地理志》中也写道，"自封建变为郡县，有天下者，汉、隋、唐、宋为盛，然幅员之广，咸不逮元。"面对这样一个大国，如何对地方进行有效的管辖，如何加强中央集权制，是关系到政权能否巩固的大问题。

元朝沿用大蒙古国以来的游牧分封制，大量宗室外戚被分封于漠北和东北地区，在中原又各自领有大小不等的份地。对于这些皇亲国戚及其狐假虎威的家臣，一般的地方官府难以治理，非设立位高权重的行省不足以压制。

元朝作为历史上第一个由北方少数民族建立的全国统一王朝，一直遭到南宋残余势力长期的抵抗，后来江南人民又因不堪赋役重负而纷纷起事。在这样的背景下，位尊权重的行省不但不能罢撤，反而需要进一步强化事权、明确责任，以便遇到紧急事变能够迅速决策并付诸行动，维护元朝的统治。即使大一统局面完全形成之后，行省在稳定地方统治方面的特殊价值，也没有消失。这就为行省在全国范围内的定型奠定了基础，使得行省的基本性质由中央派出机构演化成为地方最高官府。

综合各方面的原因，忽必烈即位后，采用汉制，在开平建立了中书省，作为全国的最高行政机构。后来随着元代统治中心迁往燕京（今北京)，忽必烈在燕京又设立了行中书省，以实行中书省的职责。约在中统三年，中、行两省自然合并，此后就不再有"燕京行中书省"。

正如中书省是全国的最高行政机构，行中书省则是地方的最高行政机构。在习惯上行中书省则被称为行省；在设立尚书省主持政务期间，又改称为"行尚书省"，简称"省"。

"省"的本意为宫禁，后又引申为中枢机要、行政机构的名称，因此行省起初是指临时性的中央派出机构，取代表中央行使权力之意，它多是因军事需要而设的临时机构。行省制度滥觞于魏晋南北朝、隋朝、唐初以及金初短期出现过的"行台省"，到金朝后期再出现时，已较频繁地使用行省这个简称（以前通常简称"行台"）。如金末，为抵御蒙古和镇压农民起义，君主常命宰臣出任诸路长官，或以宰相职衔授予地方长官，皆称行省，先后设有大名、河北、陕西、河东、中都、山东、东平、辽东、上京、益都、京东等行省。

1260 年 5 月，也就是在忽必烈设立中书省一个月后，随即设置了十路宣抚司，"以总天下之政"。这十路分别是：燕京路、益都济南等路、河南路、北京等路、平阳太原路、真定路、东平路、大名彰德等路、西京路、陕西四川路。每司分领一路或数路，派藩府旧臣出任宣抚使、副，作为朝廷的特命使臣，监督和处理地方政务。但宣抚司无处置军务的权力，使、副又多数没有宰臣职衔，如果发生叛乱或社会治安等方面的特殊情况就不足以应付了。于是忽必烈把一些地区改置行中书省。1261 年 11 月，忽必烈撤销了十路宣抚司。在第二年的 12 月，重新设立十路宣抚司，但将它作为中书省的派出机构。

忽必烈在外路设立的第一个行中书省是陕西四川行省 (京兆行省)。陕西四川行省设立在阿里不哥叛乱时期。1260 年，京兆宣抚使廉希宪到任时，为防止阿里不哥已派来的亲信大臣刘太平联络六盘山及四川蒙古军帅，从而占据京兆地区，廉希宪果断地捕杀了刘太平等人，征调秦、巩等处诸军进入六盘，发仓库金银充军赏，同时遣使入奏，自劾越权的罪过。忽必烈没有责怪他，因为这是他建立的制度存在缺陷而造成的。所以在这件事后，他赞赏廉希宪善于行权应变。这一年的 8 月，忽必烈将京兆宣抚司改置为行省，即陕西四川行省，以廉希宪为中书右丞，行行省事。这以后，忽必烈又在其他地区先后设立了行省。由于种种原因，几经置废分合，最后稳定为十个行中书省，分统除中书省直辖诸路以外的各大地区，形成了"都省握天下之机，十省分天

下之治”的行政区划格局。

吐蕃地区直属中央机构宣政院统辖，所以不置行省机构，但也被视为一个行省。这样，元朝全境共划分为十二个一级政区，即中书省直辖、十行省及吐蕃。在1286年以前，行省仍属于中书省的临时派出机构。直到1290年，忽必烈在晚年再次调整了行省建制。他将山东、山西、河北等地直接划归中书省管辖，称为“腹里”。腹里以外的地区则分置岭北、辽阳、河南、陕西、四川、甘肃、大理、江浙、江西、湖广十个行省。自该年始，行省各长官不再是中书省衔。这样行省就成为了最高地方行政机关。不过，吐蕃和畏兀儿地区另立管辖机构，不在这一范围之内。

在元代，中书省与行省以下的行政区，划分为路、府、州、县四级。路设总管府，置达鲁花赤、总管、同知各一员。一般州、县归路管辖，县由州管辖。府的地位有些不同，有的直接归省管辖，有的归路来管理。不过具体的管辖归属要看具体情况。而路、府、州、县按人口的多寡、地域的广狭，又分为上、中、下三等。距离行省机构远的地区，元朝则设置宣慰司，作为省的派出机构。宣慰使依旧没有军权。在边境地区，元朝则置宣慰司都元帅府，使宣慰使皆兼帅权。在宣慰司下，还设有宣抚司、安抚司、招讨司、长官司等。这些地区的官吏多用当地土官。

元朝时期，县以下坊里制与社制并存。坊是指隅和坊，都是城市的基层组织，设有隅正、坊正来管理日常事务。在乡村地区的基层组织机构则分为乡和都两级，有的地区仅有乡或都一级。在乡设里正，在都设主首，用来管理乡都事务。除此以外，1270年，忽必烈又颁布了“农桑之制十四条”，规定在农村普遍推行社制，以五十家立一社，选择年长通晓农事的人为社长。设立社的目的是为劝导农业，维护乡村秩序。社制在部分城市中也得以推行。

作为民族统治的得力工具，元朝行省主要由蒙古、色目官员掌握权力。以最关键、最敏感的统军权为例，行省官员中只有平章以上得掌军权，而平章以上又不准汉人担任，通常只能由蒙古、色目贵族担任。"虽德望汉人，抑而不与"（《元史》卷一八六《成遵传》），这些人更多的是元朝中央集权统治的忠实维护者，很难成为地方割据势力的代表。因为作为一个异族身份、文化背景迥然不同的行省长官，即使大权在握，也很难想象他会策动汉族或者能够策动汉族搞分裂。总之，元朝统治的民族色彩，在很大程度上决定了行省主要代表朝廷的意志和利益行事，成为中央控制地方的得力工具，而不会走向中央的对立面。

元代的行省制度虽然与唐宋以来汉族社会日益强化的中央集权观念确实有很大的抵触，但它作为元代社会发展的产物，还是起到了加强中央集权、巩固统治的目的，同时也对后世的政治制度尤其是地方行政区划产生了深远的影响。

发展农业经济

忽必烈采用汉法治理汉地效果显著，威望日增，财力开始雄厚，这样必然会损害蒙古游牧贵族和西域商人的利益，这又形成了对蒙哥汗权的威胁，为此引起了一些宗室大臣和蒙哥的不安。1257年，蒙哥以忽必烈患有脚病，让其留在家中休息为由，以塔察儿为左翼军统帅，从而解除了忽必烈的兵权。同时又派阿兰答儿、刘太平、囊家台等到陕西、河南钩考钱谷。阿兰答儿设立钩考局就是为了夺回忽必烈控制地区的民政、财赋大权，打击忽必烈的势力，阻止其改革计划。后来，忽必烈听从姚枢的建议，反把妻子、儿女送到汗廷作人质，表示并无异志。当年11月，忽必烈又去谒见蒙哥，兄弟间终于消除了疑虑，蒙哥下令停止钩考，忽必烈也撤了设在邢州、陕西、河南的机构，调回了以前派出的官员。这样，避免了一场不测之祸。1258年11月，因塔察儿军事失利，蒙哥又命忽必烈重率东路军征南宋。

蒙哥死后，关于汗位归属问题在蒙古王室内部争论激烈。当时忽必烈认为自己理所当然应该继位，但皇弟阿里不哥和宪宗蒙哥的儿子们也可继承汗位。蒙哥南征时，阿里不哥奉命留守和林，主持大兀鲁思，管理留守军队及诸斡儿朵，在政治上处于非常优越的地位。同时，皇后忽都台以及蒙哥诸子都拥护阿里不哥，他又拥有留守和林的军队及南征的部分军队。故阿里不哥在政治上有声势，军事上也有一定实力。当蒙哥去世后，阿里不哥先发制人，派阿兰答儿发兵于漠北诸部，派脱里赤扩兵于漠南诸州，阿里不哥的军事行动给忽必烈极大的威胁。忽必烈的妻子获悉后立即报告了忽必烈。忽必烈此时正在率军南伐，蒙哥的异母弟末哥也派使者对忽必烈说："末哥请你回漠北去，以你的威望维系天下人心。"忽必烈察觉到问题的严重性，便召集诸王、大将和幕僚们商议对策，忽必烈听从郝经的建策，立即即位。正好此时南宋贾似道遣使讲和，达成以长江为界，每年纳银二十万两、绢二十万匹的议和条件。于是忽必烈断然率军北上，展开了同阿里不哥的汗位争夺战。1260年3月，忽必烈到达开平，召集忽邻勒塔，诸王塔察儿、也先哥、合丹、末哥等及大臣们商议时，他们再三劝进忽必烈先发制人。忽必烈终于在开平登上了汗位。忽必烈即位后不到一个月，其幼弟阿里不哥在和林自称奉遗诏，在另一些王的拥戴下宣布为大汗。这年秋天，忽必烈亲统大军前往和林，阿里不哥自知不敌，便放弃和林，撤到西北的谦谦州 (今叶尼塞河中、上游) 一带。他一方面派阿鲁忽主持察合台汗国的国事，筹集兵械粮草，另一方面与忽必烈假意议和。忽必烈则留也先哥镇守和林，派宗王移相哥驻守边疆，而自返开平。1261年秋，阿里不哥对移相哥突然袭击，移相哥溃败。阿里不哥挥师南下，11月，忽必烈与他大战于昔木土脑儿，阿里不哥大败北遁。此时阿鲁忽背叛，阿里不哥发动了对阿鲁忽的战争，1262年阿鲁忽倒向忽必烈。这时诸王昔里吉等相继转向忽必烈，不久阿里不哥在漠北被战败。阿里不哥在政治上因循守旧，军事上少援寡助，经济上困难重重，其失败是必然的。他于公元1264年7月在开平向忽必烈归降，一场争夺汗位之战从此结束。

公元1264年（一说1267年）8月忽必烈迁都燕京（今北京市），改燕京为中都。至元九年（1272年）又改中都为大都，并进行营建。忽必烈把中央政府机构设于此地。他的迁都，意义重大：第一，避开了叛乱诸王的威胁；第二，立足于人力物力俱丰的中原地区，以便驾驭幅员辽阔的大蒙古帝国；第三，便于鲸吞南宋，一统天下。

忽必烈于公元1271年11月将"大蒙古"国号改为"大元"，从此以一个新朝雄主的姿态登上历史舞台。公元1279年灭南宋，统一了全国。

忽必烈在位的最初几年中，致力于巩固汗位，对南宋只求维持现状。公元1260年4月，他派郝经为国信使到南宋宣告自己即位的消息，并商谈与贾似道达成的协议。但贾似道害怕郝经会败露他屈辱投降的议和条约，就把郝经拘留在真州（今江苏仪征），忽必烈得不到回音。至公元1267年，忽必烈以宋廷拘囚郝经为借口举兵南下伐宋。首先攻击南宋的重要据点——襄阳（今湖北襄樊），同年11月，南宋降将刘整向忽必烈献策说："攻宋方略，应先围襄阳。如能得手，便可由汉水入长江，一举扫平南宋。"忽必烈听从他的建议，于公元1268年派阿术、刘整等进攻襄阳。蒙军在头几年中用筑堡垒、造舰船、练水军、绝援襄粮道等方法，但却始终未能攻下，直到公元1272年正月，元军采用张弘范断绝襄樊水上联系的策略，又用西域"回回炮"猛攻樊城，才使樊城失守，宋将范天顺战死。2月，吕文焕以襄阳投降元朝，至此，历时六年的襄樊保卫战宣告结束。

公元1273年6月，忽必烈发布伐宋诏书，命左丞相伯颜统帅二十万大军，水陆并进，大举南征。伯颜分两路，一路进犯淮西淮东，指向扬州；一路由他率领沿汉水入长江，沿江南下，直趋临安。12月，伯颜攻占了汉阳、鄂州（今武汉）。公元1274年，贾似道迫于压力，于公元1275年2月统十二万军迎击元军。丁家洲（今安徽贵池）一战，贾似道败退到扬州。3月，伯颜进占建康（今南京）。7月，忽必烈升伯

颜为右丞相并进攻临安。公元 1275 年正月，伯颜率军进驻临安，宋帝赵㬎遣使上表投降。5 月，赵㬎被送到上都，忽必烈召见后废去帝号，封为瀛国公。此后，宋益王赵昰，广王赵昺在陆秀夫、张士杰、文天祥、陈宜中等人扶助下在东南沿海又转战数年。公元 1278 年 12 月，文天祥在五坡岭 (今广东海丰) 被捕。公元 1279 年 2 月，南宋的最后据点厓山被攻破，陆秀夫背着八岁的小皇帝赵昺投海而死，南宋亡。

逐水草而居的蒙古人对于定居的农业文明很陌生，所以在征服之初，他们对汉族地区实行野蛮的武力镇压和经济掠夺，给中国北方经济造成极大破坏。成吉思汗灭金之际，曾有蒙古贵族向成吉思汗提出"汉人无补于国"的观点，主张将中原田地全部改造为放养蒙古牛马的牧场。在耶律楚材等一批宋、金降附士大夫的规劝之下，好利的蒙古统治者为每年不可计数的国家赋税所动，最终改变了初衷，使汉族地区的农业生产得以保持较为正常的发展态势。

但蒙古族真正改变政策，由马背走向田间，则是从元世祖忽必烈重视农业、劝课农桑、建村社开始的。

1261 年的开平忽必烈王府，各项事业蓬勃发展。新任命的大劝农官张文谦出班奏道：皇上，臣自接受劝农官以来，夙夜忧叹，今思得发展农业十法，特向陛下禀明：

其一曰：亲祭先农。皇上不但要明宣农为国本，首诏天下倡农，还应择机祭祀先农，让蒙古胄子代耕籍田，大造声势，让农业成为时尚，为农业发展铺路。

其二曰：重申政令。重申禁止诸王贵族因围猎践踏田亩，严禁私改农田为牧场的禁令，同时应停止官府供给移居中原蒙古人粮食的做法，直接分给耕地，让他们自己耕种获得俸禄，让他们从马背走向田间。

其三曰：实行屯田，减轻农民军粮负担。要剿灭南宋，巩固我蒙古帝国的边防，靠远途运输，劳民伤财，得不偿失，而且会加重百姓粮食生产和运输徭役负担。为解决这一矛盾，臣下以为，当实行屯田制度。明令各军、兵种，改秋来春去之兵，为分据要地，敌人来犯，则战；敌人退走，则耕田。待收获粮食，供给充足，边备自然会巩固。等秋天到来，再大举出兵，则敌无有不破之理。

其四曰：选拔专家。命各路宣抚司访贤求能，寻找通晓农业事务的有专门技术的专家，任命为劝农官，分赴各路，劝农植桑并指导农业。

其五曰：传播技术。搜集天下古今所有的农桑之书，征集各地农业生产的成功经验，编辑成册，指导农民耕作。

其六曰：打造农具。国家应打造农具，发至穷乡僻壤，也可定价出售，作为增加国家财政收入的手段，推动农业经济的恢复和发展。

其七曰：增设劝农司。中央和地方设立劝农机构，派遣各级农官到各路督励农桑，各级官府衙门要悬挂耕织之图，使为吏者出入观览而知其本。

其八曰：设置义仓备荒。加强仓储制度建设。要重视粮储问题，丰年入仓，待有灾变，则开仓赈灾，救民于水火。

其九曰：兴修水利。中央设都水监、河渠司，以兴修水利、修河治渠为务，并责成劝农官及知水利者巡行于各路督察"农桑之制"。

其十曰：改革田制。允许农民开垦荒地，并给予多种优惠，承认他有永久使用权。这样自然能大大调动农民垦荒的劳动积极性。

忽必烈对这十奏疏大为称赞，并命郝经拟旨，依照张文谦的意思，由中书省协办相关事宜，诏谕全国实行。

忽必烈从小就受这些汉儒幕僚的影响，他以唐太宗为榜样，"思大有为于天下"，因此，他对于中原的政治经济制度，有比较深刻的印象，再加上他在经略漠南时期，他的"附会汉法"制度曾获得了巨大的成功，为他打败阿里不哥、夺取汗位提供了有力的物质保障。因此，对于中原地区的农业生产，他有着不同于一般蒙古游牧贵族的见解。

夺取汗位后，忽必烈统治地域扩大了，统治所面临的新问题也产生了：是继续保持游牧的传统，废农田为牧场，还是由马背走向田间，适应中原的农业社会的发展？

卓有远见的忽必烈当然知道哪个更有利于他的统治。

他专门成立了劝农司，派出许多劝农使分赴各地整顿农桑。几天后，消息陆续传回，各地劝农使恪尽职守，各路都已经完成春播，全国新增耕地二三十万亩。

忽必烈规定诸县所属村疃，凡五十家立为一社，推年高、通晓农事、家有兼丁者为社长，组织农民耕垦，修河治渠，经营副业，教督村社农事；增至百家者，别设长一员。不及五十家者，与近村合为一社。地远人稀，不能相合，各自为社者听。其合为社者，社长仍择于村中。平时田边树立木牌，上书某社某人，社长以时点视劝诫；社中的疾病凶丧之家，由众人合力相助，一社内如受灾民户较多，则两社助之；社长的徭役予以免除，地方官府不可另派科差。

蒙古游牧民族刚入中原之时，蒙古贵族往往跑马圈地，把原来土地上的汉人赶走，任其荒芜，开辟为牧场，放牛放羊，致使大量依靠土地谋生的汉人流离失所，被迫逃离了家园；造成土地荒芜，人口锐减；也造成了汉人的誓死抵抗，不愿降服。如今自忽必烈称汗以后，大力发展农业，劝课农桑，兴修水利，改革田制，并轻徭薄赋；政府采用"以农桑为急务"的政策，坚持"使百姓安业力农"的思想，把农业发展的好坏，"户口增、田野辟"作为考核地方官吏、决定升迁的首要条件。这些政策和措施使饱受战乱之苦、流离失所的百姓重新获得了土地，一度荒芜的田野又种上了庄稼。

忽必烈在全国大兴学校，普及教育。规定每个社都有为村里的儿童们建立学校的义务。"当农田中只需要很少的劳动力时，就让他们的子女去上学，接受儒家思想的熏陶，这样我们再通过考试选拔的形式，就不难把有志之士纳入怀中，为国家出力了。"

忽必烈采取的这一系列发展农业的政策和措施，使素有"马背上的民族"之称的游牧民族，较快地接受了中原地区先进的农业生产技术，由马背走向田间，使全国各民族融合在一起，推动了农业生产向前发展，同时使经济在长期战争影响下得以发展。

重视治理财政

忽必烈要南征北战，需要有强大的经济基础作保障。俗话说，兵马未动，粮草先行。如果几十万大军的粮饷供应不上，后果不堪设想。因此，要想对南宋发动战争，要想对海都动武，他首先必须解决财政问题。忽必烈面临的最迫切的问题是财政问题。他执政头二十年所推行的政策使得开支大增。他启动的建设项目，包括上都和大都的营建，每一项都耗资巨大。忽必烈对艺术的支持，他越来越奢华的宴乐和狩猎活动，消耗了大量的宫廷和国库收入。设立驿站、修筑道路、促进农业经济以及公共工程项目的维护等，都大大增加了朝廷的开支。

而忽必烈的军事活动的花费更令元廷财政吃紧。他对他的弟弟阿里不哥和叛将李璮的镇压，对维护他中国之主的地位无疑是极为关键的。他对于高丽国王的军事支援，他派遣自己的儿子那木罕去对付威胁中亚的海都等，对巩固边防都具有十分重要的意义。他征服了顽固地拒绝其和平建议并拒绝向其称臣的南宋，从而控制了一个重要地区。这些远征的代价都非常高昂，但是政治上的收获足以补偿过高的花费。然而，他对日本实施的入侵计划却并非那么要紧，而这次跨海远征作战的费用也就不那么容易证明是非常合理的了。但是，作为一位蒙古领袖，忽必烈必须报复日本对自己威望的打击，因为日本拒绝接受他作为其名义上的统治者。公共建设、建筑计划以及军事远征加在一起，使得元廷财政难以承受，因此，增加额外的收入势在必行。

中统三年，也就是1261年，忽必烈朝议的重点又转向了如何提高财政税收，以便为他开动战争机器提供大量的动力。这一次，太子真

金，那些汉儒们，还有财政大臣——才任命的兼管中书左右部，兼任诸路都转运使，专门委任处理财政赋税事务的大臣阿合马都来到了他的面前。

真金首先说道："父皇，儿臣曾细研《资治通鉴》，唐太宗曾说过，民，水也；君，舟也。水能载舟，亦能覆舟。所以，人君当'为政以德，作为一国之君，儿臣以为，必须心存百姓，实行仁政。若损百姓奉其身，犹割股以啖腹，腹饱而身毙也。所以臣下认为，当下之计，宜下令轻徭薄赋，让老百姓休养生息。'"

史天泽也说："陛下，太子所言极是! 立国之初，宜让百姓休养生息，待三五十年，国力复苏，财政经济自然好转。切不可饮鸩止渴，涸泽而渔呀!"

这些忽必烈都曾考虑过，他不是不清楚这些问题，他从小就听刘秉忠讲唐太宗治国，并以唐太宗为政治榜样。但是，当前形势不容他如此，海都在中亚蠢蠢欲动，南宋还在威胁着蒙古帝国的安全，这两项的开销正如姚枢所说，实在不是个小数，若中途供应不上，几十万大军将毁于一旦，后果太严重了。此时忽必烈最需要的就是钱，他需要的是取之不尽用之不竭的财力! 有了钱，才能创造出比成吉思汗还要大的业绩。此时他已经等不及了，在当时，谁能够为他找到财源，那就是忠臣、能臣。

为了获得所需资金，忽必烈不得不寻求穆斯林理财大臣阿合马的帮助。阿合马最善分析形势，揣测忽必烈的心思，他对忽必烈说："陛下，钱粮的事，臣绝对不让您操心。不是臣夸口，征讨海都、伐宋的军需费用，都包在臣一人身上。臣敢对陛下说，臣就是您取之不尽用之不竭的摇钱树! 臣下近闻太原的百姓熬煮私盐，越境到处贩卖。各地百姓贪图他们的盐价钱便宜，争相购买食用。此举让国家税银大量流失。去年一年，朝廷在这方面的税银只有七千五百两，这太少了! 臣下认为，当增加太原的盐税银子五千两。不论和尚、道士、军士、匠人，只要吃盐，都要分摊缴纳盐税。

"国之所资，其利最广者莫如盐。自汉桑弘羊始榷之，而后世未有遗其利者也。各朝如此，我们何不也取之呢?为便于管理，我建议皇上在南北主要产盐区设都转运使司管理盐政，隶属于户部。其他地区，则设立盐课提举司或茶盐提举司。这样政府就能够对盐的生产严加控制了。在生产方面，要派专门的灶户产盐，灶户在指定的盐场中制盐，生产过程受到严格的监督，产品必须如数上缴给国家。对盐的销售，臣下以为，我们可以在各地设常平盐局，由政府直接卖盐。还可以由商人向盐司或户部纳钱，换取盐引，凭盐引到指定的盐场或盐仓领盐，然后运销各地。当然他们也可以到指定的地点缴纳粮食，换引领盐运销。这样，无论是政府销售还是盐商买盐，我们都能把盐税包含在其中了，朝廷的盐税收入就不会白白流失了。"

阿合马继续说道："铁器在民间流行，危害非浅。单把铁矿的开采、冶炼权收归朝廷还不行，还应当把铁器的制造、买卖权收归朝廷所有，价钱由朝廷制定，这样冶铁也能为我们增加收入。去年，臣下任职开平府事，任命礼部尚书马月合乃兼管已经清查到的三千户没有户籍的百姓，仅这些人就能每年为朝廷上缴铁一百零三万七千斤，用这些铁铸锻农具二十万件，换成粮食上缴给公家的一共有四万石。全国户数已达一百九十四万八千八百七十户，生活、生产都需要铁器，陛下算算，单这一项该有多大收入啊! 再加上食盐专卖的收入，钱是绰绰有余的!"

忽必烈任用阿合马为其治理财政，仅盐铁两项，就每年为其增加了大量的税收，这就为他南灭南宋、北平海都提供了有力的物质保障。当然，这些税收的增加，必然增加百姓的负担，使元朝立国不久便出现"大家收谷岁至数百万斛，而小民皆无益藏"的局面。